U0556654

博雅英华

陈来著作集

中国近世思想研究

陈来　著

北京大学出版社
PEKING UNIVERSITY PRESS

图书在版编目(CIP)数据

中国近世思想研究 / 陈来著. -- 北京 : 北京大学出版社, 2025. 6. -- (博雅英华). -- ISBN 978-7-301-36255-6

Ⅰ. B25

中国国家版本馆 CIP 数据核字第 2025EB1252 号

书　　名　中国近世思想研究
　　ZHONGGUO JINSHI SIXIANG YANJIU
著作责任者　陈　来　著
责 任 编 辑　张晋旗
标 准 书 号　ISBN 978-7-301-36255-6
出 版 发 行　北京大学出版社
地　　址　北京市海淀区成府路 205 号　100871
网　　址　http://www.pku.cn　新浪微博: @ 北京大学出版社
电 子 邮 箱　编辑部 wsz@ pup. cn　总编室 zpup@ pup. cn
电　　话　邮购部 010-62752015　发行部 010-62750672
　　编辑部 010-62750577
印 刷 者　北京中科印刷有限公司
经 销 者　新华书店
　　880 毫米×1230 毫米　A5　11.75 印张　253 千字
　　2025 年 6 月第 1 版　2025 年 6 月第 1 次印刷
定　　价　98.00 元

目　录

序

本书的内容，是属于中国哲学思想史上的“道学”与“心学”的考论研究，故最初拟命名为“道学与心学”。此一主题，如果用日本学界习用的说法，也可名为“朱子学与阳明学”。考虑到此种题目的著述所在多有，故定今名，以示区别。

“道学”与“心学”是宋元明清时代居主导地位的哲学思想。关于宋元明清时代在中国历史的分期上如何归属命名，是 20 世纪中国新史学建构的一项课题，其中也牵连到内藤湖南及京都学派对唐宋转型的著名的“近代说”。对于这一类问题学术界仍在研究之中。对于我自己，本书的命名，主要的斟酌在于“近古”和“近世”二者之间的选择。在 20 世纪前半叶的中国历史分期诸说中，所谓“近古”，有指唐末至清末，即公元 900—1900 年者，如夏曾佑；有以“近古”指安史之乱至元末，约为公元 750—1368 年，如吕思勉。此外，有以“近古”指五代至明末，即公元 907—1644 年；也有以“近古”指宋元明时代。而“近世”之用，有以指明清，即 1368—1911 年，亦有仅指清代。[①] 胡适在其《中国古代哲学史》中，以“近世”指宋元明清，其所用“近世”的意义相当于西方中古以后的近代，故他亦以近世称欧洲中古以后的时代。日本学界则以“近世”称宋元明清，以“近代”称清末以后。晚近中文史学界“近古”之用渐少，以“近世”指宋元明清者渐多，尤以指明清者较流行。事实上，我自己在《宋明理学》的引言中早已表达过我对唐宋转型说的赞同，明确主张以“亚近代”或“近世化”来指称此一历史时期，即中唐开始而在北宋稳定确立的文化转向正是这个“近世化”过程的一部分。这个近世化的文化形态可以被认为是中世纪精神与近代工业文明的一个中间形态，其基本精神是突出世俗性、合理性、平民性。对整个宋明理学的评价应当在这样一个背景下来重新进行。在这个意义下面，理学不应被视为“封建社会后期没落的意识形态”或“封建社会走下坡路的观念体现”，而是摆脱了中世纪精神的亚近代的文化表现，它正是配合、适应了社会变迁的近世化而产生的整个文化转向的一部分，并应在“近世化”的范畴下得到积极的肯定与理解。[②] 因此，本书名为《中国近世思想研究》，其中“近世”

---

① 参看陈启云：《中国历史分期的观念问题》，载《中国古代思想文化的历史论析》，北京大学出版社，2001 年。

② 参看陈来：《宋明理学》，生活·读书·新知三联书店，2011 年，第 16—18 页。

的用法，即在我自己，亦其来有自矣。在我的规定中，“近世”与“近代”不同，是有其特定意义的，在世界文明的谱系中，它是介于中世纪与近代之间的一个形态。由于在中国历史上这个阶段是属于近代以前的一个社会文化阶段，与英文的 pre-modern 有重合之处。但 pre-modern 往往只是时间性的泛指。如果把秦汉魏晋都称为前现代，则已失去意义。此种用法乃派生于现代化理论，所注重之点仅在现代与现代以前的分别。而在历史学上，处理中国历史这样在现代以前已有几千年变迁的历史，自不能以“现代以前”的泛泛之词为满足。事实上，pre-modern 若真有意义，也应当指在时间上较接近于近代，这样才有较确定的史学意义。

“思想史”一词，中文往往对应于不同的西方概念，思想史的研究也有不同的方法和路径。我所使用的“思想史”概念，主要是在 history of ideas 或 history of thought 的意义上。在这个意义上的思想史，是和学习“如何思想”互为一体的。因此，思想史要研究我们的前人对于自然、社会、人生、人心、知识、信仰的理解，研究他们表达或构成这些理解的概念、命题、体验、论证，研究文化的经典、对于经典的诠释以及各代人经由与经典的对话而产生的思想，研究前人对理论、价值、信仰的建构方式及其对社会文化的作用，研究这些思想和认识如何前进和增长，以便使我们今人在进行“思想”的时候能够不是白手起家，而是站在前人思考的平台之上，在吸取前人思想的智慧和经验的基础上回应我们面对的挑战，并推进思想的进一步发展。不仅如此，研究这些思想内容才能帮助我们理解某一文化类型的理论思维特点，理解核心概念和价值对于文明的规范性作用，理解文明整体和文化传统的特质。

思想史研究的意义还在于它与当代思想文化的讨论也有密切的关联。现代西方哲学、社会理论在中国的引进，参与激活了古代思想研究的动力。例如，由于现代化理论、韦伯（Max Weber）理论、工业东亚的文化解释受到广泛注意，使得中国古代思想研究的视野大大扩展。在这样的视野之下，不仅“儒学与现代化”的问题受到集中注意，以儒学的价值观为中心，还引发了一系列相关的讨论，如儒家对民主的回应，儒家对科技问题的态度，儒家伦理与经济伦理，儒家与马克思主义、自由主义、人权思想，以及儒家与基督教的对话，等等。而所有这些讨论都不能离开思想史的研究作为基础。此外，为了在现代哲学的视野中分析和把握古典思想，注重对“思想”本身的细致研究，注重思想家的精神追求、价值理想、哲学思考、人生体验，并谋求在这些研究的基础上与西方哲学家、神学家展开对话，展开比较研究，也成为越来越受到重视的课题。回应这些问题，都需要深入研究思想史，也为思想史研究开辟了新的视野。

需要指出的是，在这种思想史的意义上，无论何种与思想史相关联的研究，最基础的研究仍然是对思想文本的研究，没有对于文本的深度研究，不能深入文本的具体诠释，终究难免浮光掠影或对塔说相轮，也就谈不上真正的学术性，更无法对学术的积累做出贡献。

哲学是思想形态的重要组成部分，但非全部。本书各章所论，哲学部分较多，但也有不少讨论关涉文献史料考证和社会文化史研究，已非哲学所能限制，故统称为思想史研究。

以上简略叙述了本书命名的理由，是为序。

第一章　略论《诸儒鸣道集》

《宋史·艺文志》载："《诸儒鸣道集》七十二卷，濂溪、涑水、横渠等书。"[①]《郡斋读书附志》云："《诸儒鸣道集》七十二卷，右集濂溪、涑水、横渠、二程、上蔡、元城龟山、横浦诸公议论著述也，于中有江民表《心性说》一卷，安正《忘筌集》十卷，崇安《圣传论》二卷。"[②]《诸儒鸣道集》藏本今只有上海图书馆所藏宋端平中黄壮猷修补本和北京图书馆所藏影宋抄本，其中所收宋代思想材料都是今天所能见到的最早版本。因此，这部书对于研究宋代思想，无论从内容或版本上看，都具有重要的价值。

北京图书馆所藏影宋抄本卷首题有：

---

① 脱脱等：《宋史》卷二百五，中华书局，1985年，第5175页。

② 晁公武：《衢本郡斋读书附志》，载于《宋元明清书目题跋丛刊》（二），中华书局，2006年，第855b页。

越有《诸儒鸣道集》最佳，年久板腐字漫，摹观者病之，乃命刊工剜蠹填梓，随订旧本，锓足其文，令整楷焉。时端平二祀八月吉日郡守闽川黄壮猷书。

按黄壮猷，历浙东提举，端平元年（1234）以直秘阁知绍兴府兼浙东安抚使（据《宋人传记资料索引》）。由此可知此书为黄壮猷知绍兴时修浙东旧本而成。（北图所藏影宋抄本即抄黄氏修补原本，与上图藏本实际上是一个本子）此书既修补于端平二年，则其中著作至少保留着端平以前的面貌，了解这一点是很重要的。

《诸儒鸣道集》总目：

濂溪《通书》
涑水《迂书》
横渠《正蒙》八卷
横渠《经学理窟》五卷
横渠《语录》三卷
二程《语录》二十七卷
上蔡先生《语录》三卷
元城先生《语录》三卷
刘先生《谭录》一卷
刘先生《道护录》一卷
江民表《心性说》一卷
龟山《语录》四卷
安正《忘筌集》十卷
崇安《圣传论》二卷
横浦《日新》二卷

由总目可见，《诸儒鸣道集》（下简称《鸣道集》）具有丛书的性质。集中所收著作大都出自两宋道学的知名人物，如周敦颐（濂溪）、司马光（涑水）、张载（横渠）、程颢程颐（二程)、谢良佐（上蔡)、刘安世（元城)、杨时（龟山）以及张九成（横浦)，其中有些是人们熟知的著名著作。江公望字民表，《宋史》有传。只有安正《忘筌集》及崇安《圣传论》的作者尚需进一步说明。

《郡斋读书志》只言其中九家姓氏，没有说明安正、崇安系指何人。陈振孙《直斋书录解题》卷九乃云：

> 《诸儒鸣道集》七十二卷，不知何人所集，涑水、濂溪、明道、伊川、横渠、元城、上蔡、无垢以及江民表、刘子翚、潘子醇凡十一家。其去取不可晓。[1]

此解题失落龟山一家，当为十二家；但如以二程为一家，仍可计为十一家。《直斋书录解题》又云："《忘筌书》二卷，浦城潘植子醇撰，多言《易》，亦涉异端，凡五十一篇，此书载《鸣道集》为九十二篇。"[2]《宋元学案·沧州诸儒》潘植字立之传下有王梓材案语："宋有与先生同名氏者，字子醇，安正人，尝著《易说》。"[3] 由此可知，《忘筌集》亦称《忘筌书》为南宋初潘子醇所著，安正乃其号。

《圣传论》当为刘子翚所著，刘子翚（字勉之，号屏山）崇安人，朱熹青少年时代的老师。朱熹《屏山刘公墓表》中曾说到刘子翚著有《圣传论》，《宋元学案》也曾选《圣传论》数条

① 陈振孙：《直斋书录解题》，载于《宋元明清书目题跋丛刊》（一），中华书局，2006年，第658b页。

② 同上。

③ 黄宗羲：《宋元学案》（四），全祖望补修，中华书局，1986年，第2291页。

附于《刘胡诸儒》。下面，我们据北图影宋抄本分别对《鸣道集》所收诸书的情况作一介绍，并对一些问题进行讨论。

一　濂溪《通书》

《鸣道集》本《通书》与世传本《通书》有所不同。今本《通书》中《诚》分为上下，《乐》分为上中下，《师友》和《孔子》也分为上下，各上下皆独立成章，而《鸣道集》本则不分上下。今本《通书》每章皆注明章数，如《诚上》第一，而《鸣道集》本则不注章数。这样，今本《通书》共四十章，而《鸣道集》本则因其中数章不分上下而只有三十五章。

《通书》在南宋渐为流传。朱熹在《通书》建安本《后序》中说："右周子之书一编，今春陵、零陵、九江皆有本，而互有同异，长沙本最后出，乃熹所编定，视它本最详密矣，然犹有所未尽也。"[①] 即是说《通书》在朱熹前已有不同版本流行。长沙本虽为朱熹编定，但这只是朱熹的初定本。

后来，朱熹在《通书》南康本《后序》中说："周子《太极图》并《说》一篇，《通书》四十章，世传旧本遗文九篇、遗事十五条，事状一篇，熹所集次，皆已校定，可缮写。熹按先生之书近岁以来其传既益广矣，然皆不能无谬误，惟长沙、建安板本为庶几焉……然诸本皆附于《通书》之后（指《太极

① 朱熹：《太极图通书后序》，载于周敦颐撰《元公周先生濂溪集》卷四，宋刻本。

图》），而读者遂误以为书之卒章……长沙本既未有所是正，而《通书》乃因胡氏所定，章次先后辄颇有所移易，又刊去章目而别以周子曰加之，皆非先生之旧……故建安本特据潘志置图篇端，而书之次序名章亦复其旧。”①

据朱熹这些记述，《太极图》及《说》原附于《通书》之末，朱熹初定长沙本时一遵旧例，没有发现这个错误。后根据潘清逸为周敦颐所作墓志中“作《太极图》《易说》《易通》数十篇”的说法，意识到《太极图说》当是一部独立著作，在建安本才把《太极图说》独立出来并列于《通书》之前，从此《太极图说》便与《通书》分开了。

但是朱熹这个说法与历史事实并不完全相符。比朱熹更早一些的祁宽在《通书后跋》中说，《通书》“始出于程门侯师圣，传之荆门高元举、朱子发。宽初得于高，后得于朱。又后得和靖旧先生所藏，亦云得之程氏，今之传者是也。逮卜居九江，得旧本于其家，比前所见无《太极图》，或云图乃手授二程故程本附之卷末”②。这就是说《通书》的程门传本有《太极图》，而九江周敦颐家藏旧本则没有。换言之，《通书》本无《太极图》，是程门传本将它附于《通书》之后的。（按照祁氏的说法，周氏旧本既无《太极图》，也应无《太极图说》，祁氏仅及《太极图》当系简言之。）今《鸣道集》本亦无《太极图》，因此，如果可以断定《鸣道集》本早于朱子定本，那就进一步证实了祁宽的说法。

① 朱熹：《太极图通书后序》。

② 祁宽：《通书后跋》，载于《元公周先生濂溪集》卷四，宋刻本。

前面说到朱熹初定长沙本，《通书》依胡氏旧例，以《太极图》附《通书》；后定建安本置图篇端。但建安本仍不完善，故又有延平本。朱熹延平本跋说：

> 临汀杨方得九江故家传本，校此本（指建安本）不同者十有九处，然亦互有得失。其两条此本之误当从九江本，如《理性命》章云“柔如之”，当作“柔亦如之”；《师友》章，当自“道义者”以下析为下章。①

《鸣道集》本《理性命》作“柔如之”，《师友》亦不分上下章，同于建安本，而今传本《通书》则作“柔亦如之”，《师友》自“道义者”以下析为下章。这表明，《鸣道集》本在朱子编定延平本之前。在延平本的基础上，朱熹最后编定了南康本（见《再定太极通书后序》），成为世传本。《鸣道集》本《通书》不可能是长沙本，因既无《太极图》，又无周子曰；也不可能是建安本，因《鸣道集》本分章只有三十五，而建安本与今本分章则只有《师友》不同。故疑此本是朱子所订各本之前的另一种传本，它证明《通书》并非如朱熹所说在朱以前一直附有《太极图》，这个本子也是今天所见到的《通书》的最早版本。

① 周敦颐：《元公周先生濂溪集》卷四，宋刻本。

二　《正蒙》[①]

《宋史·艺文志》称“正蒙十卷”，晁公武《郡斋读书志》亦云“正蒙十卷”，而《鸣道集》本《正蒙》为八卷。按陈振孙《直斋书录解题》云“正蒙十卷”，但其中“有待制胡安国所传编为一卷，末有行状一卷”[②]，由此看来，十卷本《正蒙》本文实止八卷，十卷本当为后人收胡安国《传》及吕大临《行状》并入其书而成。

《鸣道集》本《正蒙》与今刊《张载集》本《正蒙》序次悉合；西铭、东铭分别为《乾称》之首末；文字则互有异同。今本《正蒙》中有部分正文为《鸣道集》本双行夹注，如《乾称》中“浮屠明鬼”以下四十字，《鸣道集》本即作夹注。不过，就北图影宋抄本而言，其中也有错漏，亦不可一以为据。

三　《经学理窟》

《郡斋读书附志》称“横渠先生《经学理窟》一卷”[③]。明黄巩作《经学理窟跋》云“晁云一卷而此则五卷，岂本自一卷而为后人所分？未可知也”[④]，则明代《经学理窟》为五卷，今

① 《正蒙》前为司马光《迂书》，与今本同，故不述。

② 《直斋书录解题》，第658b页。

③ 《衢本郡斋读书附志》，第851a页。

④ 张载：《张载集》，中华书局，1978年，第304页。

观《鸣道集》本《经学理窟》亦作五卷，故《经学理窟》在南宋即当为五卷，《鸣道集》早于《附志》，后者恐有误。

四 《横渠语录》

据张元济《张子语录跋》(《张载集》)，他曾据《鸣道集》校补今藏宋本《张子语录》(南宋吴坚刻本)。《郡斋读书附志》称“《横渠先生语录》三卷”，与《鸣道集》所收相同。今《张载集》中《张子语录》以吴坚刻本为底本，吴坚乃德祐年间人，后降元，在南宋之末，而此《鸣道集》本至迟在端平年，故《鸣道集》本远较吴坚刻本为早。至于文字，二者间有异同，张元济已言之。

五 《二程语录》

众所周知，朱熹编订《程氏遗书》(下简称《遗书》)，收程门弟子记录二先生语，为二十五篇(卷)。元代以后基本依朱子所订，世传二十五卷《遗书》(按明刻《二程全书》亦有将《遗书》编为二十八卷者，乃将原卷二上、下，二十一上、下，二十二上、下各独立为一卷所成)。《鸣道集》本不称“遗书”而名《二程语录》(下简称《语录》)，且又作二十七卷，与《遗书》卷目不同，值得注意。

《语录》与《遗书》分卷之异如下：

《遗书》卷二上,《语录》分为卷二、三、四。

《遗书》卷二下,《语录》立为卷五。

《遗书》卷四、五,《语录》合作卷七。

《遗书》卷七、八,《语录》合作卷九。

《遗书》卷九、十,《语录》合作卷十。

《遗书》卷十一、十二、十三、十四,《语录》合作卷十二。

《遗书》卷十五,《语录》分为卷十三、十四、十五。

《遗书》卷十六、十七,《语录》合为卷十六。

《遗书》卷十八,《语录》分为卷十七、十八、十九、二十、二十一。

《遗书》卷十九,《语录》分为卷二十二、二十三。

《遗书》卷二十、二十一上、二十一下,《语录》合作卷二十四。

《遗书》卷二十二上,《语录》立为卷二十五。

《遗书》卷二十二下、二十四,《语录》合作卷二十六。

《遗书》卷二十三,鲍若雨录,为《语录》所无。

合而计之,《语录》共二十七卷,比《遗书》多出两卷。现在的问题是:《语录》和《遗书》是什么关系?

据朱熹《遗书后跋》云:"始,诸公各自为书,先生没而其传浸广,然散出并行,无所统一。"[①] 这样看来,在朱熹编集《遗书》之前似无统编的程氏语录集。但朱熹于《遗书》刊行后

① 程颢、程颐:《二程集》,中华书局,2004年,第6页。

五年编成的《外书》中，其卷十一题有“时氏本拾遗，时紫芝所集，号《程子微言》，凡二十五卷”[①]，由此来看，时本显然是集众家所录。又朱熹《伊川先生年谱》作于《遗书》刊行之前，其中多有“见《语录》”之注，[②] 以此推之，似当有《语录》之书，而《鸣道集》本正好名为《二程语录》（当然，语录之说也可理解为泛指）。因此，如果我们认为《语录》乃在朱熹稍前或与朱熹同时，而非出于《遗书》，当是有一定理由的。

此本非出于《遗书》，尚有数证如下：

今《遗书》每卷前皆有题注，如卷一题“端伯传师说”，小注云“李端伯，洛人”，一般皆以为朱熹编《遗书》时所注。今观《鸣道集》本，《遗书》之题注在《语录》大都有之，唯《遗书》卷五、七、十五、二十三、二十五的题下小注为《语录》所无，其他均同于《遗书》。如果《语录》出自《遗书》，何独此数卷的注被遗漏了？朱熹《遗书后跋》曾说：“后益以类访求，得凡二十五篇，因稍以所闻岁月先后，第为此书，篇目皆因其旧，而又别为之录。如此，以见分别次序之所以然者。”[③] 从这个说法看，这些题注似乎并不都是编订《遗书》时才有的，即《遗书》之前当已有附有题目的程氏语录。

《遗书》卷二十《周伯忱录》，在《语录》为卷二十四。《语

① 《二程集》，第 9 页。

② 按朱子乾道初（1165—1166 年）与何叔京书亦多及程氏《语录》，如答《何叔京第二》：“语录顷来收拾数家，各有篇帙，首尾记录姓名，比之近世所行者差为完善，故各仍其旧目而编之，不敢辄有移易。近有欲刻板于官司者，方欲持以畀之。”（朱熹：《晦庵先生朱文公文集》卷四十，《四部丛刊》影上海涵芬楼藏明刊本，第 1324 页。

③ 《二程集》，第 6 页。

录》于《周伯忱录》后附有《答问手帖》等，皆为《遗书》所无。《答问手帖》和《答鲍若雨书并问答》《与金堂谢君书》，今程氏《文集》皆载之，然题下皆注“胡本无”。《语录》中于上述《遗书》所无数篇之后尚有附语云：“右答鲍谢书，《集》中不载，今附于答周伯忱帖之后”，此注亦为《遗书》所无。按《集》疑即胡文定家藏本程氏《文集》，《遗书》中无以上数书帖及附语，疑因编《遗书》时已将胡本《文集》补全，故删而去之（因乾道初所订长沙本《文集》以胡本为底本，其校订完成在《遗书》编成前二年，朱熹亦曾参与其事），而集《语录》者则只见胡本《文集》，其中无以上所说数种，故收入《语录》并加此附语等。

《遗书》卷十八“刘元承手编”，在《语录》则一分为五，作卷十七至二十一。不仅分卷不同，尤其突出的是各条间次序也完全不同。如果说《语录》出于《遗书》，为何要将次序打乱？仅观《遗书》卷十八，其内容很像经过整理并分类编次的，如《论语》问答、为学工夫、释氏、诸儒等，而记录原本当据随时应答，没有如此分类。此外，《语录》卷十七题“刘元承手编”，卷十八题“同上篇”，当皆为元承手编；卷十九则题“附手编后”，似已非元承手编，仅附于其后而已；卷二十亦题“附手编后”，小注云“同上建安游中孚本”；卷二十一题“同上篇”，也应是附手编之后；卷二十二中尚有一篇题“附手编后”，注“同上延平杨氏本”。这些小注皆不见于《遗书》。如果说《语录》出于《遗书》，这些不同的题注是很难解释的。《遗书》卷十八“刘元承手编”收语录最多，往往数倍于他卷；而据《语录》，只有《语录》的卷十七、十八（即相当于《遗书》卷十八篇幅的五分之二）真正为元承手编，其余不能算作元承手编，只是附于手编后者。

《遗书》卷二十二上、下在《语录》分别为卷二十五、二十六，这两卷《语录》的次序也与《遗书》完全不同，而且《遗书》中有十几条以上不见于《语录》。《遗书》卷二十二上“伊川杂录”在《语录》为卷二十五，《语录》此卷末有“拾遗”三条。三条中后两条在《遗书》此卷（二十二上）之末。三条中第一条下注“在前篇首章大学之后，第二段”，即是说这一条是重复前篇的。这一条不见于《遗书》，似因其重复而删去。若《语录》出于《遗书》，为何将卷末二条析为“拾遗”，内中又加一条重复前篇的呢?

《遗书》卷十六在《语录》亦作卷十六，《语录》此卷末尚有“杂说”三条，注云“右杂说三章，旧《集》有之，今附于此”，杂说及注文亦皆为《遗书》所无。

总体来看，《语录》之序次、篇目、内容大部分同于《遗书》，但也有不少差异。据以上考察，我们可以作一推论，即《鸣道集》本《二程语录》可能稍早于朱熹编订的《遗书》或与朱子同时，但非出于《遗书》。

六　《上蔡语录》

《上蔡语录》今传本亦为朱熹校定本，校定《上蔡语录》是朱熹的第一个学术活动，时三十岁。朱熹《谢上蔡语录后序》说：

> 此书传者盖鲜焉。熹初得友人括苍吴任写本一篇（题曰《上蔡先生语录》），后得吴中板本一篇（题曰《逍遥先生语录》……），二家之书皆温陵曾恬无隐所记，最后得胡文定公家写本二篇于公从子籍溪先生（题曰《谢子雅言》），凡书四篇，以相参校。胡氏上篇五十五章记文定公问答，皆他书所无有……及下篇四十七章与板本、吴氏本略同，然时有小异，盖损益曾氏所记而精约过之。辄因其旧定著为二篇，且著曾氏本语及吴氏之异同者于其下，以备参考。独板本所增多犹百余章，然或失本指杂他书，其尤者五十余章至诋程氏以助佛学……其余所谓失本指杂他书甚者亦颇刊去，而得先生遗语三十余章，别为一篇。[①]

据上述可知，朱熹所定《上蔡语录》，先依胡氏写本定出两篇，一篇五十余条，一篇四十余条，第二篇又以曾吴两本异同记于每条之下。后从吴中板本中删去诋程氏助佛学等数十章，得三十余条又定为一篇。这就是世传本朱熹所校订的《上蔡语录》上中下三卷。

《鸣道集》本《上蔡语录》与朱子定本相同，当出自朱子定本，只是卷末无朱子后序。《上蔡语录》取朱子定本一事进一步证明了《二程语录》不出于《遗书》，它表明编者对朱子并无成见（实际上很难找到理由说明编者为什么要更改《遗书》或有意不取《遗书》），它提示我们，《鸣道集》有可能是在朱熹校订《上蔡语录》（1158 年）至编订《遗书》（1168 年）的十年之

① 《晦庵先生朱文公文集》卷七十五，第 2747—2748 页。

间编成的。

七　元城三录

《郡斋读书附志》云："《元城先生语录》三卷、《谭录》一卷，《道护录》两卷。右刘忠定公安世字器之之语也，维扬马永卿大年为之序。"① 按：此说有误。《语录》为《马永卿录》并有马序，《谭录》和《道护录》则分别为韩瑾、胡珵所记，并无马序。又《读书附志》说《道护录》二卷，《鸣道集》本为一卷，与《直斋书录解题》所说"《元城语录》三卷……《刘先生谈录》一卷……《道护录》一卷"② 相合。此三录皆元城门人记元城晚年之语，其中主要是关于历代人物、事件的评述，也有一些元祐诸公的事迹，哲学的内容较少。

元城三录清初已为罕见，《宋元学案》《元城学案》全祖望按语说："《忠定之语录》《谭录》《道护录》，今皆无完本。"③ 这三种语录今唯存见于《鸣道集》中，由此亦可见此本之难得。

八　江民表《心性说》

《宋元学案》以江民表列《元祐党案》。江公望，字民表，《宋史》卷三四六有传。江民表究属哪一学派尚不清楚，他批评

① 《衢本郡斋读书附志》，第 851a 页。

② 《直斋书录解题》，第 657a—657b 页。

③ 《宋元学案》(一)，第 3 页。

孟子，有可能是私淑涑水。江氏的学说朱熹曾接触过，朱熹校订《上蔡语录》时删去的内容，后据吕祖谦说是江民表的语录。朱熹曾说："适因举满腔子是恻隐之心，江民表云'腔子外是甚底'，请诸公下语，已各有说，更请择之亦下一语"[①]，这表明朱熹和他的门人朋友曾讨论过江民表对心性的看法。

《心说》与《性说》是两篇独立的著作。《心说》屡云陛下如何臣如何，大概属于奏对文字一类，其大旨在乎劝人主慎于动心。《性说》则是专门的哲学论文。

江民表认为，人没有什么一成不变的本性。人的本性完全是依"习"为转移的。他赞成孔子"性相近，习相远"的说法，主张习圣则圣，习愚则愚，但他不大赞成"上智与下愚不移"。他说："习至于成，不可移矣。虽曰不可移，又何尝不移哉?"他特别赞成《尚书》"惟狂克念作圣""惟圣罔念作狂"的说法，他说："克与罔，习之谓也，非性之有狂、圣也，亦非狂、圣之不可移也。"[②] 他注重习的作用，在认识上有经验主义的因素，与王安石论性有相同之处。

根据这个观点他对历史上的孟荀杨韩的人性论提出了批评。他否认有先天的道德观念，反对孟子的性善说，他说："今有赤子卧之空室，饥则乳之，不见一人，不交一语。及其长也，试问之孰为汝亲，孰为汝兄，汝爱其亲否，汝悌其兄否，赤子终不能知其为兄亲也，亦不知所以爱其兄亲也。"[③]

---

① 《晦庵先生朱文公文集》别集卷六，第3822页。

② 以上见于江公望：《性说》，载于曾枣庄、刘琳主编《全宋文》第一百二十一册，上海辞书出版社，2006年，第334页。

③ 同上书，第335页。

王廷相对先验论曾有类似的批判，而江民表同样的观点在北宋已用来批评孟子；他的“习与性成”的人性观点也是王夫之的先驱。当然，江民表同在哲学史上有重大贡献的王廷相和王夫之不能相比，《性说》中也表现出某些佛老的影响，但《性说》确实是一篇值得重视的文章，在宋代哲学史上应当占有它的位置。江民表的《心说》和《性说》今唯存于《鸣道集》，应当把它发掘出来。

九 《龟山语录》

《直斋书录解题》（下简称《解题》）云：“《龟山语录》五卷，延平陈渊几叟、罗从彦仲素，建安胡大原伯逢所录杨时中立之语，及其子迥汇录共四卷。末卷为附录墓志遗事，顺昌廖德明子晦所集也。”[①]《郡斋读书附志》早于《解题》，云“龟山语录四卷”。《鸣道集》本为四卷，同于《读书附志》，按廖子晦乃朱门弟子，《鸣道集》编成在朱子中年以前，故必在廖子晦集龟山遗事之前，所以其中所收《龟山语录》为四卷，而无廖编末卷遗事等。《四部丛刊》本《龟山语录》乃影南宋吴坚刻本，《鸣道集》本远早于吴坚本，说已见前《张子语录》节。

十 《忘筌集》

《宋元学案补遗》卷四十三云：“潘殖字子醇（自号浩然

① 《直斋书录解题》，第657b页。

子），浦城人，大观中两以乡荐上礼部，不偶，建炎戊申始以累举除官，调真州推官。性嗜学不倦。”[①] 据此可知潘殖学术活动大致在南宋之初。据《直斋书录解题》，《忘筌集》宋时有不同传本，而以《鸣道集》本为最详。除《鸣道集》本之外，宋以后《忘筌集》他本皆不传，唯清刻《浦城遗书》时据《鸣道集》将《忘筌集》收入其中，并有祖之望跋语一篇。

潘子醇不知所师，《宋元学案补遗》列为“刘（白水）胡（籍溪）同调”，并说“刘白水勉之，刘屏山子翚，皆喜其书，屏山跋其后，极称其得学易门户”。[②] 二刘与胡籍溪皆为朱熹老师，称“三君子”。《忘筌集》多言《易》，刘子翚称其得学易门户，喜其书，当都指《忘筌集》。但朱熹对潘子醇多有不满之言：“潘子淳书顷亦见之，盖杂佛老而言之者，亦不必观。”[③] 祖之望则认为“虽有引及二氏之说，且袭用老庄语，然借以旁证孔孟之学，非祖虚无……虽议论精纯不逮程朱，然其中有独见者矣”（《忘筌集跋》）。

《忘筌集》共九十二篇，体系比较复杂，哲学思想不很明确，思想内容多因论《易》而发，其次是《书》及《论语》。但老庄的影响也比较明显，此由《忘筌集》的题名亦可见之。大体看来，他杂糅《易》《老》为一体，有唯物主义成分，但基本倾向还是唯心主义。如他讲元气、冲气，似乎有王氏学的影响，但他又主张“精神弥满于天地之间，其气为阴阳，其数为一二，

① 王梓材、冯云濠编：《宋元学案补遗》卷四十三，中华书局，2012 年，第 2320 页。

② 《宋元学案补遗》卷四十三，第 2320 页。

③ 朱熹：《答程允夫》，载于《晦庵先生朱文公文集》卷四十一，第 1379 页。

其物为水火，皆宗于精神”[①]，又表现出唯心主义。在认识论上他说“无非顺至理之自然”，强调顺应；但另一方面又反对追求知识，反对多知，提倡“不知”。他说“夫道不可以不知，既知矣则宜冥之以不知，始安于正位而无我；此理不谕乃专以知为事，则其德反离而贰矣。不知，愚也；知之，智也，皆一偏之名也”，这都表现出道家的影响。在修养上他说“役于境上之心成大患矣”，“本心无他，虚明而已；惟其虚明故常在亡境之所，有境则是人心矣”，这又表现出佛教的影响。[②]

《忘筌集》在个别篇章中也有一些合理的思想，如说：“形而上者为道，形而下者为器。人以器粗而道精，故器与道相辽绝，曾不知器乃道之形而下者耳……知道与器不殊，理与事无二，则一以贯之之学晓然洞照于中。”[③] 反对道器、理事割裂，这个思想还是合理的。但总体来看，朱熹的评价“盖杂佛老而言之”，应当说在一定程度上概括了《忘筌集》的特点。

十一　《圣传论》

朱熹曾说刘子翚初喜佛说，“归家读儒书，以为与佛合，故作《圣传论》”[④]。

---

① 潘殖：《安正忘筌集》，载于《续修四库全书》，明万历刻本。

② 皆见于《安正忘筌集》。

③ 《续修四库全书》，明万历刻本。

④ 黎靖德：《朱子语类》卷第一百零四，王星贤注解，中华书局，1986年，第2619页。

《圣传论》乃论先圣所传之学，其目为："尧舜（一）、禹（仁）、汤（学）、文王（力）、周公（谦牧）、孔子（死生）、颜子（复）、曾子（孝）、子思（中）、孟子（自得）。"从哲学史的角度看，《圣传论》主要涉及的是有关道统说的问题。

韩愈首倡道统，但没有说明道统的内容，二程自诩"于千四百年之后，得不传之学于遗经"[①]，但只是到朱熹《中庸章句序》才明确把十六字心传作为道统相传的内容。按照《圣传论》的内容，尧舜禹汤及文武周公以至孔子孟子，所传各有所异。《圣传论》虽然也说"圣贤相传一道也"，也比较突出尧舜"人心""道心""惟精惟一"的"相传密旨"，但他的论述未免多元化了。后来朱熹把道统之传仅仅规定为十六字心传，这个做法比他的老师更为精致，使道统说更为简明，这是对刘子翚的继承和发展。

无论韩愈还是二程，在道统说上都有一个共同点，即认为孔孟以后道的传接便中断了，在这一点上刘子翚是不同意的。他说："前乎尧舜，传有自来，后乎孔孟，传固不泯。韩子谓轲死不得其传，言何峻哉!"[②] 这就是说古圣相传之道，尧舜之前已自有之，孔孟之后未尝间断，但不一定有亲相传授之迹。因此他提出："密契于心，如相授受，政恐无世无之。孤圣人之道，绝学者之志，韩子之言何峻哉?"[③] 朱熹认为刘子翚这种说法是受佛教的影响，他批评《圣传论》"只要说释子道流皆得其

① 《宋史》卷四百二十七，第12717页。

② 刘子翚：《圣传论十首》，载于曾枣庄、刘琳主编《全宋文》第一百九十三册，上海辞书出版社，2006年，第174页。

③ 同上书，第175页。

传耳"[①]。朱子此说或有所据，但《圣传论》不曾说释老亦得圣人之传，其禅学影响并不明显。《圣传论》一书长期以来被认为已经遗失，赖《鸣道集》存之，也是研究南宋思想的一个宝贵材料。

十二 《日新》

《日新》是横浦门人郎晔所记语录，在每条语录前均加一题，看起来很像一部著作。

张九成字子韶，号无垢居士，亦称横浦居士。张子韶是朱熹视为"不在洪水夷狄猛兽之下"的人物。据朱熹说，"杲老（宗杲）与张侍郎（无垢）书云：'左右既得此把柄入手，便可改头换面，却用儒家言语说向士大夫，接引后来学者。'后见张公经解文字一用此策"[②]，又说"凡张氏所论著皆阳儒而阴释"[③]。朱熹完全把张子韶看成佛家派到儒家内部的别动队。

《日新》之书朱熹也曾论及，"比见婺中所刻无垢《日新》之书。尤诞幻无根，甚可怪也"[④]。其实《日新》的主要内容仍是儒家思想，未见有朱熹所谓诞幻无根之说。其书云："道非虚无也，日用而已矣，以虚无为道，足以亡国。以日用为道，则尧舜三代之勋业也。"[⑤] 这些思想还是与佛老相对立的。

① 《朱子语类》卷九十六，第 2476 页。

② 《答孙敬甫》，载于《晦庵先生朱文公文集》卷六十三，第 2317 页。

③ 《张无垢中庸解》，载于同上书，卷七十二，第 2632 页。

④ 《答吕伯恭》，载于同上书，卷三十三，第 1023 页。

⑤ 《宋元学案》（二），第 1312 页。

事实上道学所理解的“禅”“释”观念，往往是很模糊的。

本章最后来讨论《鸣道集》的编者和成书年代。

《诸儒鸣道集》所收最后两家，刘子翚卒于1147年，张九成卒于1159年；此书所取朱熹校订《谢上蔡语录》也成于绍兴二十九年（1159年），因此《鸣道集》编成当在1159年之后，这一点当无疑问。朱熹编定《遗书》在1168年，《通书》南康本刊于1179年，《鸣道集》不取二书，其年当在此二书之前。据此，《鸣道集》的编成年代大致在1159—1168年，最晚不迟于1179年。

从其他方面来看，《鸣道集》编成不会晚于朱熹中年以后，《鸣道集》收书取至横浦，如果编者是横浦门人，当为及门弟子，不会更晚，因为如果编者为横浦二传弟子，一定会收入他们的直接老师的著作。张九成死后第二年，朱熹正式受学于李侗（王白田《年谱》说），张栻、吕祖谦与朱熹一样都刚刚开始走向南宋学术舞台。张九成死后十五年，南宋学术基本形成朱张吕三大学派的局面，再后则变为朱学、陆学、浙学的分野，一时学者皆不出这几家门下。因此，如果编者是朱张吕陆门人，则必定会收入他们老师的著作而不可能至横浦为止。综上所说，编者当与朱熹同时，考虑到张九成死后第二年朱熹始受学于李侗，编者的学术活动要比朱熹更早一些。此外，据黄壮猷说，至端平二年（1235年）时书版已腐，则其至少已有五六十年，这也说明《鸣道集》成书较早。

据黄壮猷题语，“越有《诸儒鸣道集》最佳，年久板腐字漫”，此书当原刊于浙江。朱熹说《日新》为婺中所刻，又说洪适于越州刊张子韶《注解》，张子韶为钱塘人，其书皆在浙江刊行，因此，收入张子韶《日新》的《鸣道集》，其编者可能是浙江学者或曾在浙江为官。

刘子翚极称潘子醇得学易门户，此书收刘子翚《圣传论》，又收刘子翚所推重的潘子醇《忘筌书》，刘子翚与编集者可能有某种关系。另外，此书于最后收横浦《日新》，表明作者与横浦似亦有一定关系。这样看来，编者可能是刘子翚或张子韶的学生或友人。①

《诸儒鸣道集》收十二家所著，其去取的原则当体现一定的学派观点，并反映编者对道统传承的看法。《直斋书录解题》尝谓编者“其去取不可晓”。从后来道学的眼光看，此书表现的学术传承的看法，的确近乎不伦不类，但其对学派源流的见解大体上还是不难看出的。二程出自濂溪，与涑水、横渠为讲友；上蔡、龟山皆程门高足，而元城为涑水门下第一，且元城与龟山关系甚密，江民表列元祐元符党人，可能私淑涑水；刘子翚为洛学私淑，潘殖为刘子翚同调；张九成则出于龟山门下。因此，《鸣道集》所收，皆二程师友门人和再传弟子及私淑者。

当然，《鸣道集》与朱熹的伊洛渊源观点有所不同。朱熹只承认濂溪、二程、横渠，涑水已被排之于外；以下者可以承认上蔡、龟山，但不会推重元城，更不可能以张子韶为可取，所

---

① 从《鸣道集》总目看，独于元城三录皆称刘先生，编者似为元城门人或私淑者，按刘子翚之友刘勉之（朱子岳父）曾亲学于元城，而胡宪亦私淑元城，刘勉之卒于1148年，不可能为编者，唯胡宪卒于1162年，且绍兴未曾为秘书省正字入浙，似有可能为编者。

以此书之编不可能出于朱门。但朱熹的观点只是一家之言，事实上，按照《宋元学案》，朱熹、张栻和吕祖谦都是二程三传、涑水三传、龟山再传、元城再传。涑水一派本来与程学有亲缘的关系；即使是朱熹深恶痛绝的张子韶，不但亲出龟山门下，而且吕祖谦亦属横浦再传。因此，《鸣道集》取舍的原则基本上是以程学为主干。

程门弟子甚多，朱熹只是“道南一派”的光大者。以程学为代表的理学的发展，固然与朱熹的阐扬有关，而《鸣道集》的编辑，在一定程度上说明程学成为学术上的主流已是大势所趋，表明程学与后期中国封建社会需要的适应。但程学系统内部对学派发展理解不同，包含有争当正统的意义，据朱熹《答程允夫》，当时曾流传有一个与《鸣道集》有某种类似的宗派传授图系，朱熹说：“所示宗派不知何人为之……图内游定夫所传四人，熹识其三，皆未尝见游公；而三公皆师潘子醇，亦不云其出游公之门也……至于张子韶，喻子才之徒，虽云亲见龟山，然其言论风旨，规模气象自与龟山大不相似。”[①] 这个传授图中比较突出程门中游定夫一派，其中的人物就与潘子醇、张子韶有直接关系。这些情况，反映出在南宋道学内部存在着各派争夺正宗的复杂关系。

《诸儒鸣道集》是第一部理学丛书，其中保留了许多罕见的版本和史料。据《中国丛书综录》云，第一部丛书为编于1202年的《儒学警悟》，而按笔者此处考察，《鸣道集》编订约在1158—1168年之间，因而它不仅是第一部理学丛书，而且是我

---

① 《答程允夫六》，载于《晦庵先生朱文公文集》卷四十一，第1380页。

们所知道的我国的第一部丛书。

写于 1982 年夏

原载《北京大学学报》（哲学社会科学版）1986 年第 1 期

第二章　宋明儒学的“道”“理”概念及其诠释

张岱年先生曾对中国古典哲学中的“当然”观念深入解析，受此启发，本章拟以“所以然”的观念为基础，对中国古典哲学中的“道”“理”范畴略作梳释，并结合现代中、西文的理解加以讨论。

一　释译

在文化的相互交流和学习中，翻译是不可避免的，没有翻译，这种相互学习就是不可能的。然而，最重要的哲学概念常常都很难在其他语言中找到其完全的对应物，而必须在具体的上下文中体会其意义。一位西方的汉学家曾指出，对西方人文学者来说，当使用被翻译成西方文字的中国哲学材料时，最可能出问题的地方，不是译句的句法结构是否与汉语文本相同，而是，对特殊词汇和范畴的翻译不仅未能将中文词语的丰富意涵表达出来，反而附加了不属于中国世界观的西方含义。这种跨文化交流的困境当然并非触处皆是，但对一些哲学概念而言却无可怀疑地存在着。中国学者在引入西方文化世界观时同样要遭遇这类问题，如众所周知，“being”就是使中国哲学家在翻译中大费斟酌的一个概念。指出这种困境并不是存心为文化的交流浇泼冷水，而是提醒我们，学习和理解一种异文化的世界观不是一件简单的事情，而是充满了复杂性的理论—文化活动。

翻译同时是一种诠释活动。人类思维在跨越空间变化中所遭遇的困难，也在跨越时间的变化时同样存在。中国古代哲学的重要概念和表述，不仅在谋求将它们恰当地译成西方文字时会遇到困难，就是在把它们用现代汉语加以确切表达时，也同样会遇到困难。作为一个有经验的哲学史研究者，我自己常常遗憾地发现，一方面，对一些重要的中国古典哲学概念，当代中国哲学家的理解竟是那么不同；另一方面，在试图说明一个基本的古典概念时，在现代汉语中有时很难找到一个最恰当的词汇。从而，尽管我们一直在选择我们认为较为接近古义的现代语词来进行解释，但这些选择并不见得都是我们所满意的。

上面的这些说法似乎预设了这样一种事实，即作为一个现代的学者，我们在相当程度上能够通过古人的“言”而理解其“意”，但却难以找到相应的现代的“言”来表达我们对那个“意”的理解。的确，魏晋时代中国哲人最流行的话题之一就是“言不尽意”，我们今天在解释古代哲学概念时，也仍然有时处在“言不尽意”的状态中。这种处境的产生，在很大程度上是

20 世纪初白话语文运动的一个结果。在西方思想介绍的冲击之下，在白话语文支配全部写作的重大转变之后，体现中国哲学问题性的以古典汉语为范畴形式的传统论说几乎全部成为过去，这使得在某些领域呈现出“失语”的状态。20 世纪中国哲学家使用的语言，完全是由西方哲学语言翻译而来的。这样，把一个古典的中国哲学概念用现代汉语加以解说，几乎就是一种翻译——一种向着西方哲学语言的翻译。因此，我们中国哲学研究者有时也会遭遇与西方汉学家相同的处境，这是不足为怪的。由此可见，“翻译”的挑战，对东西方学界，是同样存在的。正是这种挑战性更增加了我们研究中国古代哲学的兴趣。

因此，很明显，当把中国古代哲学文献加以翻译的时候，没有一个中国哲学的概念，可以仅仅译为一个语词而通用于这个概念出现的各个地方。在使用现代汉语的研究和教学中，情形是一样的，因概念是多义的，在不同的上下文中所具有的不同的具体意义，现代汉语就需要用不同的语词去解释和说明。何况，在哲学史上我们常常了解，对同一个概念，不同的哲学家用法也不同；而且，同一个哲学家也常在不同意义上使用同一概念。所以，中国哲学的基本概念在使用中的不同含义，是需要在解释的实践中认真地加以注意的。

二　语义

语义的问题在中国哲学研究中甚为突出。就以宋明哲学为例来说，理学的哲学讨论是通过概念范畴来表达的，如理气问题是通过对“理”和“气”的讨论来表达的。因而构成理学主要问题的范畴亦即是宋明理学的主要范畴。在宋明理学中最重要而又比较容易引起理解上的混乱的概念是“理”“气”“心”“性”。由于宋明时代不同的哲学家对概念的使用有所不同，以及同一个哲学家往往在不同意义上使用一个概念，所以理、气、心、性这些概念的意义都非单一的。比如，一般地、笼统地说，我们可以说“理”指法则，“气”指物质材料，“心”指意识，“性”指本质；但实际上，在阅读文本的实际过程中，必须与那种一般和笼统的说法保持距离，而在具体的上下文中去具体地理解这些概念在每一个地方所浮现出来的意义。

如新儒家哲学家讲的“性”，有时或有的地方是指本然之性，有时或有的地方是指气质之性。“心”在有时指意识主体，有时是指意识活动，王阳明学派则以心为先验的道德理性。“气”虽然在多数场合指连续性的物质材料，但也用以指某种心理状态。“理”的意义常用者即有五种：指宇宙的普遍法则，指人的本性，指道德准则，指事物的本质和规律，指人的理性。新儒家的哲学家们在使用这些概念时，并不预先说明其使用概念的特定立场，这就要求我们必须仔细地判断每一处具体使用的意义。虽然，在新儒家哲学的体系中，“理”的多种意义可以在某种方式下具有统一性，但对具体讨论而言，这些不同意义的“理”是不能随意替代的。所以对于具体讨论中的“理”，我们必须要在上下文中具体地理解其意义。

在 20 世纪 80 年代前期，当代中国哲学研究中曾流行“范畴体系”的研究。这种研究可以在范畴系统的一般特征方面显现出中国哲学与欧洲哲学的不同，但范畴的研究如果离开了具体问题的讨论，不是从具体的哲学讨论中理解范畴概念的意义，就只能停留在一般的、笼统的说法上，而无法真正促进我们对中国哲学基本概念和具体讨论的理解。谈论一个范畴的意义，最危险的莫过于认为对一个核心词汇可以下一个放之四海而皆准的定义。适当的方法并没有什么捷径可走，就是要在对哲学问题的讨论中了解概念的意义，在解释的经验基础上加以归纳。

三　道理

本文的主题是讨论中国古代哲学中的“道”和“理”的概念。这两个概念在中国哲学中的地位，就像“truth”“reason”在西方哲学中一样重要。学过中文的人对这两个字不会陌生。为了使主题集中，我们将不讨论“道”或“理”在日常语言中的意义，也不讨论其伦理学的意义，而集中在其哲学意义上，即这两个概念在形上学讨论和认识论讨论中的意义。

从字源学上说，“道”作为名词其原意是“向着一定方向的道路”；作为动词则是指“引导而行”，也即有“引导”和“行进”意思。引导当然是朝着某一方向的引导，行即行走、行进。所以在有的古文字中“道”和“行”是一个字。直到唐代哲学家韩愈（768—824 年），仍然说：“由是而之焉之谓道。”（《原道》）

道的本义即是道路，所以古代的人们自然把日月运行的轨道称为“天道”，把人类生活的规则称为“人道”。换言之，道路是引导人向一定方向行进的轨道，这本身就有“规范”的意义。宋代哲学家也强调“道”不是任意的行走迹线，而是“当行之路”。[①] 道是人所由、所循的轨道和路径。“所由”即含所遵循的意思。所以日月星辰运行所遵循的轨道为“天道”，人的社会生活行为所遵循的规则为“人道”，通称为“道”。由天道的观念就引申出自然法则的含义，由人道的观念就引申出原则的含义。合而言之，道即常则。所以直到新儒家的代表朱熹（1130—1200年）也仍然说：“以各有条，谓之理，人所共由，谓之道。”[②]

古代道家哲学把“道”更提高为宇宙的根源。老子主张：“有物混成，先天地生……可以为天地母，吾不知其名，字之曰道。”（《道德经·第二十五章》）又说：“道常无为而无不为。”（《道德经·第三十七章》）道没有意识，没有目的，道的宇宙论角色是“根源”，但“道”的范畴本义并不是根源，我们从哲学史可以知道，有各种各样的范畴（如理念、精神、火、原子等）都可以作为宇宙的根源，而每一范畴都有其自己的意义。每一种哲学的特殊性格就在于将一个特殊的范畴当作世界的本原。道家的哲学是把宇宙的常则实体化、绝对化了。

“理”字的原意本来是指玉石的纹理，引申义即文理、条理，在哲学上也指事物的具体机制和规律。韩非（公元前280—前233年?）最早指明了“道”和“理”的相关性：“万物各异理，而道尽稽万物之理。”（《韩非子·解老》）各个事物的

① 见《晦庵先生朱文公文集》卷四十八，第1661页。

② 《朱子语类》卷六，第99页。

理是彼此不同的，因此理是具体的，而道是万物之理的总合，即是万事万物的总规律。所以后来朱熹也说：“道是统名，理是细目。”①

四　所由

在道家哲学中，道不仅是宇宙的究极根源，而且同时扮演某种本体论的角色。老子讲“道生一”的同时，也肯定“道”是“万物恃之而生”的。韩非的理解是：“道者万物之所以成也。”（《韩非子·解老》）万物所“恃之”者，和“所以成”者，固是指道而言，但这些说法究竟意味着什么呢？在这一点上，我们就遭遇到前面所说的理解与表达的困境。特别是“所以”，成了中国哲学道论的一个最常见的表述形式，也是现代中国哲学语言每感费力表达的重要概念。

魏晋新道家哲学中突出地用“所由”来说明“道”。王弼（227—249 年）说“道”是“所由之宗”（《系辞》韩注引《大衍义》），又说：

> 万物皆由道而生。（《老子注·三十四章》）
>
> 凡物之所以生，功之所以成，皆有所由；有所由焉，则莫不由乎道也。（《老子注·五十一章》）

这是强调“道”是“所由”。“由”本来是经由和缘由的意思，

① 《朱子语类》卷六，第 99 页。

表示道是万物生成和存在所必须通过、经过的东西。

关于理，王弼认为：

> 物无妄然，必由其理……故繁而不乱，众而不惑。（《周易略例·明象》）

这里仍然是用“由”，并表明理是与“妄然”即杂乱相对立的，故理的作用是秩序化和条理化。这里给我们一个启示，即使事物秩序化和条理化的东西（理）可以是“所由”。所由即是所循，亦即是所遵循。但“万物皆由道而生”，这个道虽然也是所由，却是指使事物得以生成的东西，而不是使事物秩序化和条理化的东西。

同时，理又是“所以然”，王弼说：

> 夫识物之动，则其所以然之理皆可知也。（《周易注·乾文言》）

这是说“理”是事物运动的“所以然”。“所以然”本来是指原因，但是这里显然并不能把理的范畴意义说成是“原因”。

无论如何，我们知道，“所由”和“所以”是中国古代哲学家界说“道”和“理”的主要之点。就其作用来看，在魏晋哲学看来，“道”更多是代表生成原理，“理”更多是代表秩序原理。

五　所以

在宋明理学的形上学中，道和理开始更多地作为运动（变化）原理，而这仍然是通过“所以”和“所以然”的界说来表达的。在中国古代经典《周易》中有两句话，它们成为宋明哲学形上学反复引用的思想资料和讨论的出发点，这两句话就是：“一阴一阳谓之道”和“形而上者谓之道，形而下者谓之器”。

程颐（1033—1107年）通过对《周易》的这两句话之分析而提出了一个新的形上学：

> “一阴一阳之谓道”，道非阴阳也。所以一阴一阳道也，如一阖一辟谓之变。[①]

葛瑞汉（A. C. Graham）对程颐的这段话的翻译是：

> “The alternation of Yin and Yang is what is meant by the Way”, the Way is not the Yin and Yang, that by which (so-yi) the Yin and Yang alternate is the Way.
>
> 离了阴阳更无道，所以阴阳者是道也。阴阳，气也。气是形而下者，道是形而上者。[②]

① 《二程集》，第67页。

② 同上书，第162页。

陈荣捷（Chan Wing-tsit）对程颐此语的翻译如下：

> There is no Way independent of Yin and Yang. The Way is that through which Yin and Yang operate. Yin and Yang are material force. Material force is what exists after physical form, whereas the Way is what exists before physical form.

这表示，凡是物质的东西、具体的东西都是属于“形而下”的，是“器”；凡是普遍的、抽象的东西都是属于“形而上”的，是“道”。形而下的东西是感性地存在的，形而上的东西只有用超乎感性的方法才能把握。天地、万物、阴阳二气都是形而下的，天地、万物、阴阳之道之理才是形而上的。

这两段话都选自语录，所以表面上有一点差别，前一段说“所以一阴一阳，道也”；后一段说“所以阴阳者是道也”。专家认为，其实“所以阴阳者道也”就是“所以一阴一阳，道也”的略为简化的记录。根据朱熹的解释，这里的“一阴一阳”是指阴和阳的交替往返运动，即一阴然后一阳（正如门的一开一关的不间断活动一样）。道和阴阳的关系是什么呢？我们又遇到那个“所以”。程颐认为，“道”不是阴阳，也不是阴阳的运动过程（张载认为道是气的运动变化的过程）；道是所以一阴一阳者，即是使气能够运动、支配气的变化的东西。这个思想，用现代汉语表示我们的理解，就是“强调气的往来运动，其中有一种支配它如此运动的规律作为内在根据”，“把道作为二气运行的所以根据和规律”[①]。

---

① 陈来：《宋明理学》，第102—103页。

也就是说，在理气哲学的意义上，我们是把“道”解释为“根据”和“规律”的。

程颐和其兄程颢共同创立了新儒学，古称“道学”或“理学”，因为“道”和“理”是他们哲学的最重要的范畴。道和理是相通的，故程颢说：“理便是天道也。”作为普遍的法则的道与理，适用于自然、社会、人生和一切事物的存在发展，它决定人与事物的本性，是道德的根源，它具有上古“天”所具有的本体地位。这个具有普遍性和必然性意义的宇宙法则，在自然的层面，表现为阴阳二气往返运动的所以然；在社会层面，则完全体现为儒家道德原则。因此道和理本身是“天人合一”的。在这种思想看来，在自然的运动变化过程中，“道”或“理”（规律）在发生主导的作用，同样的法则也支配着历史过程和思维过程；自然法则、社会规则、人生准则是统一的；人类社会的种种法则是宇宙普遍法则的一种局部表现。

“理”的伦理学的意义是指儒家的全部道德原则。程颐和朱熹的理气讨论表明，在理学体系中“理”的最高优先性的确立，不能仅仅归结为新儒家的价值立场，而且是基于一种哲学的分析和思考。

六　所以然

朱熹在其宏大的哲学体系中，将二程兄弟的哲学更加以发展。在形上学和宇宙论方面，朱熹把道作为“所以”与气的关系说得更明确了：

> 只说“一阴一阳”，便见得阴阳往来循环不已之意，此理即道也。
>
> 所以循环者乃道也。
>
> 从古至今，恁地滚将去，只是个阴阳，是孰使之然哉？乃道也。[①]
>
> 一阴一阳虽属形器，然其所以一阴而一阳者，是乃道体之所为也。[②]
>
> 其所以屈伸往来者，是理必如此。[③]

这些都是说，阴阳往来循环不已，是“道”使之然，是“道”之所为，换言之，道是使阴阳循环不已的“所以”者。道不仅是阴阳循环的内在的动力因，更是阴阳循环往复的内在的支配者、主导者、主宰者。它有些接近于规律，但似乎又不完全是规律。在这里我们又碰到了解释的困境。

如果说程颐的贡献是从本体论上用“所以”来说明“道”的内涵和作用，那么，可以说朱熹的贡献就在于从认识论的角度把“理”明确地定义为“所以然”。朱熹是“四书”的汇集者，他一生对《大学》用力最多，他对《大学》思想的最重要的诠释就是，用“穷理”解释《大学》中的“格物”的工夫意义。什么是“穷理”的“理”呢？他在《大学或问》中为“理”下的定义是：“其所当然而不容已与其所以然而不可易者。”[④]

① 皆见《朱子语类》卷七十四，第 1896 页。

② 《答陆子静五》，载于《晦庵先生朱文公文集》卷三十六，第 1140 页。

③ 《朱子语类》卷九十五，第 2437 页。

④ 朱熹：《大学或问》，载于胡广等撰《四书大全》明内府刻本。

他又写道：

天下之物则必各有所以然之故与其所当然之则，所谓理也。①

穷理者，欲知事物之所以然与其所当然者而已。②

陈荣捷对后段的翻译是：

To investigate principle to the utmost means to seek to know the reason for which things and affairs are as they are and the reason according to which they should be, that is all.

这样，朱熹肯定地说明，“理”就是事物的“所以然之故”和“所当然之则”，说得更简明些，“理”就是“所以然”和“所当然”。

“所当然”是指社会准则和规范。而朱熹所说的“所以然”不只是对二气动静而言，他认为每一物都有其所以然。每一物所有的“所以然”是什么？在现代汉语的著作中，我们说“一般说来常以指事物的本质、规定性、规律及各种机理、机制”。从这种罗列的表达，也可以看出当代中国哲学词汇的某种“不尽意”的状态。

① 朱熹：《大学或问》。

② 《答或人七》，载于《晦庵先生朱文公文集》卷六十四，第2373页。

七 主宰

事实上，把“道”理解为一种支配世界变化的主宰，这种看法在先秦已见端倪，如《庄子》说道是“若有真宰”。在宋明理学中比朱熹稍早的哲学家胡宏（约 1106—1162 年）提出过“气之流行，性为之主”[①]，他说的性，在本体论上，也就是后来朱熹所说的理。这就是认为性或理是气的运行的主宰者。但这个主宰者不是外在的，而是内在于气之中的。朱熹说：“气之所以能动静者，理为之宰也。”[②]

元明时代新儒学的哲学家，在理气哲学中，开始反对朱熹强调“理”对于“气”的优先性，他们既不赞成理在气先，也不赞成理为气本，在他们的说法中，气是真正和唯一的实体，“理”不是独立于气的实体。元代哲学家吴澄说：

> 自未有天地之前至既有天地之后，只是阴阳二气而已。本只是一气，分而言之则曰阴阳；又就阴阳中细分之，则为五行。五气即二气，二气即一气。气之所以能如此者何也？以理为之主宰也。理者非别有一物在气中，只是为气之主宰者即是。无理外之气，亦无气外之理。[③]

---

① 《宋元学案》（二），第 1368 页。

② 朱熹：《太极图说章句》，转引自《箕雅校注》，南龙翼编，中华书局，2008 年，第 1164 页。

③ 吴澄：《答人问性理》，载于《吴文正集》卷二，清乾隆文渊阁四库全书本。

他强调“理”绝不是存在于气中的另一实体，“理”没有实体性；他的定义是：“理”为气之主宰，即气的内在的主宰。他所说的“主宰”仍是指气之“所以”能运动变化而言（我们仍然不能摆脱“所以”这个概念）。他还强调，理虽然对气有主宰的作用，但理是“不宰之宰”，就是说，理并不是一个主宰物在气之中，理不是一个有形迹、有意识、有目的的实体的主宰者。

明代哲学家罗钦顺对此作了更明确的说明：

> 通天地亘古今，无非一气而已。气本一也，而一动一静、一往一来、一阖一辟、一升一降，循环无已，积微而著，由著复微，为四时之温凉寒暑，为万物之生长收藏，为斯民之日用彝伦，为人事之成败得失，千条万绪，纷纭纠葛，而卒不可乱，有莫知其所以然而然，是即所谓理也，初非别有一物，依于气而立，附于气以行也。[①]

他一方面指出理不是依附于气的另一实体（物），一方面着重说明，理就是使气循环运动、使事物有条理的东西。他后来又说：

> 理只是气之理，当于气之转折处观之：往而来，来而往，便是转折处也。夫往而不能不来，来而不能不往，有莫知其所以然而然，若有一物主宰乎其间而使之然者，此理之所以名也。[②]

① 罗钦顺：《困知记》卷上，明刻本。

② 《困知记》续卷上。

如果理只是导致气的运动的动力因，它就不能决定气的往来转折，而只能是往而不来或来而不往。往而不能不来，来而不能不往，这表明在气之中好像有一个主宰者在操纵和支配着，这个“若”（好像）的主宰，便是“理”。

八　解释

冯友兰先生认为，“道即天地万物所以生之总原理”[①]。在其《中国哲学简史》中认为“除了特殊的多样的道，还有一般的统一的万物生成变化所遵循的‘道’”[②]。后来他还说：“道这个字，本来意义很多，也可以指真理，也可以指规律。但是在先秦道家体系里面，道在大多数的地方，或者说在基本上，不是指规律。”[③] 最终，冯友兰回到他早期的看法，认为道是“共相”。关于“理”，冯友兰早期解释为“形式”，认为理气的分析有似于希腊哲学的形式—质料的分析。晚年他认为理是每一类事物的所以然，是“一类事物之所以为一类事物者”[④]。

与冯友兰不同，张岱年先生的看法是：“所谓道，实即究竟规律或究竟所以。”[⑤] “究竟规律”就是普遍、根本的规律；“究竟所以”就不容易解说清楚了。他又说：“常则或规律，可以说

① 冯友兰：《三松堂全集（第二版）》第2卷，河南人民出版社，2000年，第451页。

② 同上书，第6卷，第148页。

③ 同上书，第12卷，第376页。

④ 同上书，第11卷，第558页。

⑤ 《张岱年全集》第二卷，河北人民出版社，1996年，第53页。

是理之主要哲学意谓。”[①] 他认为：“二程子所谓理，主要是规律的意思。而伊川（程颐）所谓理，在规律的意谓中，更主要是所以的意思。”他更提出对理的分析：“一物所遵循之规律，可专谓之常则。众物所遵循或一物之众分子所遵循之规律，可谓之秩序或条理。一物所根据之规律，可谓之所以，所以即一物之所以然或所根据以生成之规律。”[②] 张岱年认为“所以”和“所以然”就是“理由”，他的意思是说，一个事物的发生，如果是合乎某种规律的结果，则此规律便是该事物的“所以”。这个解释是对“所以”的唯一的现代解释，即“所以”不是一物所遵循的规律，而是一物所根据的规律。这一解释亦可谓是对新儒家所用的“所以”观念的创造性的诠释。

冯友兰和张岱年两位先生是20世纪中国哲学史研究的代表，而不用十分注意便可发现，他们都仍然需要借助“所以”来解释古代中国哲学的“道”和“理”字。然而，在英语中，并没有一个名词可对应于前面所说的“所以然”，而只能用从句来表达，如用 by which，through which 来表达“所以”等。

在英语世界中，对道的翻译是“Way”，争议不大。而对“理”的翻译就较有分歧。早期卜道成（Joseph Bruce）译作“law”，即规律。陈荣捷译作“principle”，即原则，多数学者用此译。葛瑞汉译作“pattern”，安乐哲（Roger Ames）亦然。就其主宰和法则义，也可翻译为“rule”。这些翻译都表达着学者不同的理解。

---

① 《张岱年全集》第二卷，第85页。

② 同上书，第86页。

就“理”的翻译而言，现有的译法并不就是令人满意的，李约瑟不喜欢用“law”翻译“理”，而葛瑞汉说过，即使他选择“principle”，也并不比“law”好多少。作为中国人，我们对英语体会很浅，但“理”的概念中没有“law”所含有的“法”的意思，而“principle”又不能充分表达“理”所有的“规律”的意思。现代汉语的“规律”在英语中也没有恰好对应的语词。而且“规律”与“条理”毕竟有别。总之，“理”的意义，是使有根据、使有条理，使往来循环的“所以者”“主宰”，含有“规律”“条理”“所以”几种意谓，对于它，在非汉语世界，也许用“Li”的音译更为稳当。

附注：张先生教人，最强调“好学深思，心知其意”，我称为八字真经。我个人从张先生所得全部训练，亦可以归结为这八个字。欣逢先生九十华诞，谨以此小文庆贺之，从中亦可看到先生治学之方对我的深刻影响。

原载《中国哲学的诠释与发展——张岱年先生九十寿庆纪念论文集》，北京大学出版社，1999年

第三章　宋明儒学仁说的生态面向

一　原始的自然观

在西方哲学中很早就开始了从自然中抽象出“存在”，从自我中抽象出“精神”的观念建构。这种抽象和分离当然是对原始的有机统一的自然观的一种进步，但也同时包含了人与自然分裂的种子。近代以来，哲学所经历的形上学到认识论的转向、认识论到语言的转向，及向人的存在的转向，一步步地突出了人类中心的哲学立场。人的主观性方面越来越受到关注，抛弃古老的自然中心的哲学观念，就成了近代哲学的特征。自然观不再是近代哲学的主题，而且由于科学的发展与知识的分化，更滋长出一种对自然的哲学上的轻视。哲学从关注自然是什么转向关注人是什么，忽略了自然，也忽略了人与自然的关系。[①]

然而，20世纪末，环境和可持续发展成了与人类整体生存发展有着生死攸关联系的课题。这一现实，要求现代哲学必须重新检讨近代以来对于自然的态度，发展出适合当今全球状况的新的自然观。这也引导我们去重新审视东方古典传统的自然观的生态意涵，以扩大建构现代生态哲学的精神资源。

其实，原始的自然观，与其说是自然观，不如说更主要是一种人与自然的一体观。如卡西尔所指出，这种原始的自然观乃是一种“生命的一体性”的观念，认为所有生命形式都有亲族关系，个别生命形式之间是沟通的一体，而人并非享有自然界中的特权地位。[②] 生命的一体性意味着自然整体的统一性，而统一体中“和解”是最基本的倾向。自然的生命一体化的原始感情在文化的进步中被战胜了。不过，在中国的历史文化中，社会文化的连续性发展，正如历史学家一致同意的，原始的氏族组织与纽带在后来的进一步发展中被保留下来，原始的生命一体化的气质也为后来的天人合一哲学所延续。

在中国古代哲学中，由于道家曾提出过“道法自然”一类的命题，研究者一向重视从道家文化资源中提取生态思想，对儒家思想资源中关于人与自然的关系的看法，颇不在意。卡普拉即说：“在伟大的诸传统中，据我看，道家提供了最深刻并且最完善的生态智慧，他强调在自然的循环过程中，个人和社会

---

① 参看王子彦、陈昌曙：《现代自然观与可持续性发展——关于“后人类中心主义”的一点设想》，载《自然辩证法研究》1998年第2期。

② 恩斯特·卡西尔：《人论》，甘阳译，上海译文出版社，2004年，第105—107、111页。

的一切现象和潜在两者的基本一致。”[①] 但唐通则整个地指认中国传统：“中国的传统是很不同的，它不奋力征服自然，也不研究通过分析理解自然。目的在于与自然订立协议，实现并维持和谐……这样一种智慧，它将主客体合而为一，指导人们与自然和谐……中国的传统是整体论的和人文主义的。”[②] 其所说人文主义的自然观显应包含儒家思想在内。

为了适应 21 世纪全球可持续发展的需求，晚近在世界范围内，业已出现了寻求新的生态世界观、建立更加合理的自然观念与实践精神的诸多努力。东方古老的文化传统成为发展新的生态智慧的重要资源之一。在这一方面，道家受到的关注似乎更多。而本文则将力图呈现出儒学特别是宋明新儒学中所包含的生态面向，以及宋明儒学所包含的生态哲学的特质。

二　生生与物观

早期新儒家的代表人物对生生不已的大自然有特别的感情与关注。作为“理学开山”的周敦颐，据记载，其住所的窗前绿草丛生，他却从不剪除；人问之，他回答说：“与自家意思一般。”[③] 所谓“与自家意思一般”，乃是表现了一种思想，即个体的人的生命与其他的自然生命是相通的，同时也体现出一种

① 转引自董光璧：《道家思想的现代性和世界意义》，陈鼓应主编《道家文化研究》第一辑，上海古籍出版社，1992 年，第 71 页。

② 同上。

③ 《二程集》，第 60 页。

与生生不已的大自然融为一体的人生胸怀。《二程遗书》载："观天地生物气象（周茂叔看）。"[①] 这一条应为程颢语录，也是程颢对周敦颐"窗前草不除"的解释，即周敦颐是要通过置身在草的无阻碍的生长中体验天地生生不息的气象。

理学的奠基者程颢在青年时代曾从学于周敦颐，他后来说："昔受学于周茂叔，每令寻颜子、仲尼乐处，所乐何事。"[②] 从此，体会孔子、颜回何以常能保持精神的快乐，成为新儒家精神性的基本要求。程颢自己并没有给出他对这一"孔颜乐处"问题的回答，但他所叙述的另一件事透露出"孔颜乐处"与自然意趣的关联："自再见周茂叔后，吟风弄月以归，有'吾与点也'之意。"[③] "吟风弄月以归"，也就是"乐"，这种"乐"是体验了孔子"吾与点也"之意而来的。《论语》中记载，孔子曾问及各学生的志向，其中其他人都表示要做管理政事的官员，唯有曾点表示其志向是在大自然的美好风景中歌舞郊游、悠然而得其乐。孔子叹道："吾与点也。"（《论语·先进》）这显示出，程颢所理解的"孔颜乐处"，乃是一种与大自然密不可分的"曾点之乐"，也因此，他对自然界的动植物怀有特别的乐趣：

> 明道书窗前有茂草覆砌，或劝之芟，曰："不可！欲常见造物生意。"又置盆池畜小鱼数尾，时时观之，或问其故，曰："欲观万物自得意。"[④]

---

① 《二程集》，第83页。
② 同上书，第16页。
③ 周敦颐：《周敦颐集》卷三，中华书局，1990年，第81页。
④ 《宋元学案》(一)，第578页。

他自己还说过："观鸡雏，此可观仁。"[①] 与他同时的另一个哲学家张载则经常"观驴鸣"，即观看驴子的鸣叫。宋明儒学把动植物与自然界看作宇宙生命、意义的体现，要通过"观物"以体验宇宙的"生意"。而这种自然的生命意向，又和"仁"有密不可分的关系。

所以"生"对宋明儒学有着非常重要的意义，在《周易》的《易传》中说"天地之大德曰生"，"生生之谓易"，宋明儒学把自然的"生"与道德的"仁"等同齐观，使"生"不仅具有宇宙论的意义，也被视为人类道德原则的根源。程颢说：

> 万物皆有春意。[②]

牟宗三说，此谓"万物处处生机洋溢"。[③] 程颢又言：

> 万物之生意最可观，此"元者善之长也"，斯所谓仁也。人与天地一物也。而人特自小之，何耶？[④]
>
> 人只为自私，将自家躯壳上头起意，故看得道理小了佗底。[⑤]

---

① 《二程集》，第 59 页。
② 同上书，第 29 页。
③ 牟宗三：《心体与性体》中，吉林出版集团有限责任公司，2013 年，第 118 页。
④ 《二程集》，第 120 页。
⑤ 同上书，第 33 页。

放这身来，都在万物中一例看，大小大快活。[①]

理学把自然的生命意义看成宇宙的本质和道德的根源，这种思想很值得注意。理学同时认为，人与自然万物是“一体”的，正是因为人与自然万物在存在上本来是“一体”的，所以人必须有“万物一体”的精神境界。那种只从人的生理需要、只从人的特殊角度看待自然万物，不过是“自家躯壳上头起意”。

三　宋代仁学的一体论

不过，以上所说周敦颐、张载、程颢的“观物”实践，从主观方面而言，也可谓如唐君毅所说的“只是一艺术性之观照境界”[②] 而非道德的境界。境界即是态度，观照境界即是一种审美态度与境界。审美性的、艺术性的观照境界，虽为儒家所含有，但非儒家所特有，在道家与中国佛教中也有此种境界。因此，如果儒家的自然观仅仅是艺术性或审美性的境界，虽然也可成为新的生态自然观的资源之一而有其意义，但究竟而言，既不可能与道家的自然观区别开来，也无法区别于文学家、诗人对自然的观赏态度。

儒家自然观的特色，在我看来，更在于宋代以来通过儒家“仁”学所发展的人—自然的一体说。程颢说：

---

① 《二程集》，第 33—34 页。

② 唐君毅：《唐君毅全集：中国哲学原论·原教篇》，九州出版社，2016 年，第 106 页。

> 仁者以天地万物为一体，莫非己也。认得为己，何所不至？若不有诸己，自不与己相干。如手足不仁，气已不贯，皆不属己。[①]

所谓“仁者”即达到了“仁”的境界的儒者。明道的这段话，超越伦理—社会的诠释，而从自然—生态学的诠释来看，以天地万物为一体，这意味着，不仅要把每个他人看成与自己为一体，也要把天地万物即自然世界的一切存在物都看成和自己为一体。而所谓“一体”，就是人与自然界存在的一体性。从这个角度，自然界的每一种事物，都是自己身体的一部分，与自己息息相关。人—自然共同构成一个身体，这种存在的一体性要求儒者在意识上真切地自觉其为一体，从而对万事万物怀抱“仁”的态度。这既是对孟子“仁民爱物”说的存在论的支持，也同时把“仁”从人推广到物。在这种世界观和态度中，自然界的事物并不是我们的“他者”，不是与我们相对立的异在无关的他者，而是“己”本身的一部分。在这种世界观中，“己”已经不再是“躯壳”的小己，而成为与自然世界有机关联的一个整体。

同时，这种人—自然之存在的一体性，以及对此种一体性的自觉，其建立亦须通过“气”的观念。如程颢说“手足不仁，气已不贯，皆不属己”，就预设了肢体麻痹是由于“气”不能贯通，从而也就使人不能觉其为自己身体之部分，这就是“自限隔”。所以“气”的观念的必要性，不仅是存在论的，也是感受论的。

---

① 《二程集》，第 15 页。

张载以气为基础，其《西铭》也提出了与程颢类似的思想：

> 乾称父，坤称母；予兹藐焉，乃混然中处。故天地之塞，吾其体；天地之帅，吾其性。民吾同胞，物吾与也。[①]

乾指天，坤指地。所谓天为父、地为母，合而言之，意谓自然界是人类的父母；分而言之，天地人并立为三。由于天地之气构成万物与人，构成人的气也是构成万物的气，从而，站在一个儒者的个体立场来说，天地是我的父母，民众是我的同胞，自然万物都是我的朋友。

《西铭》的说法明显表达出，张载所主张的，并不是要达到一种审美性的观照境界，而是通过这样一种方式更深地理解自我对他人、对自然万物所应负有的道德义务。这种哲学实际是把宇宙或自然的整体看成一个家庭，中国古人所理解的家庭是一个相互承担义务并以感情沟通的系统。把宇宙或自然整体看成一个家庭的结果是，人应当把万物作为家庭成员来对待，换言之，人应由此对万物都负有一种将之作为家庭成员来对待的道德义务。

四　明儒的同体感应说

很明显，程颢、张载的世界观和自然观，已经从审美性的自然态度更发展出一种伦理性的自然态度，成为一种包含有价

① 张载：《张载集》，中华书局，1978年，第62页。

值意向性的自然观。从生态的诠释看，这对于以往的中国自然观而言，无疑代表了一种新的自然态度。

这种思想在王阳明哲学中得到进一步的发展：

> 问："人心与物同体，如吾身原是血气流通的，所以谓之同体。若于人便异体了，禽兽草木益远矣，而何谓之同体？"先生曰："你只在感应之机上看，岂但禽兽草木，虽天地也与我同体的，鬼神也与我同体的。"请问。先生曰："你看这个天地中间，甚么是天地的心？"对曰："尝闻人是天地的心。"曰："人又甚么教做心？"对曰："只是一个灵明。""可知充天塞地中间，只有这个灵明，人只为形体自间隔了。我的灵明，便是天地鬼神的主宰。天没有我的灵明，谁去仰他高？地没有我的灵明，谁去俯他深？鬼神没有我的灵明，谁去辨他吉凶灾祥？天地鬼神万物离却我的灵明，便没有天地鬼神万物了。我的灵明离却天地鬼神万物，亦没有我的灵明。如此，便是一气流通的，如何与他间隔得！"①

王阳明认为，"一气流通"不能只从身体的"血气流通"来看。如果仅从血脉贯通来理解"与物同体"，那就很难建立个体与其他存在物的"同体"观。王阳明认为，还要从"感应"即"感通"方面来了解，从这个方面才能理解天地万物、自然与人，

① 王守仁：《传习录》下，载于《王文成公全书》，中华书局，2015年，第153—154页。

个体与他者之间绝非“间隔”的，而是“一气流通”的同体、一体。这里所谓“感应”是指人的身心与万物之间的相互感通，特别是心灵对万物的感受性。

> 朱本思问：“人有虚灵，方有良知。若草木瓦石之类，亦有良知否？”先生曰：“人的良知，就是草木瓦石的良知。若草木瓦石无人的良知，不可以为草木瓦石矣。岂惟草木瓦石为然，天地无人的良知，亦不可为天地矣。盖天地万物与人原是一体，其发窍之最精处，是人心一点灵明。风雨露雷、日月星辰、禽兽草木、山川木石，与人原只一体。”①

根据这个看法，人与天地万物是一个整体，这种整体，一方面是“一气”所构成；另一方面，在这一气构成的宇宙中，只有人心最精最灵。所以人心可以被看作这一气构成的整个世界的“灵明”，是它的理性、它的精神、它的良知。因此作为宇宙结构成分的灵明或良知就不仅是人的良知，也可以看作是草木、禽兽甚至瓦石的良知。天地人的这种一体性是有机的，没有人或人的良知，便破坏了原始有机一体性的天地，也就不再成其为原本意义上的天地了。可见，这个思想是以一种有机整体宇宙的观念为基础的。

王阳明在《拔本塞源论》中也说：

---

① 《王文成公全书》，第133页。

> 夫圣人之心，以天地万物为一体……圣人有忧之，是以推其天地万物一体之仁以教天下，使之皆有以克其私，去其蔽，以复其心体之同然。[①]

“以天地万物为一体”是一种态度，以天地万物为一体的态度和境界就是“其精神流贯，志气通达，而无有乎人己之分，物我之间”，就是“其元气充周，血脉条畅，是以痒疴呼吸，感触神应，有不言而喻之妙”。[②] 这里的“感触神应”即上文所说的“感应”；“元气充周”即上文所说的“一气流通”，都是强调要达到一种无人己之分、无物我之隔的境界。

在《大学问》中，王阳明更在万物一体之外，提出万物一家、天下一人的观念，他说：

> 大人者，以天地万物为一体者也，其视天下犹一家，中国犹一人焉。若夫间形骸而分尔我者，小人矣。[③]

宋代理学把“大学”解释为“大人之学”，王阳明进而提出，“大人”与“小人”的分别，就在于“大人”是“以天地万物为一体，视天下如一家，视中国如一人”的人；而“小人”则是“间形骸、分尔我”，不能物我一体，也就是上文所说的“自家躯壳上头起意”“自间隔”“自限隔”的人。

---

① 《王文成公全书》，第 66—67 页。

② 同上书，第 68 页。

③ 同上书，第 1113 页。

“天地万物一体”说在伦理上所指向的是“爱”，这一点，程颢早已指出：

> 若夫至仁，则天地为一身，而天地之间，品物万形为四肢百体。夫人岂有视四肢百体而不爱者哉?①

至仁的境界就是以天地万物为“一身”，也就是说，人应当把自己和天地万物整体看成一个身体，而把万物万形看作这个身体的肢体、部分。这样人就会像爱自己的肢体一样爱万物。而把自己的肢体当作“非我”的“尔”，就是不仁。仁就是意识到一体而产生爱。在这种境界中，人与万物、自然，不仅是“共在”，而且是“一身”，人不仅因把自然事物视为自己身体的部分而有亲近感，并且对自然事物承担着道德义务和责任。“仁者与天地万物为一体”的自然观，其真正意义就在于，在这种“一体”的自然观中，人—自然的关系、人与万物的关系，从“我与它”转为“我与己”，或者说，如同马丁·布伯所说的“我与你”。在这种自然观中，人与自然关系绝不是人与异在的他者的关系，而变成了人与自己的关系。

王阳明在《大学问》中对“一体”和“感应”有进一步的说明：

> 是故见孺子之入井，而必有怵惕恻隐之心焉，是其仁之与孺子而为一体也；孺子犹同类者也，见鸟兽之哀鸣觳

① 《二程集》，第74页。

> 觫，而必有不忍之心焉，是其仁之与鸟兽而为一体也；鸟兽犹有知觉者也，见草木之摧折而必有悯恤之心焉，是其仁之与草木而为一体也；草木犹有生意者也，见瓦石之毁坏而必有顾惜之心焉，是其仁之与瓦石而为一体也……故夫为大人之学者，亦惟去其私欲之蔽，以自明其明德，复其天地万物一体之本然而已耳。[①]

因此，不仅万物与人处于一气流通的本源性联系，而且，对万物的感通惜爱乃是人之本性，是心体的本然。所以“一体”不仅具有客观的、实体的意义，也是一种态度和境界，这种境界和态度把宇宙看作一个有机的系统，以凸显人—自然的息息相关的不可分割性。

五　道德的生态观

宋明儒学的万物一体说同时亦是仁说，其核心思想是主张以万物一体为仁。“一体”又表达为“一身”“一家”“一人”(万物一体、天下一家、中国一人)。从程颢到王阳明都认为，只有真正认识到万物一体的人才是仁者；真正以万物一体之仁而发出爱，才算达到了仁的境界。“万物”的用法合法地指明，自然及其各种存在物都是“仁”的对象。因此，仁学不仅是“人”学，也是人如何对待自然的学问。所以，没有人能够否认，宋明儒家的仁学包含着生态学的面向；循其方向，可以发

---

① 《王文成公全书》，第 1113—1114 页。

展出独特的生态哲学体系和生态世界观。

宋明理学的生态世界观，是一种“有机的一体的生态观”。而就其特色而言，亦可谓“道德的生态观”（moral ecology）。此处“道德的”的用法取于牟宗三。牟氏区分了“道德底形上学”和“道德的形上学”，他认为“道德底形上学”是关于道德的一种形上学的研究，而“道德的形上学”则是“从道德的进路入”，由道德而进至形上学。所以“道德的”之关键是“由道德的进路入”。[①] 前述宋明儒学的万物一体说或仁说所包含的生态世界观，正是与审美性的观照境界所不同的、一种从道德的进路入的、宋明新儒家所特有的生态世界观。

宋明新儒家的自然观，其特征是，不以征服自然为目标，而力图强调人与万物是有机的整体；它把人与自然的关系，从“我与它”变成为“我与己”或“我与你”；它超越了审美观照的自然态度，不仅把自然作为审美的对象，而且作为伦理的对象，作为自己的家庭成员；它所强调的共同体观念，不是人类的共同体，而是把人包括在其中的自然共同体；与早期马克思所说的“自然界……是人的无机的身体”[②] 也不相同，它认为人与自然共同构成了一个有机的身体；它要求人把自然与自然事物看成是与自己息息相关的，看成自己身体的一部分而爱惜之；它主张人应当对自然万物抱有道德的义务感。

这种哲学的基础，也超越了原始的巫术—神话世界观的

① 参见《心体与性体》上，第三章“自律道德与道德的形上学”，第101—151页。

② 马克思：《1844年经济学哲学手稿》，中共中央马克思恩格斯列宁斯大林著作编译局编译，人民出版社，2014年，第52页。

有机一体观，它不包含巫术的神秘主义，但也不是单纯的自然主义，而是借助“一气感通”而体现“仁”，它力求把生态伦理与人的“不忍”（良知）之心联结起来，为生态伦理找到内在的心性根据，从而使“仁”的思想不仅是一种人道主义，而且成为一种更为普遍的、由道德的进路切入的宇宙观。这种“一体”说或自然的共同体说，借用马克思的话来说，它是一种“彻底的自然主义或人道主义，既不同于唯心主义，也不同于唯物主义，同时又是把二者结合起来的真理”；[①] 它“作为完成了的自然主义，等于人道主义，而作为完成了的人道主义，等于自然主义，它是人和自然界之间、人和人之间的矛盾的真正解决”[②]。

面对20世纪末的地球，人类越来越多地意识到，与以往的地球上的人类最大的不同，是20世纪的人类已经掌握了在根本上破坏地球生态系统的能力。20世纪人类的活动已经开始现实地、局部地，但很大程度地毁坏了自然生态，对人所活动的环境本身造成了重大的威胁。而人类的文明程度越高，人类自己也就对这种威胁更加敏感。为了人类自身的长远生存，必须改变以“征服、索取”为特征的旧的人类中心主义，而寻求新的更加适合人类共同生存的对待自然的态度。在这个问题上，儒学传统的自然观可以提供一种参照。

现代西方哲学与文化对生态世界观的反思，往往要求从公正、平等、权利的观念来建立人对自然的道德态度，如提倡承

---

① 《1844年经济学哲学手稿》，第102页。

② 同上书，第78页。

认无感觉的东西有道德上的权利，把公正、平等的态度扩大到自然界等。相比起来，儒家传统所提供的是另一种图景，它主张把人与自然看成一个整体的系统，人不仅包含于这个世界整体之中，而且人必须自觉自己与自然界的每一部分的有机关联；它要求把自然事物看成自己的一部分，或把自然事物看成自己的家庭成员，由此建立起人对自然事物的道德义务，而对自然事物采取友善的态度。人与自然的对立、主体与客体的对立，是儒学所不了解的。在儒家哲学中，人虽仍然在某种意义上是中心或基点（人者天地之心），但这种中心地位的承认，并不是要使人从宇宙的优越地位出发而把自然界当作可以任意索取、盘剥的他者；儒家所赋予人的中心的地位，正在于对人的理性（灵明、良知）的信任，对人能自觉万物一体的有机性的信任。这种立场可能会在旧的人类中心主义和当代彻底摒弃人类中心主义的要求之间提供一种平衡。

原载《中国哲学史》1999 年第 2 期

第四章　论宋代道学话语的形成和转变

——论二程到朱子的仁说

宋代道学话语的形成，基于若干的社会—思想条件，就思想方面来说，如二程（程颢、程颐）道学思想的创立，二程人格与思想的权威的确立，道学精神对宋代知识人的吸引，都对道学作为一种思潮和话语的形成起了重要的作用。道学内部的学术讨论，具体规定了道学话语的内涵。而追踪这种讨论由分散到集中的过程及其中讨论的问题和焦点的变化，则有助于理解道学话语的形成和转变。本章强调，仁说及求仁之学是早期道学的主题，也是前期道学的核心话语，提供了道学从北宋后期到南宋前期发展的重要动力。探讨这一话语的形成、发展和蜕变，是研究早期道学史的一个重要问题。本章指出，朱子（朱熹）的仁说是对南宋前期道学仁说的清理和总结，特别是对上蔡（谢良佐）仁说以及受上蔡影响最大的湖南学派之仁说的克服、批评和纠正，而朱子的仁说既依据对于二程仁说的整理和发挥，也体现了朱子个人在思想和方法上的特色。另一方面，朱子《仁说》及朱子与湖南学者关于仁说等辩论的结果，确立了朱子的理论权威，带来了道学话语的更替，即导致了旧的仁说的终结和道学核心话语的转变，从此，道学的关注课题从中和说、求仁说转变到理气说、心性说、格物说，朱子哲学的话语开始主导道学思想的展开。

上篇　程门仁说略论

一　二程的仁说

为了理解南宋道学仁说话语的来源及其意义，我们需要先来叙述二程的仁说。

冯友兰在其早年的《中国哲学史》中曾在“明道所说之修养方法”一节叙述程明道（程颢，1032—1085 年）的《识仁篇》，认为在明道思想中，宇宙乃一生之大流，乃一大仁，而人本来与天地万物为一体，有仁德之人即能与天地万物为一体。[①] 其晚年的《中国哲学史新编》对明道仁说更加意焉。但程颢和程颐论仁的思想不完全相同，冯友兰则始终未提及伊川（程颐）论仁的思想。这说明冯友兰的关注所在始终在一般哲学史的问题，而不是儒学史的发展。

---

① 参见冯友兰：《中国哲学史》下册，商务印书馆，2011 年，第 352—355 页。

张岱年在其早年的《中国哲学大纲》亦述及明道与朱子的仁说，却同样未及伊川的仁说。由于张岱年自20世纪50年代以来相当重视中国伦理学思想的研究，故其晚年著作《中国古典哲学概念范畴要论》对北宋至朱子的仁说皆给予讨论。他指出："周敦颐、张载都绍述孔子'仁者爱人'的观点，以爱说仁。周敦颐云：'德：爱曰仁……'张载云：'以爱己之心爱人则尽仁'……'仁之至也，爱道之极也'……二程提出关于仁的与前儒不同的解释。程颢以'与物同体'说仁，程颐以'公'说仁。"[①] 张岱年的叙述可谓扼要而简明。

对二程仁说最详细的比较研究，始于牟宗三，他曾在《心体与性体》中的明道的"识仁篇"和伊川的"性情篇"两部分中详列二人论仁语录，他指出，明道就仁心觉情说仁体之感通与一体，重在仁体呈现的境界；而伊川是以仁为客观性理，而分析出其形式特性即公，以公为仁之理，即以公为仁的一种形式特性。[②] 在牟宗三的这种分别中，从划分正统的观念出发，包含了对伊川思想的批评。

在我们看来，程颢的仁说之主要思想有三：以一体论仁，以知觉论仁，以生意论仁。如：

> 医书言手足痿痹为不仁，此言最善名状。仁者，以天地万物为一体，莫非己也。认得为己，何所不至？若不有诸己，自不与己相干。如手足不仁，气已不贯，皆不属己。

① 《张岱年全集》第四卷，第622—623页。

② 牟宗三：《心体与性体》中，第178—254页。

> 故“博施济众”，乃圣之功用。仁至难言，故止曰“己欲立而立人，己欲达而达人，能近取譬，可谓仁之方也已。”欲令如是观仁，可以得仁之体。[①]

这个讲法突出了仁作为精神境界而不是宇宙原理的意义，而仁的精神境界就是与万物为一体的境界。明道借用日常生活语言中的“手足不仁”的讲法，并将其发展为仁的哲学定义。他认为，只有这样理解仁，才是理解和体验到“仁之体”。

基于这种万物一体为仁的思想，他大力赞扬具体体现了儒家万物一体精神的《西铭》，认为张载此篇文字真正把握到了“仁之体”：

> 订顽一篇，意极完备，乃仁之体也。学者其体此意，令有诸己，其地位已高。
>
> 学者识得仁体，实有诸己，只要义理栽培。[②]

对仁的境界本质（仁体）的理解和体验叫作“观仁”，也叫作“识仁”：

> 学者须先识仁。仁者，浑然与物同体……此道与物无对，大不足以名之，天地之用皆我之用。孟子言“万物皆备于我”，须反身而诚，乃为大乐。若反身未诚，则犹是二

① 《二程集》，第15页。本文中加重号皆为作者所加，下同，不再注明。

② 同上。

物有对……订顽意思，乃备言此体。以此意存之，更有何事？[1]

人能放这一个身公共放在天地万物中一般看，则有甚妨碍？[2]

所以谓万物一体者，皆有此理……人只为自私，将自家躯壳上头起意，故看得道理小了它底。放这身来，都在万物中一例看，大小大快活。[3]

仁的这种境界的基本特征是"浑然与物同体""万物一体"，其意义是要把自己和宇宙万物看成息息相关的一个整体，把宇宙的每一部分都看成和自己有直接的联系，看成自己的一部分。有了这种境界的人，他所理解的"我"不再是个体私己的自我，这个"我"的身体不是"自家躯壳"，而是"放这身来，都在万物中一例看"，是"天地为一身"。故又说：

医家以不认痛痒谓之不仁，人以不知觉不认义理为不仁，譬最近。[4]

若夫至仁，则天地为一身，而天地之间，品物万形为四肢百体。夫人岂有视四肢百体而不爱者哉？圣人，仁之至也，独能体是心而已，曷尝支离多端而求之自外乎？故

① 《二程集》，第17页。
② 同上书，第30页。
③ 同上书，第33页。
④ 同上。

"能近取譬"者，仲尼所以示子贡以为仁之方也。医书有以手足风顽谓之四体不仁，为其疾痛不以累其心故也。夫手足在我，而疾痛不与知焉，非不仁而何？[1]

仁者无对……医家言四体不仁，最能体仁之名也。[2]

人之一肢病，不知痛痒，谓之不仁。人之不仁，亦犹是也。盖不知仁道之在己也。知仁道之在己而由之，乃仁也。[3]

明道吸收了古代医学把肢体麻木无所知觉叫作"不仁"的观念，把仁的境界解释为，将宇宙万物都视为、感受为自己的肢体而加以爱之。表面上，这种讲法包含了把"仁"解释为知觉无所不通的意义，但究而言之，明道主张的作为仁的"知觉"并不是生理上的知痛知痒，而是在心理上把万物体验为自己的一部分的内在感觉。在这个意义上，以同体论仁是指出仁的境界的内涵意义；而以知觉论仁，是指出仁作为境界的感受形式。

明道不仅从精神境界上讲仁，也把仁看作宇宙的原理。如果说明道思想中精神境界的仁，其意义为万物一体，那么，他的思想中作为宇宙原理的仁，其意义是"生生不息"。

切脉最可体仁。[4]

万物之生意最可观，此元者善之长也，斯所谓仁也。

---

① 《二程集》，第 74 页。按：此段在朱子《论孟精义》中列为伊川语。

② 同上书，第 120 页。

③ 同上书，第 366—367 页。

④ 同上书，第 59 页。

人与天地一物也，而人特自小之，何耶？[①]

观鸡雏，此可观仁。[②]

他认为“生”就是《周易》所说的作为万物根本原理的“元”，也就是“仁”。他还举出观鸡雏和切脉可以体会生生之仁，这些都是把“仁”作为宇宙生生不息的原理。生生之仁与人道之仁亦非无关，《遗书》中有云：“仁便是一个木气象，恻隐之心便是一个生物春底气象。”[③] 以明道主张万物皆有春意观之，此语应为明道所说。这表明生生之仁与一体之仁是相关联的，生生之仁是同体之仁的宇宙论根据。

与先秦至汉唐儒者的论仁相比，程颢显然更突出了仁的理解的境界化、内在化。这种仁说认为博施济众是仁之功用，立人达人是仁之方，而仁之本体是要通过博施济众和立人达人去推知而得，换言之，仁之体是一种境界，而博施济众与立人达人都是这种境界的表达和表现。如果博施济众和立人达人的行为不是出于万物一体的境界，那么这样的博施济众和立人达人也就不能作为仁被肯定。然而，程颢之仁说中的“仁者以天地万物为一体”，并不像张载的《西铭》那样具体地表达为亲亲、仁民、爱物而表达出以爱为基础的伦理情感，从而它难免流于泛言和抽象，这就无法清楚地与墨家的“兼爱”、名家的“泛爱万物”、道家的“万物与我为一”等其他一体说区别开来。

---

① 《二程集》，第 120 页。

② 同上书，第 59 页。

③ 同上书，第 54 页。

再来看程颐的仁说，其仁说大旨为：唯公近仁、爱人非仁、仁性爱情。

> “唯仁者能好人，能恶人。”仁者用心以公，故能好恶人。公最近仁。人循私欲则不忠，公理则忠矣。以公理施于人，所以恕也。[①]

以公解仁，看来起于对《论语》“唯仁者能好人能恶人”的解释，因为在《论语》的这一章里，只有以“用心以公”解释“仁者”才能便当地说明能好人、能恶人的根由。伊川论仁，其主要观点就是以公解仁。

> 仁者公也，人此者也。[②]
>
> 孔子曰：“仁者己欲立而立人，己欲达而达人，能近取譬，可谓仁之方也已。”尝谓孔子之语仁以教人者，唯此为尽，要之不出于公也。[③]
>
> 又问：“如何是仁？”曰：“只是一个公字。学者问仁，则常教他将公字思量。”[④]

此说便与明道不同，就字义之气象而言，“公”有严肃、严明、严正的理性意义，而“仁”带有温和的、爱的感情色彩。二程

① 《二程集》，第 372 页。
② 同上书，第 105 页。
③ 同上。
④ 同上书，第 285 页。

兄弟对仁的不同解释，似乎正好与他们的人格气象相对应，大程温然，小程严毅。不过，伊川虽然以公解仁，但他也强调公只是最“近”于仁，还不能说公就是仁，如又说：

> 仁道难名，惟公近之，非以公便为仁。[①]

“惟公近之，非以公便为仁”，这种先放后收的说法在《伊川语录》中常见，可谓为伊川笔法。看起来，程颐强调“公”是行仁的要法，即公是实践仁的主要方法。在有关公与仁的关系方面，伊川往往有不同的说法。如果说伊川并不把公绝对等同于仁的话，那么伊川更不赞成以爱为仁：

> 仁之道，要之只消道一公字。公只是仁之理，不可将公便唤做仁。公而以人体之，故为仁。只为公，则物我兼照，故仁，所以能恕，所以能爱，恕则仁之施，爱则仁之用也。[②]

在这里，伊川认为，“公只是仁之理”“爱则仁之用也”的说法要比其他的说法来得稳健。所谓“公是仁之理”，是说就公与仁的关系看，“公”是一种本质原理，而“仁”是此一原理在人的生活实践的全面体现。但他又说“公而以人体之故为仁”，这等于说“公”并非原理，而只是实践和体现“仁”的工夫。就仁

① 《二程集》，第63页。
② 同上书，第153页。

与爱的关系说，仁是爱的所以根据，爱是仁的情感表达。伊川不仅以“爱则仁之用”为由而反对以爱等同仁，而且明确以“仁性爱情”来指出爱不同于仁的理由。他说：

> 问仁，曰：“此在诸公自思之，将圣贤所言仁处，类聚观之，体认出来。孟子曰：‘恻隐之心，仁也。’后人遂以爱为仁。恻隐固是爱也。爱自是情，仁自是性，岂可专以爱为仁？孟子言恻隐为仁，盖为前已言‘恻隐之心，仁之端也’，既曰仁之端，则不可便谓之仁。退之言‘博爱之谓仁’，非也。仁者固博爱，然便以博爱为仁，则不可。”[①]
>
> 问：“‘孝悌为仁之本’，此是由孝悌可以至仁否？”曰：“非也，谓行仁自孝悌始。盖孝悌是仁之一事，谓之行仁之本则可，谓之是仁之本则不可。盖仁是性也，孝悌是用也。性中只有仁义礼智四者，几曾有孝悌来？仁主于爱，爱莫大于爱亲。故曰：‘孝悌也者，其为仁之本与！’”[②]

程颐有时不用体用说，而是把仁理解为包含上下大小多个方面的意义：

> 圣则无大小，至于仁，兼上下大小而言之。博施济众亦仁也，爱人亦仁也。[③]

① 《二程集》，第182页。
② 同上书，第183页。
③ 同上书，第382页。

这就是说，仁有许多意义，包含许多方面，如博施济众是仁，爱人也是仁，等等。

虽然伊川在这里说爱人亦仁、仁主于爱，但总的说来，他还是主张“爱人”固然与仁有关，但“爱人”是仁的用，却并非即是“仁”：

> 谢收问学于伊川，答曰：“学之大无如仁。汝谓仁是如何?”谢久之无入处，一日再问曰：“爱人是仁否?”伊川曰：“爱人乃仁之端，非仁也。”谢收去，先生曰：“某谓仁者公而已。”伊川曰：“何谓也?”先生曰：“能好人，能恶人。”伊川曰：“善涵养。”①
>
> 先生云：初见伊川先生，一日有江南人鲍某守官西京，见伊川问仁曰：“仁者爱人便是仁乎?”伊川曰：“爱人，仁之事耳。”先生时侍坐，归，因取论语中说仁事致思，久之忽有所得，遂见伊川请益曰：“某以仁惟公可尽之。”伊川沉思久之，曰：“思而至此，学者所难及也。天心所以至仁者，惟公尔。人能至公，便是仁。”②

这两条应指同一事，总之伊川不肯以爱训仁，认为爱只是仁的一种特定的表现，不是仁的全面体现，认为公比爱更接近于仁。

伊川不仅不以爱训仁，也不赞成以“觉”训仁，他说：

---

① 《二程集》，第433页。此条为祁宽记尹和靖语，其中“先生”即和靖。

② 同上书，第439页。此条为吕坚中所记和靖语，似与上条为一事。

> 孟子尝言觉字矣。曰“以先知觉后知，以先觉觉后觉”，知是知此事，觉是觉此理。①
>
> 义训宜，礼训别，智训知，仁当何训？说者谓训觉，训人，皆非也。当合孔、孟言仁处，大概研穷之，二三岁得之，未晚也。②
>
> 仁，理也；人，物也。以仁合在人身言之，乃是人之道也。③

这是说，讲仁者人也、仁者觉也，都是不恰当的，不可以觉训仁，也不可以人训仁。

在《二程粹言》中也有若干论及爱与仁：

> 仁者必爱，指爱为仁则不可。不仁者无所知觉，指知觉为仁则不可。④
>
> 信不足以尽诚，犹爱不足以尽仁。⑤
>
> 或问：“爱何以非仁？”子曰：“爱出于情，仁则性也。仁者无偏照，是必爱之。”⑥

参照前引《遗书》，可知《二程粹言》中此三条应当都是程颐所

---

① 《二程集》，第 196 页。

② 同上书，第 314 页。

③ 同上书，第 391 页。

④ 同上书，第 1173 页。

⑤ 同上书，第 1178 页。

⑥ 同上书，第 1180 页。

说。不过，此处第一条“不仁者无所知觉，指知觉为仁则不可”，在朱子《答游诚之书》中曾谓为“侯子”（侯师圣?）所言，不知何以如此，程门弟子有侯师圣者，或二程与侯氏问答间曾及乎此。

二　谢上蔡仁说

上蔡（谢良佐，1050—1103 年）继承和发展了明道的仁说，由于上蔡以仁说为其思想的重点，他的仁说成为南宋前期最有影响的道学思想。他说：

> 心者何也？仁是已。仁者何也？活者为仁，死者为不仁。今人身体麻痹不知痛痒谓之不仁，桃杏之核可种而生者谓之桃仁杏仁，言有生之意。推此仁可见矣。[①]

《遗书》有“人心常要活”之语，[②] 牟宗三以为是明道语，[③] 甚是。上蔡以“活者为仁”，是继承明道仁说，明道强调以“生”论仁，“生”即包含“活”，但“生”是就天地万物本然流行而言；上蔡所说的“活”与“死”相对，虽亦是主张“生意”，但上蔡此处是就人心的知觉状态而言。正是在这个意义上，上蔡后来受到朱子的批评。无论如何，上蔡以知觉通活和有生之意

① 谢良佐：《上蔡语录》卷一，《四库全书》本，第 2b—3a 页。
② 《二程集》，第 76 页。
③ 《心体与性体》中，第 231 页。

为仁，与明道思想的关系甚为明显。上蔡又云：

> 仁者天之理，非杜撰也。故哭死而哀，非为生也。经德不回，非干禄也。言语必信，非正行也。天理当然而已矣，当然而为之，是为天之所为也。[①]

以仁为理，这是受伊川的影响，说明上蔡继承了二程的天理论。而另一方面，上蔡所讲的天之理，似乎更注重其自然的方面，认为仁德之为天理，只是顺乎人情的自然，而不是杜撰的把捉。

上蔡不喜欢以爱论仁，其又云：

> 晋伯甚好学，初理会仁字不透，吾因曰："世人说仁，只管着爱上，怎生见得仁？只如'力行近乎仁'，力行关爱甚事？何故却近乎仁？推此类具言之。"晋伯因悟曰："公说仁字，正与尊宿门说禅一般。"[②]

上蔡不赞成以爱说仁，他指出《论语》中孔子许多论仁的话与爱无关，以此来支持他自己的看法。他有关论仁的最有名的思想是"知觉言仁"说：

> 有知觉、识痛痒，便唤作仁。[③]

① 《上蔡语录》卷一，第 3b 页。
② 同上书，第 8b 页。
③ 曾恬：《记上蔡语》，《宋元学案》(二)，第 935 页。

问求仁如何下功夫？谢曰："如颜子视听言动上做亦得，如曾子颜色容貌辞气上做亦得。出辞气者，犹佛所谓从此心中流出。今人唱一喏，不从心中出，便是不识痛痒。古人曰'心不在焉，视而不见，听而不闻，食而不知其味'，不见不闻不知味，便是不仁，死汉不识痛痒了。又如仲弓出门如见大宾，使民如承大祭，但存得如见大宾，如承大祭底心在，便是识痛痒。[①]

仁是四肢不仁之仁，不仁是不识痛痒，仁是识痛痒。[②]

心有所觉谓之仁。仁则心与事为一。草木五谷之实谓之仁，取名于生也。生则有所觉矣。四肢之偏痹谓之不仁，取名于不知觉也。不知觉则死矣。事有感而随之以喜怒哀乐，应之以酬酢尽变者，非知觉不能也。身与事接，而心漠然不省者，与四体不仁无异也……此善学者所以急急于求仁也。[③]

上蔡以为，桃仁杏仁之"仁"取名于生，而"生则有所觉"，故不仁就是不知觉、无所知觉，学者应当急急求仁。明道吸取医家论仁的说法，包含了知觉言仁的意思；但明道的"知觉"说与"一体"说是联系在一起的，而上蔡强调"知觉"，却较少谈及"一体"。如果仅讲心的"觉"，仅讲心的"活"，那就不能把儒家的仁学和禅学的精神区分开来。另外，如前所说，明道所说的知觉是一种大心同体的内在感受和体验，并不是知痛痒一

① 《上蔡语录》卷一，第17a—17b页。

② 《上蔡语录》卷二，第1a页。

③ 朱熹：《论语精义》卷六下，《四库全书》本，第13a—13b页。

类的直接经验，而上蔡则明确宣称“仁”是“有知觉、识痛痒”，这就容易使境界混同于感觉。

据《朱子语类》（下文皆作《语类》）等书所引，上蔡论仁还有以下说法：

> 孝悌非仁也。[①]
>
> 试察吾事亲从兄之时，此心如之何，知此心则知仁。[②]
>
> 若不知仁，则只知“克己复礼”而已。[③]
>
> 仁者心无内外远近精粗之间，非有所存而自不亡，非有所理而自不乱，如目视而耳听，手持而足行也。[④]
>
> “博施济众”，亦仁之功用。然仁之名，不由此得也……“己欲立而立人，己欲达而达人”，亦非仁也，仁之方所而已。知方所，斯可以知仁。犹观“天地变化，草木蕃”，斯可以知天地之心矣。[⑤]

这些说法，如孝悌非仁，立人达人非仁，都是强调某种实践仁的方式并不就是仁的本身，如孝是实践仁的一种方式，但孝并不是仁的全体或本体，这些也都是二程曾经说过的，表明二程思想对上蔡的影响实深。

---

① 《朱子语类》卷第二十，第478页。

② 同上书，第477页。

③ 同上书，第476页。

④ 朱熹：《四书章句集注》，中华书局，1983年，第69页。

⑤ 《朱子语类》，第852—853页。

三　杨龟山仁说

程门高弟中，谢杨最为突出。谢上蔡先死，卒于北宋后期（1103 年?）；而杨龟山（杨时，1053—1135 年）卒于朱子出生后 5 年，即 1135 年，故全祖望说："明道喜龟山，伊川喜上蔡，盖其气象相似也。龟山独邀耆寿，遂为南渡洛学大宗。"[①]

比起程门其他人来说，龟山更为注重"求仁之学"，在他的影响下，"求仁"成为南宋早期道学的中心话语，朱子的老师一辈和朱子早年无不受此影响。求仁之说出于《论语·述而》"求仁而得仁"，龟山说：

> 学者求仁而已，行则由是而之焉者也，其语相似无足疑者。世儒之论仁，不过乎博爱自爱之类，孔子之言则异乎此，其告诸门人可谓详矣。然而犹曰罕言者，盖其所言皆求仁之方而已，仁之体未尝言故也。要当遍观而熟味之，而后隐之于心而安，则庶乎有得，非言论所及也。[②]
>
> 今学者将仁小却，故不知求仁，孔子曰若圣与仁则吾岂敢，孔子尚不敢当，且罕言之，则仁之道不亦大乎？然则所谓合而言之道也，何也？曰：由仁义则行，仁义所谓合也。[③]

---

① 《龟山学案序录》，载于《宋元学案》（二），第 944 页。

② 杨时：《答胡德辉问》，载于《龟山集》卷十四，《四库全书》本，第 7a—7b 页。

③ 《语录一》，载于《龟山集》卷十，第 35a—35b 页。

> 世之论者，以为仁者爱而已矣。盖未尝究观孔子之言耳。知孔子之言仁，则圣亦从而可知矣。[①]

他说世儒只是以自爱爱人论仁，未明具体何指，但北宋儒者确有此说，如范祖禹云“仁者爱人，必能自爱其身”。[②] 龟山不取以爱论仁之说，认为以爱论仁都是后儒之论，与孔子本人不同。龟山更有《求仁斋记》：

> 尝谓古之学者求仁而已矣。传曰放于利而行多怨，又曰求仁而得仁又何怨……虽然，古之人所以求仁者不亦难乎？夫孔子之徒问仁者多矣，而孔子所以告之者，岂一二言欤？然而犹曰罕言，岂不以仁之道至矣，而言之不能尽欤？故凡孔子之所言者，皆求仁之方也，若夫仁则盖未之尝言。是故其徒如由赐者虽曰升堂之士，至于仁则终身莫之许也。然则所谓求之难，不其然欤！[③]

龟山认为，孔子论仁见于《论语》，但孔子只讲仁之方（《论语·雍也》原有“能近取譬，可谓仁之方也已”），即求仁的方法，并没有亲切论仁，即没有论仁之体。他认为只有孟子“仁人心也”论仁最为亲切。

所以龟山重视“知仁”：

---

① 《浦城县重建文宣王殿记》，载于《龟山集》卷二十四，第9a页。

② 《论语精义》卷二上，第4a页。

③ 《求仁斋记》，载于《龟山集》卷二十四，第2b—3a页。

人大抵须先理会仁之为道，知仁则知心，知心则知性，是三者初无异也。横渠作《西铭》，亦只是要学者求仁而已。①

李似祖、曹令德问何以知仁，曰："孟子以恻隐之心为仁之端，平居但以此体究，久之自见。"因问似祖："令尊寻常如何说隐？"似祖云："如有隐忧，勤恤民隐，皆疾痛之谓也。"曰："孺子将入于井，而人见之者，必有恻隐之心。疾痛非在己也，而为之疾痛，何也？"似祖曰："出于自然不可已也。"曰："安得自然如此？若体究此理，知其所从来，则仁之道不远矣。"二人退，余从容问曰："万物与我为一，其仁之体乎？"曰："然。"②

李似祖以恻隐为心之自然不可已，此说与上蔡相近，但龟山不赞同此说。从其最后答语可见，一方面龟山的"知仁"是主张以"万物与我为一"为仁。另一方面龟山也强调仁与心性的关联，强调从恻隐加以体究，以达到知仁，而知仁则可以知心知性。

无伐善，故能若此，视天下无一物之非仁也，夫谁与之校？③

问："所解《论语》'犯而不校'处云：'视天下无一物

---

① 《语录三》，载于《龟山集》卷十二，第29a页。
② 《语录二》，载于《龟山集》卷十一，第1a—1b页。
③ 《论语精义》卷四下，第11b页。

> 非仁也，故虽犯而不校。’此如四海皆兄弟之义看否?”曰:“然。仁者与物无怼，自不见其有犯我者，更与谁校?”[①]
>
> 吕与叔尝作克己复礼颂，曾见之否？其略曰:“洞然八荒，皆在我闼。孰曰天下，不归吾仁。”斯言得之。[②]
>
> 问:“《中庸》发明忠恕之理，以有一贯之意，如何?”曰:“何以言之?”曰:“物我兼体。”曰:“只为不是物我兼体。若物我兼体则固一矣，此正孟子所谓善推其所以为者乃是参彼己为言。若知孔子以能近取譬为仁之方，不谓之仁，则知此意。”曰:“即己即物可谓一否?”曰:“然。”[③]
>
> 能常操而存者，天下与吾一体耳，孰非吾仁乎?[④]

仁者与物无对，是说仁者不把物看作与自己相对的外物，而视己与物为一体；这叫作物我兼体，也叫作视天下无一物非仁。这些都是主张天下万物与我一体，即是仁。

关于求仁的方法，龟山主张静中体验:

> 君子之学，求仁而已……后世之士未尝精思力究，妄以肤见臆度，求尽圣人之微言，分文析字，寸量铢较，自谓得之而不知去本益远矣。夫至道之归，固非笔舌能尽也。要以身体之，心验之，雍容自尽于燕闲静一之中，默而识

① 《语录二》，载于《龟山集》卷十一，第20a页。

② 《龟山集》卷十四，第6a—6b页。

③ 《语录四》，载于《龟山集》卷十三，第24b页。

④ 《论语精义》卷六下，第8b页。

> 之，兼忘于书言意象之表，则庶乎其至矣。[1]

可见在仁学方面，龟山是强调体认，反对分析的。这里“以身体之”以下四句，是龟山自认为得意之笔，代表了他求仁之学的体验工夫。龟山的格物说也与其求仁方法相贯通：

> 明善在致知，致知在格物。号物之多至于万，则物将有不可胜穷者。反身而诚，则举天下之物在我矣。诗曰“天生烝民，有物有则”，凡形色具于吾身者无非物也，而各有则焉；反而求之则天下之理得矣。由是而通天下之志，类万物之情，参天地之化，其则不远矣。[2]
>
> 知其体物而不可遗，则天下之理得矣。天下之理得，则物与吾一也，无有能乱吾之知思，而意其有不诚乎？[3]

他认为格物工夫不是追求外物，主要是反身诚意；反身诚意便“天下之理得”，天下之理得则可达到“物与吾一也”的境界。可见他的格物说也是以其仁说为基础的。

---

① 《寄翁好德其一》，载于《龟山集》卷十七，第11b—12b页。《语录》亦载：“语仲素曰：某尝有数句教学者读书之法，云：以身体之，以心验之，从容默会于幽闲静一之中，超然自得于书言象意之表。”（《龟山集》卷十二，第28b页）

② 《答李杭》，载于《龟山集》卷十八，第7b页。

③ 《题肖欲仁大学篇后》，载于《龟山集》卷二十六，第3b页。

四 吕大临、游定夫仁说

龟山以万物一体为仁，吕大临（1042—1090 年）亦以“一体”解仁，他们都继承了程颢的仁说思想。吕大临说：

> 仁者以天下为一体，天秩天叙，莫不具存。人之所以不仁，己自己，物自物，不以为同体。胜一己之私，以反乎天秩天叙，则物我兼体，虽天下之大，皆归于吾仁术之中。一日有是心，则一日有是德。有己，则丧其为仁，天下非吾体；忘己，则反得吾仁，天下为一人。故克己复礼，昔之所丧，今复得之，非天下归仁者欤？[①]

大临强调，人之所以不能与物同体，关键是有己有私。有己有私就会把自己和外物对立起来，这就达不到物我同体、物我兼体。所以求仁的工夫就是要去其有己有私之心，忘己而返于天理，这样就可以达到物我兼体的境界。在提倡物我兼体上，他与龟山是一致的，但与龟山的体验说不同，大临更提出克己是求仁的工夫，故大临又有《克己铭》，云：

> 凡厥有生，均气同体。胡为不仁？我则有己。立己与物，私为町畦，胜心横生，扰扰不齐。大人存诚，心见帝则，初无

① 吕大临：《论语解·颜渊第十二》，载于吕大临等撰、陈俊民辑校《蓝田吕氏遗著辑校》，中华书局，1993 年，第 454 页。

> 吝骄，作我蟊贼。志以为帅，气为卒徒，奉辞于天，孰敢侮予？且战且徕，胜私窒欲，昔焉寇仇，今则臣仆。方其未克，窘我室庐，妇姑勃蹊，安取厥余？亦既克之，皇皇四达，洞然八荒，皆在我闼。孰曰天下，不归吾仁？痒疴疾痛，举切吾身。一日至之，莫非吾事；颜何人哉，晞之则是。[①]

大临本是横渠门人，横渠死后，往来于程门。他说“凡厥有生，均气同体”，还可见横渠气学的影响。而他以一体解仁，本来也合于横渠《西铭》。只是横渠未以“一体”与“仁”联系起来，也未把其“视天下无一物非我”与“仁”联系起来。而程颢大力赞同横渠“一体”之说，突出以一体论仁，可见大临此铭又受了明道的影响。但大临虽然在仁的境界意义上与程门相同，但在求仁的工夫方面则突出了“克己”的意义，后来对朱子仁说影响亦复不小。

游酢（字定夫，1053—1123年）亦二程高弟，且其为福建建州人，距离朱子所居较近，应当说，道南理学的发展，定夫也有参与之功。只是他卒于北宋之末（1123年），不如杨时寿长、位高、传人多而已。

> “复其见天地之心乎”，天地之心主于生物，复之时未有物也，而物以阳复而生。博爱者，圣人之心也。[②]

① 《论语解·颜渊第十二》，第590—591页。此文在《论语解》作“赞曰”，且“晞”字作“希”。

② 游酢：《易说》，载于《游酢文集》卷二，延边大学出版社，1998年，第52页。

> 孟子曰："仁，人心也"，则仁之为言，得其本心而已。心之本体，则喜怒哀乐之未发者是也。惟其徇己之私，汩于忿欲，而人道熄矣。诚能胜人心之私，以还道心之公，则将视人如己，视物如人，而心之本体见矣。自此而亲亲，自此而仁民，自此而爱物，皆其本心随物而见者然也。故曰克己复礼为仁。礼者，性之中也。且心之本体，一而已矣，非事事而为之，物物而爱之，良非积日累月而后可至也。一日反本复常，则万物一体，无适而非仁矣。故曰一日克己复礼，天下归仁焉。[①]
>
> 恻者，心之感于物也；隐者，心之痛于中也。物之体伤于彼，而吾之心感应于此，仁之体显矣……至于充其心体之本然，则万物一体矣，无物我之间也，故天下归仁焉。[②]

从他的"一日反本复常，则万物一体"和"万物一体矣，无物我之间也"来看，他也是主张以万物一体为仁的。但游氏的特点是强调心之本体即是仁，也就是说，心之本体即是以万物为一体的，故而此本心为仁之体；人能以本心感应于物，仁之体便显现和实现出来，由之而达到天下归仁的全体大用。这个讲法明确提出仁是本心，仁是心之本体的思想，主张人能反其本心，便达到万物一体之仁。这比上蔡"知仁则知心知性"的说法，比吕大临"反得吾仁……昔之所丧，今复得之"的思想在

---

① 《论语杂解·颜渊问仁章》，载于《游酢文集》卷三，第110页。

② 《孟子杂解》，同上书，第118页。

心性论上都进了一步。

五　胡五峰仁说

胡宏（号五峰，1105—1155 年）是杨时之后、朱子以前最有影响力的思想家，朱子早年曾受到五峰思想的不少影响。五峰说：

> 仁者天地之心也，心不尽用，君子而不仁者，有矣。[①]

早在汉代，董仲舒就提出“天，仁也”[②]，又说“仁，天心”[③]。这应当是最早的以仁为天地之心的讲法。故伊川也说过“天心所以至仁者，惟公尔”。所以胡宏自己也说：

> 中，天性。仁，天心。[④]

此天心亦禀赋为人心：

> 颜子资禀天然完具者，以其天地心，大则高明，高明

① 胡宏：《知言・天命》，载于《胡宏集》，中华书局，1987 年，第 4 页。

② 董仲舒：《王道通三》第四十四，载于《春秋繁露》卷十一，上海古籍出版社，1986 年，第 794 页。

③ 《俞序》第十七，载于《春秋繁露》卷六，第 780 页。

④ 《知言・汉文》，载于《胡宏集》，第 41 页。

则物莫能蔽。[①]

至哉！吾观天地之神道，其时无衍，赋形万物，无大无细，各足其分，太和保合，变化无穷也。凡人之生，粹然天地之心，道义完具，无适无莫，不可以善恶辨，不可以是非分，无过也，无不及也。此中之所以名也。[②]

这说明五峰以“仁”为天地之心，又认为人之天生都赋有此天地之心，不过有时他又把天地之心说为“中”。这是因为他还顾及龟山重视《中庸》的传统，试图把仁说与中和说两者结合起来。他又说：

其合于天地、通于鬼神者，何也？曰：仁也。人而克仁，乃能乘天运，御六气，赞化工，生万物。与天地参，正名为人。[③]

仁者，人所以肖天地之机要也。[④]

可见仁是合于天地、通于鬼神、禀于人心的普遍的存在原理，又是人参天地、化万物的实践原理。五峰很重视天地之化、鬼神之变的宇宙论问题，故其说往往从天地立论。朱子后来也受到五峰此种影响，发展出庞大的宇宙论体系。

① 《题张敬夫希颜录》，载于《胡宏集》，第 192 页。
② 《知言疑义》，载于《胡宏集》，第 332 页。
③ 《邵州学记》，载于《胡宏集》，第 150 页。
④ 《知言・纷华》，载于《胡宏集》，第 25 页。

五峰也受到张载的影响，他说：

> 万物备而为人，物有未体，非仁也；万民合而为君，有一民不归吾仁，非王也。[①]

横渠说："大其心则能体天下之物，物有未体，则心为有外。"[②]五峰此说可谓有得于横渠。但横渠始终未将此大心之境说为仁，五峰则把"体天下之物"的实践和境界明确为"仁"。

五峰更强调仁是道的基础，仁是圣人之道：

> 道非仁不立。孝者，仁之基也。仁者，道之生也。义者，仁之质也。[③]

这是说，孝是仁的开始，人能做到仁，才形成了人道。"仁者，道之生也"就是下面所说的"人而能仁，道是以生"。

五峰很强调仁的重要，认为仁是圣学的要道：

> 仁之道大，须见大体，然后可以察己之偏而习于正。[④]
>
> 仁之一义，圣学要道，直须分明见得，然后所居而安。只于文字上见，不是了了。[⑤]

---

① 《知言·纷华》，载于《胡宏集》，第 25 页。

② 《正蒙·大心》，载于《张载集》，第 24 页。

③ 《知言·修身》，载于《胡宏集》，第 4 页。

④ 《与张敬夫》，载于《胡宏集》，第 130 页。

⑤ 《与孙正孺》，载于《胡宏集》，第 147 页。

> 夫圣人之道，本诸身以成万物，广大不可穷，变通不可测，而有一言可以蔽之者，曰：仁而已。仁也者，人也。人而能仁，道是以生。生则安，安则久，久在天，天以生为道者也。人之于道，下学于己而上达于天，然后仁可言矣。[①]

> 唯仁者为能一以贯天下之道，是故欲知一贯之道者，必先求仁；欲求仁者，必先识心。忠恕者，天地之心也。人而主忠行恕，求仁之方也。施诸己而不愿，亦勿施于人，即主忠行恕之实也。[②]

在五峰看来，仁不仅是圣人的大道，不仅是生民当行的人道，而且是人合于天、上达于天的一贯之道。他还强调欲求仁先识心，既要识天地之心，也要识人之心。

总的来说，北宋的道学发展到南宋前期，仁说处于其中的核心。以《西铭》和《识仁篇》为代表的新仁学，突出“万物一体”的观念和境界，对后来道学的发展影响甚大。程颢、杨时、吕大临、游酢，都以这种“万物一体”的思想解释“仁”。相比起来，伊川以公解仁的思想，除了尹和靖外，对程门影响较小。上蔡虽然不讲与物同体，但他以生解仁，以知觉论仁，也是继承和发展明道的论仁思想之一面。而不论伊川还是继承明道仁说的谢上蔡、杨龟山，都明确表示不赞成以爱释仁。由于上蔡、龟山是南宋前期道学最具影响力的程门高弟，所以上

---

① 《求仁说》，载于《胡宏集》，第196页。

② 《论语指南》，载于《胡宏集》，第305页。

蔡的知觉言仁说、龟山的一体言仁说，以及二人共持的反对以爱言仁说，便成为朱子以前南宋道学仁学的主导话语。而朱子的仁说，与程门诸说皆不相同，由是构成对这一主导话语的某种挑战和颠覆。朱子在仁说辩论中的胜利，则不仅对道学的仁说传统加以改变，也使得道学话语的方向发生转变；故朱子与同时学者的仁说之辩，在南宋道学史上具有十分重要的意义。

下篇　论朱子《仁说》

朱子（1130—1200年）的《仁说》，近人陈荣捷、牟宗三以及日本、美国学者都曾作过不同方面的研究。[①] 其实，在哲学史的意义上说，《仁说》并不是朱子最重要的论著，《仁说》所包含的哲学思想，与《太极西铭解义》和《四书章句集注》，尚不可相比。而就朱子思想的发展而言，《仁说》也不如《已发未发说》《中和旧说序》来得重要。《仁说》的意义乃在于，它是己丑（1169年）以后朱子在理论上清算、纠正和转化湖南学派，并重建道学正统的系列论辩活动的重要一环。更广泛地，从道学发展史来看，从己丑之悟到仁说之辩，朱子完成了从二程的立场，统合与整理龟山、上蔡、五峰这三大南宋道学支派的工作，使得程门伊洛之学，在经历了南宋初期的分歧发展之后，走向了朱子所代表的、以朱子为核

① 陈荣捷：《论朱子之仁说》，载《朱学论集》，学生书局，1982年，第37—68页。牟宗三：《心体与性体》下，吉林出版集团有限责任公司，2015年，第209—318页。田浩：《朱熹的思维世界》，允晨文化实业股份有限公司，1996年，第99—116页。

心的新的整合。

这种整合，本质上是通过把二程的思想“系统化”，然后以此对南宋以来的各种道学议论进行“格式化”。这里所说的系统化，是指把二程的各种分散的论述加以分辨、组合，重新安排、重新结构，以明确其基本构架，建立起主次分明、包含内部合理关系的话语体系。“格式化”是指以这一经过重构的体系，去覆盖那些南宋以来所发展的、与此体系不能相合的、各种互相矛盾的歧出。这显然是针对绍兴以来道学内部议论纷纭、令人难以适从的状况。中和问题带给朱子的困惑最能说明解决此种困境的需要，而中和问题的解决正是系统化过程的一个范例。

因此，这样一种整合，一方面，要以对二程思想遗产的全面把握为基础，在其内部进行重新的安排；刘珙、南轩编《二程文集》与《二程粹言》、朱子编订《二程遗书》及其中和之悟都应从这一方面来了解。另一方面，这种整合，在融会北宋以来的道学思想的同时，也必然需要通过一位或几位有力的人物对当时各派的评衡、批判才能实现，从《知言疑义》开始的朱子与湖南各家的论辩，在思想史上的意义应当从这个角度加以了解。这种新的整合的实现与完成，是在乾道末淳熙初。这种完成，一方面表现在道学思想内涵的确定（《近思录》），一方面表现为道学谱系的建立（《伊洛渊源录》）。就思想而言，这种新的整合固然在思想的多元发展方面可能有所牺牲，但由于强化了二程的思想理路，去除了许多不稳定的枝节发展，使得道学的主干更加壮大。在这一过程之中，道学的经典体系得以确立，统一的道学话语得以形成，明确的道学认同也得以建立。朱子自己的思想体系亦由此而形成。

《仁说》也提供了一个朱子在发展道学话语过程中如何综合二程并加以发展的例证。与中和之辩朱子特取伊川之说不同，朱子的仁说既是对明道以“一体”和“知觉”为中心的仁说的扬弃，也并未采取伊川以公论仁的思想，反而多处与伊川不同。[①] 它表明，朱子在消化二程思想的同时，并不是仅取伊川之说，也对伊川思想作了加工、整理和重构，并从整个儒学和道学的立场上展开其思考。正唯如此，朱子以后的道学话语开始打上朱子个人的印记。

朱子《仁说》已有不少研究，本文基于以上的思想，从若干尚未受到注意的细节出发，提出讨论，以作为前贤研究的补充。

一　论类聚言仁

朱子已丑中和之悟后，即致书湖南学派的友人，而唯“钦夫复书深以为然”,[②] 其余则或疑或信，故朱子与湖南学者论辩累年。然而，即使是张栻（南轩），虽然赞同朱子的中和新说，

① 在仁说问题上，伊川主张类聚言仁法，主张以公论仁，反对以爱言仁，朱子皆不赞同。而且朱子《克斋记》放弃伊川说，而取大临说；不取《伊川易传》天地生物之心说，而取明道天地以生物为心说；主张不脱离字义而强调工夫，凡此皆与伊川不同。

② 《中和旧说序》，载于《晦庵先生朱文公文集》卷七十五，第 2769 页。

却也没有放弃湖南学派的先察识、后涵养之说。[①] 故在乾道五年至九年，朱子与湖南学派就知行先后、观过知仁、知觉言仁等问题，展开了一系列的论辩，《仁说》之辩虽是这一系列论辩中较晚的一个，但与知觉言仁、观过知仁的讨论也都不无关系。

乾道七年，张南轩（张栻，字钦夫，1133—1180 年）去朝，退居长沙，编成《洙泗言仁录》。这个做法是实践伊川曾经说过的“将圣贤所言仁处类聚观之”，及“当合孔孟言仁处，大概穷研之”的讲法。[②] 事实上，上蔡也说过：“学者必求仁，须将孔门问答仁处，编类考察，自体认一个紧要处，方可。”[③] 张南轩为此书所作序云：

> 昔者夫子讲道洙泗，示人以求仁之方。盖仁者天地之心，天地之心而存乎人，所谓仁也。人惟蔽于有己，而不能以推，失其所以为人之道，故学必贵于求仁也……某读程子之书，其间教门人取圣贤言仁处类聚以观，而体认之，因哀鲁论所载，疏程子之说于下，而推以己见，题曰《洙泗言仁》，与同志者共讲焉。嗟乎，仁虽难言，然圣人教人求仁，具有本末，譬如饮食乃能知味，故先其难而后其获，所以为仁而难矣，难于克己也。[④]

---

① 《答林择之三》，载于《晦庵先生朱文公文集》卷四十三，第 1468 页。

② 参看《二程集》中《遗书》卷十八、二十四，第 182、314 页。

③ 谢良佐：《胡氏家传录·谢学士遗事》，载于朱熹撰《伊洛渊源录》卷九，四库全书本，第 8b 页。

④ 张栻：《南轩集》卷十四，四库全书本，第 6a—6b 页。

可知《洙泗言仁录》不仅收集和分类整理了《论语》中的言仁之说，而且附以二程对孔门仁说的解释，和张南轩自己的进一步发挥。特别值得注意的是，序文中所说的“仁者天地之心，天地之心而存乎人，所谓仁也”，引发了朱子的响应——仁说的讨论，后来朱子和南轩的《仁说》都是以这个说法为讨论的共同背景。而这个说法本来出自胡宏，《知言》曰：“仁者，天地之心也。”[1] 胡宏还说过：“仁者，人所以肖天地之机要也。”[2] 这既把仁看成普遍性的天地之心，又把人道之仁看成对天地造化的模仿。

《洙泗言仁录》作成之后，南轩与朱子书云：

> 论语仁说，区区之意，见学者多将仁字做活络揣度，了无干涉，如未尝下“博学笃志切问近思”工夫，便做“仁在其中矣”想象，此等极害事，故编程子之说，与同志者讲之，庶几不错路头。然下语极难，随改未定，方今录呈。[3]

这里所谓“论语仁说”是指《论语》中论仁之说。张南轩的立意，是从切近工夫出发，反对把仁字揣度想象，这与朱子是一致的。他说当时学者多把仁字“做活络”想象，可能是指上蔡“活者为仁”的说法。

① 《知言·天命》，载于《胡宏集》，第 4 页。
② 《知言·纷华》，载于《胡宏集》，第 25 页。
③ 《南轩集》卷二十一，第 12b—13a 页。

朱子收到南轩的《洙泗言仁录》之后，即回书云：

> 类聚孔孟言仁处，以求夫仁之说，程子为人之意，可谓深切。然专一如此用功，却恐不免长欲速好径之心，滋入耳出口之弊，亦不可不察也。大抵二先生之前，学者全不知有仁字，凡圣贤说仁处，不过只作爱字看了。自二先生以来，学者始知理会仁字，不敢只作爱说。然其流复不免有弊者，盖专务说仁，而于操存涵养之功，不免有所忽略，故无复优柔厌饫之味、克己复礼之实，不但“其蔽也愚”而已。而又一向离了爱字悬空揣摸，既无真实见处，故其为说，恍惚惊怪，弊病百端，殆反不若全不知有仁字，而只作爱字看却之为愈也……若且欲晓得仁之名义，则又不若且将爱字推求；若见得仁之所以爱，而爱之所以不能尽仁，则仁之名义意思了然在目矣。①

孔门言仁录的类编，本源于伊川的主张，朱子却明白表示不赞成伊川的这种主张。他指出，程门自二程以下，都不敢以爱说仁，但渐渐流于“悬空揣摩”。他不赞成《洙泗言仁录》之编辑的原因是，认为这种做法可能导致“欲速好径”的流弊。朱子为何把《洙泗言仁录》和欲速好径联系起来?《语类》曾录：

> 因说：“南轩洙泗言仁，编得亦未是。圣人说仁处固是仁，然不说处不成非仁！天下只有个道理，圣人说许多说

① 《答张敬夫十六》，载于《晦庵先生朱文公文集》卷三十一，第958页。

话，都要理会。岂可只去理会说仁处，不说仁处便掉了不管！”①

“今之学者，亦不消专以求仁为念；相将只去看说仁处，他处尽遗了。须要将一部《论语》，粗粗细细，一齐理会去，自然有贯通处，却会得仁，方好。”②

王壬问：“南轩类聚言仁处，先生何故不欲其如此？”曰：“便是工夫不可恁地。如此，则气象促迫，不好。圣人说仁处固是紧要，不成不说仁处皆无用！亦须是从近看将去，优柔玩味，久之自有一个会处，方是工夫。”③

由此可知，朱子对《洙泗言仁录》的不满意，是怕学者从此只看《论语》的论仁之处，不再理会《论语》全书。所以朱子提醒南轩，不可“专一如此用功”。

此外，南轩主张从孔子众多论仁的话中体认“仁”，而没有给出一个明确的仁的解说，朱子对此显然不能满意。朱子在此信的最后还特别指出：“首章虽列二先生之说，而所解实用上蔡之意。”④ 我们知道，后来朱子的《仁说》和仁说之辩所着力反对的，正是上蔡以及受上蔡影响的知觉言仁说。他在这里提出，为了纠正上蔡和湖南的仁说，首先要晓得仁之名义，即在概念的定义上辨析清楚；其次应当以爱推仁，明确仁是所以爱者，

---

① 《朱子语类》卷一百十八，第 2851 页。

② 《朱子语类》卷一百一，第 2568 页。

③ 《朱子语类》卷一百三，第 2605—2606 页。

④ 《晦庵先生朱文公文集》卷三十一，第 959 页。

从这里来理解仁；最后也要认清爱不能尽仁的局限。

在以下的答张南轩书十七、十八中，朱子一方面论及胡广仲的观过知仁说，另一方面又指出仁字的意义与智字的意义不同，如果把仁说成“明乎善”，就会使得仁字与智字的意义无法分别。这是明确针对“知觉言仁”说，因为在朱子看来，知和明都是“智”之事，不可以言仁。他在答南轩的第十九书中则明确提出“以爱论仁”的必要性：“以爱论仁，犹升高自下，尚可因此附近推求，庶其得之；若如近日知识则道近求远。”可见，主张“以爱推仁”，反对“知觉言仁”，是朱子反思湖南学派仁说的基本态度。

所以他在答吴晦叔书中说明：“大抵向来之说，皆是苦心极力要识仁字，故其说愈巧而气象愈薄……近因南轩寄示言仁录，亦尝再以书论，所疑大概如此，而后书所论仁智两字尤为明白，想皆已见矣。”[①] 这也说明，吴晦叔等湖南学者一直以“识仁字”为学术之要，故朱子从论《洙泗言仁》到作《克斋记》《仁说》，都是针对湖南学派的论仁之说。

二　《克斋记》与《仁说》

乾道八年壬辰（1172 年），朱子为友人石子重作《克斋记》，[②] 时石子重知尤溪县。《克斋记》云：

---

① 《答吴晦叔七》，载于《晦庵先生朱文公文集》卷四十二，第 1411 页。

② 按戊子年（1168 年）石子重即求《克斋记》于朱子，当时朱子谢云：“克斋恐非熹所敢记者，必欲得之，少假岁年。”（《答石子重五》，载于《晦庵先生朱文公文集》卷四十二，第 1420 页）

> 性情之德，无所不备，而一言足以尽其妙，曰仁而已。所以求仁者，盖亦多术，而一言足以举其要，曰克己复礼而已。
>
> 盖仁也者，天地所以生物之心，而人物之所得以为心者也。惟其得夫天地生物之心以为心，是以未发之前四德具焉，曰仁义礼智，而仁无不统；已发之际四端著焉，曰恻隐羞恶辞让是非，而恻隐之心无所不通。此仁之体用所以涵育浑全，周流贯彻，专一心之妙，而为众善之长也。
>
> 然人有是身，则有耳目鼻口四肢之欲，而或不能无害夫仁……求仁之要，亦曰去其所以害仁者而已……于是乎有以拔其本塞其源，克之克之而又克之，以至于一旦豁然欲尽而理纯，则其胸中之所存者，岂不粹然天地生物之心而蔼然其若春阳之温哉。①

朱子认为仁是天地的生物之心，又是人的性情之妙，而克己是求仁之要。据石子重与朱子书，《克斋书》有“先本”和“后本”之别，据朱子自述，其先本主张“天下之人亦将无不以仁归之”，是以伊川之说为主，后本则主张“视天下无一物不在吾生物气象中”和克己说，是以吕大临之说为主。② 这说明一体言仁说还不是朱子真正反思的重点。今存本此两句皆无，可

① 《晦庵先生朱文公文集》卷七十七，第 2827 页。

② 同上书，卷四十二，第 1432 页。朱子答石子重问目云：“初意伊川说，后觉未稳，改之如此，乃吕博士说，恐当以后说为正。盖所谓伊川说，亦只见于外书杂说中，容或未必然也。”（同上书，第 1433 页）

知朱子此篇记文在仁说之辩后又曾修改。[①]《克斋记》“粹然天地生物之心”的讲法，仍然有着湖南学派的印记，盖五峰《知言》有云：“凡人之生，粹然天地之心，道义完具。”[②] 朱子中年以前用语，多受《知言》影响，湖南学派对早年朱子影响之大，由此亦可见矣。但朱子用“生物”讲天地之心，这是朱子与湖南学派的不同，也明显是对湖南仁说的补充和改造。

石子重与朱子书指出：

> 克斋记不取知觉言仁之说，似以爱之说为主。近仔细玩味，似若知觉亦不可去。盖不知觉则亦必不爱，惟知觉故能爱，知觉与爱并行而不相悖，恐亦无害于言仁，但不可专以知觉为仁耳。医者以四肢顽痹为不仁，顽痹则不知痛痒，又安能爱？[③]

石子重的说法是欲调和知觉言仁说和以爱推仁说两者。朱子批云：“此义近与湖南诸公论之甚详，今略录一二上呈，亦可见大意矣。一答胡广仲书仁之说，一答张敬夫书。”[④] 事实上，《克斋记》没有特别强调爱，只是说道“恻隐之心无不通”，“感而通之则无物之不被其爱”，但熟悉当时仁论论说的石子重很敏感地发现，朱子没有采用当时流行的“知觉言仁”的话语。朱子

---

① 《晦庵先生朱文公文集》别集卷六《答林择之书》云：“尤溪学记及克斋记近复改定”（同上书，第 3820 页），其书在癸巳（1173 年），朱子 44 岁。

② 《知言疑义》，载于《胡宏集》，第 332 页。

③ 《答石子重十一》，载于《晦庵先生朱文公文集》卷四十二，第 1433 页。

④ 同上。

则明白点出，这是与湖南诸公的一场论辩。

石子重得书后放弃了知觉言仁说，回报曰："所疑荷批诲，今皆已释然，盖仁者心有知觉，谓知觉为仁则不可，知觉却属智也……惟仁可以包夫三者，然所以得名，各有界分。"朱子答云："仁字之说甚善，要之，须将仁义礼智作一处看。"[①]

约在作《克斋记》后不久，朱子又作《仁说》，开篇即云：

> 天地以生物为心者也，而人物之生，又各得夫天地之心以为心者也……盖天地之心，其德有四，曰元亨利贞，而元无不统；其运行焉，则为春夏秋冬之序，而春生之气无所不通。故人之为心，其德亦有四，曰仁义礼智，而仁无不包；其发用焉，则为爱恭宜别之情，而恻隐之心无所不贯。[②]

这是从天道方面来说的。仁是性情之德，而其来源则为天地之心；仁之用，在天则为"生"，在人则为"爱"。这里的爱是指恻隐一类的感情，而不是指自爱或男女之爱。与《克斋记》相比，《仁说》在"天地生物之心"的基础上，进一步提出"天地以生物为心"的命题，并说明了仁与爱的关系，即仁是爱的人性根据，爱是仁的情感表现。朱子仁说的主要倾向显然是，主张从爱来推溯、理解仁。这种说法与伊川"爱是仁之用""仁性

① 《答石子重十一》，载于《晦庵先生朱文公文集》卷四十二，第 1433 页。

② 《晦庵先生朱文公文集》卷六十七，第 2474—2475 页。

爱情”的说法是可以一致的。[①] 但朱子强调以爱推仁，却与伊川强调以公近仁的思想不同。

以下说：

> 盖仁之为道，乃天地生物之心，即物而在。情之未发而此体已具，情之既发而其用不穷。诚能体而存之，则众善之源、百行之本莫不在是，此孔门之教所以必使学者汲汲于求仁也。其言有曰“克己复礼为仁”，言能克去己私，复乎天理，则此心之体无不在，而此心之用无不行也。[②]

这里，是从心性方面来说的，强调仁之在人心，有已发和未发两个层面，未发的仁德是仁之体，已发的恻隐是仁之用。而未发的仁和已发的仁都来源于天地之心的仁。从工夫方面来说，强调克己工夫，以复其本心天理。

然后说：

> 此心何心也？在天地，则块然生物之心，在人，则温然爱人利物之心，包四德而贯四端者也。[③]

这是从爱，即从仁之用的方面来说的，点明“温然爱人利物”

---

① 同样说“仁性爱情”，却可以侧重不同，在伊川为贬抑爱，在朱子则为肯定爱。

② 《晦庵先生朱文公文集》卷六十七，第 2475 页。

③ 同上书，第 2475 页。

为仁的表现。

《南轩集》卷二十一《答朱元晦秘书》(某幸粗安):

> 仁说如"天地以生物为心"之语，平看虽不妨，然恐不若只云"天地生物之心，人得之为人之心"似完全，如何？"仁道难名，惟公近之，然不可便以公为仁"，又曰"公而以人体之故为仁"，此意指仁之体极为深切，爱终恐只是情。盖公天下而无物我之私焉，则其爱无不溥矣。如此看乃可。[①]

南轩不以"天地以生物为心"之说为然，而主张"天地生物之心"之说，其实，这两种说法都出自二程。南轩又反对朱子《仁说》中以爱推仁之说，主张伊川以公论仁的思想，这是南轩的重点，也是与朱子分歧的重点。在仁说的问题上，南轩接近于伊川，朱子反而表现出独立于二程的倾向。此外，南轩在不忍之心能否包四端，天地之心是否可说粹然至善的问题上也都提出与朱子仁说不同的意见。

在南轩的《洙泗言仁录》中，是主张"仁者天地之心"，朱子的《仁说》则提出"天地以生物为心"。朱子与南轩的区别有二：第一，朱子要强调以爱推仁，所以突出"生物"，生物即所以爱，生物是爱的根源。而南轩不讲爱，所以只讲仁者天地之心。第二，朱子不直接说天地之心是仁，不说天地之心是至善，而说天地之心是生物，从"生物"再推到"仁"，这就把"天"

---

① 《南轩集》卷二十一，第6b—7a页。

和“人”加以区别。

南轩收到朱子的论《仁说》书之后，觉得“生物”的讲法便于从天推到人，故同意使用“生物”的说法，但仍不赞成说“天地以生物为心”，而主张改为“天地生物之心”。我们记得，“天地生物之心”是朱子在《克斋记》用过的讲法。

三　天地生物之心与天地以生物为心

“天地之心”一语出于《周易》复卦彖辞：

> 复，其见天地之心乎。

《礼记·礼运》则说过：“人者，天地之心也。”

“生”的观念也是《周易》的重要观念，《系辞下》说：

> 天地之大德曰生。

《周易》的这些观念从魏晋以来一直受到人们的重视。

“天地生物之心”的提法见于程颐的《易传》，《伊川易传》注复卦彖辞曰：

> 一阳复于下，乃天地生物之心也。[①]

① 《二程集》，第819页。

复卦初爻为阳，上面五爻皆为阴。一阳就是指复卦最下面的阳爻，在卦气说中代表冬至后阳气刚刚发动。

“天地以生物为心”的提法也见于二程对复卦的解释：

> “复其见天地之心。”一言以蔽之，天地以生物为心。[①]

不过，此条并未注明为程颢或程颐。按，程颢多言“生”，如：

> 天只是以生为道。
>
> 万物之生意最可观，此“元者善之长也”，斯所谓仁也。[②]

这里已经明确把“生意”和“仁”“元”联结一体。

其实，此种说法在北宋儒学中并非罕见。欧阳修早在其《易童子问》中就已经提出了“天地以生物为心”的命题：

> 天地之心，见乎动，复也，一阳初动于下矣。天地所以生育万物者，本于此，故曰天地之心也。天地以生物为心者也。[③]

可见，二程所说的“天地以生物为心”的思想是来自欧阳修对《周易》的解说。

---

① 《二程集》，第366页。

② 同上书，第30、120页。

③ 欧阳修：《易童子问》，载于《欧阳修全集》上，中国书店，1986年，第563页。

此外，邵雍、张载的易说也都提出过类似思想，如邵雍说：

> “天地之心”者，生万物之本也。[①]

主张一阳发生，体现了天地生物之本。又如张载说：

> 复言天地之心，咸、恒、大壮言天地之情……其原在内时，则有形见，情则见于事也，故可得而名状。
>
> 大抵言“天地之心”者，天地之大德曰生，则以生物为本者，乃天地之心也。地雷见天地之心者，天地之心惟是生物，天地之大德曰生也。[②]

事实上，胡宏也说过：“天地之心，生生不穷者也。”[③] 如前所说，胡宏还曾以天地之心论仁。

余敦康指出，天地大化流行的过程，是一个客观的自然过程，无所主宰，不以人的意志为转移，在这个意义上，可说天地无心；但是，就天地以生物为本而言，阴阳交感，运行不息，也确实有个生物之心，这是客观的规律，自然的功能，也就是宇宙的心。[④]

由此可见，朱子的仁说的立论基础——“天地以生物为心”

---

① 邵雍：《观物外篇》，载于《邵雍集》，中华书局，2010 年，第 163 页。

② 《横渠易说·复卦》，载于《张载集》，第 113 页。

③ 《知言·修身》，载于《胡宏集》，第 6 页。

④ 余敦康：《内圣外王的贯通——北宋易学的现代阐释》，学林出版社，1997 年，第 283 页。

之说，来源于欧阳修、张载、二程等北宋儒者的易说，以此设定仁说的宇宙论基础。而南轩所主张的“天地生物之心”的说法，亦本于《伊川易传》，二者都是二程所肯定的。所不同的，在朱子的讲法中，天地唯以生物为心，更加突出“生”的地位；而在南轩的讲法中，语意淡化，并不突出天地唯以生物为心（如谓元之为义不专主于生物）。这两种不同倾向的宇宙论表达是和他们各自对爱与仁的关系看法之不同联系在一起的。

南轩之不赞成“天地以生物为心”，可能与他对二程伊洛之学的相对不熟悉有关，如其答吴晦叔书：

> 易传所谓“一阳复于下，乃天地生物之心也”，此语言近而旨远，甚为完全，盖非指一阳而言也。言“一阳复于下，乃天地生物之心也”，细味之可见。“一言以蔽之，天地以生物为心者也”，不知在《遗书》中甚处，检未见。但见《微言》中载此句，而文亦不备，便中幸详示谕，当更思之耳。（小注：毕竟觉得此语未安。）[①]

这里“易传”指《伊川易传》，看来南轩对《伊川易传》的“天地生物之心”很为熟悉，但对“天地以生物为心”的说法较为生疏，且有怀疑。是在吴晦叔将二程有“天地以生物为心”的说法一事告知南轩之后，南轩才问询于吴，欲了解此语的出处，而始终未曾向朱子提出。

---

① 《答吴晦叔》，载于《南轩集》卷二十九，第4b页。

四　复卦的讨论

由上可见，“天地生物之心”与“天地以生物为心”的提法，都来源于对复卦的解释。事实上，有关“一阳复于下”与“见天地之心”的讨论，在朱子由来甚久，并非始于乾道八年。朱子早年关注喜怒哀乐未发问题，曾经与李延平反复讨论，讨论中不仅涉及孟子的夜气说，也涉及复卦和《太极图说》，如：

> 问：“‘太极动而生阳’，先生尝曰‘此只是理，作已发看不得’。熹疑既言‘动而生阳’，即与复卦一阳生而见天地之心何异？窃恐‘动而生阳’即天地之喜怒哀乐发处，于此即见天地之心。‘二气交感、化生万物’即人物之喜怒哀乐发处，于此即见人物之心。”①

这里就谈到天地之心的问题，朱子想把复卦一阳动于下，和太极动而生阳对应起来，把二者的“动”都看作天地之心的表现。

复卦彖辞的讨论也是如此。朱子早在《仁说》写作之前数年，就已因复卦之论，阐发过“天地以生物为心”之说，此可见于其答张南轩书：

> 复见天地心之说，熹则以为天地以生物为心者也，虽

① 《延平答问》辛巳二月书，引自陈来：《朱子哲学研究》，华东师范大学出版社，2000年，第57页。

气有阖辟，物有盈虚，而天地之心，则亘古亘今未始有毫厘之间断也。故阳极于外而复生于内，圣人以为于此可以见天地之心焉。盖其复者，气也；其所以复者，则有自来矣。向非天地之心生生不息，则阳之极也，一绝而不复续矣，尚何以复生于内而为阖辟之无穷乎？[①]

此书在朱子37至38岁，在作《仁说》之前五年。

朱子答何叔京第八书：

钦夫极论复见天地心不可以夜气为比。熹则以为夜气正是复处，固不可便谓天地心，然于此可以见天地心矣。易中之意，亦初不谓复为天地心也。[②]

此书当与上答南轩书同时。

朱子又有答何叔京十七书：

来教云："天地之心不可测识，惟于一阳来复，乃见其生生不穷之意，所以为仁也。"熹谓，若果如此说，则是一阳未复已前，别有一截天地之心，漠然无生物之意；直到一阳之复，见其生生不穷，然后谓之仁也。如此，则体用乖离，首尾冲决，成何道理？须知元亨利贞便是天地之心，

① 《答张钦夫三十四》，载于《晦庵先生朱文公文集》卷三十二，第998页。

② 《晦庵先生朱文公文集》卷四十，第1338页。

> 而元为之长，故曰大哉乾元，万物资始。[①]

按此书所作之年，我向以为在丁亥，今看此书论仁，又似稍晚；但此书下一书即答何叔京十八，乃论朱子《仁说》，故此书总在壬辰之前。

朱子作《仁说》后，亦曾在《答吴晦叔》书中，论及复卦之义：

> 复非天地心，复则见天地心，此语与“所以阴阳者道”之意不同，但以易传观之，则可见矣。盖天地以生物为心，而此卦之下一阳爻，即天地所以生物之心也……天地以生物为心，此句自无病，昨与南轩论之，近得报云亦已无疑矣。大抵近年学者不肯以爱言仁，故见先生君子以一阳生物论天地之心，则必欠然不满于其意，复于言外生说，推之使高。[②]

看来吴晦叔在初览朱子《仁说》时，还不知二程本有此说，故亦不满于“天地以生物为心”之说。朱子指出，湖南学派不赞成以一阳生物说天地之心，其根本原因是不赞成以爱推仁。

朱子曾明确指出“天地生物之心”的哲学意义，他在给南轩信中指出：“又谓仁之为道无所不体，而不本诸天地生物之

① 《答何叔京十七》，载于《晦庵先生朱文公文集》卷四十，第1346页。
② 《答吴晦叔》，载于《晦庵先生朱文公文集》卷四十二，第1414页。

心，则是但知仁之无所不体，而不知仁之所以无不体也。”[①] 强调仁作为人道，其究极根源在于天地生物之心。

按：朱子答吕伯恭十八癸巳夏书云：“仁字之说，钦夫得书，云已无疑矣”[②]；答吕伯恭二十三癸巳秋书“言仁诸说录呈，渠别寄仁说来，比亦答之，并录去”[③]。答吕伯恭二十七癸巳末书“钦夫近得书，别寄言仁录来，修改得稍胜前本；仁说亦用中间反复之意改定矣”[④]。这说明，张南轩最终还是接受了朱子的基本观点。

五　对程门的批评

《仁说》的最后对前期道学的仁说作了批判性的总结：

> 或曰：“若子之言，则程子所谓爱情仁性，不可以爱为仁者，非欤?”曰：“不然。程子之所诃，以爱之发而名仁者也。吾之所论，以爱之理而名仁者也。盖所谓情性者，虽其分域之不同，然其脉络之通，各有攸属者，则曷尝判然离绝而不相管哉。吾方病夫学者诵程子之言而不求其意，遂至于判然离爱而言仁，故特论此以发明其遗意，而子顾

① 《答张钦夫论仁说四十三》，载于《晦庵先生朱文公文集》卷三十二，第1012页。

② 《答吕伯恭十八》，载于《晦庵先生朱文公文集》卷三十三，第1035页。

③ 《答吕伯恭二十三》，载于《晦庵先生朱文公文集》卷三十三，第1038页。

④ 《答吕伯恭二十七》，载于《晦庵先生朱文公文集》卷三十三，第1041—1042页。

以为异乎程子之说，不亦误哉！”[①]

朱子说明，他并不是把爱与仁相等同，他的立场与其说是以爱言仁，不如说是主张“以爱推仁”；二程的主张，是反对把爱的情感叫作仁，而他的主张是以爱之情感的人性根源为仁，故与二程并无矛盾。从反面来说，他所主张的是反对离爱言仁，而非主张爱即是仁。

《仁说》接着论述：

> 或曰：“程氏之徒言仁多矣。盖有谓爱非仁，而以‘万物与我为一’为仁之体者矣；亦有谓爱非仁，而以‘心有知觉’释仁之名者矣。今子之言若是，然则彼皆非欤？”曰：“彼谓物我为一者，可以见仁之无不爱矣，而非仁之所以为体之真也；彼谓心有知觉者，可以见仁之包乎智矣，而非仁之所以得名之实也；观孔子答子贡博施济众之问与程子所谓觉不可以训仁者，则可见矣，尚安得复以此而论仁哉？抑泛言同体者，使人含糊昏缓而无警切之功，其弊或至于认物为己者有之矣。专言知觉者，使人张皇迫躁而无沉潜之味，其弊或至于认欲为理者有之矣。一忘一助，二者盖胥失之。”[②]

以万物与我为一为仁之体，见于《龟山语录》；以心有知觉释

① 《仁说》，载于《晦庵先生朱文公文集》卷六十七，第2475页。
② 同上书，第2475—2476页。

仁，见于《上蔡论语解》。朱子指出，一体言仁说虽然体现了爱的普遍性，但这种仁说既不能把握到仁之体，更难以对人的道德修养发生警醒真切的作用。知觉言仁说虽然体现出智的方面，但知觉与仁本身在概念上并没有联系，而且把仁说成知觉，就可能导致把欲望的知觉也当作仁理。他认为知觉言仁说属于“忘”，一体言仁说属于“助”，二者都是不全面的、不正确的。在工夫论意义上，朱子认为只有克己说才能有益于道德实践，从而求仁得仁。如前篇所述，朱子所反对的这两种仁说，都是从明道仁说所发展出来的，而龟山、上蔡的仁说正是南宋前期道学最富影响的话语。从这里可以看出朱子对二程的思想，除了继承和宣传而外，也作了创造性的、独立的发展。

朱子所运思的方向，显然更注重仁说的道德实践意义，即工夫意义，而不是仁说的境界意义。他始终认为，仅仅把仁设定为一种高远的人生境界或胸怀，而不指示出人通过什么具体的修养方法以实现或接近人生的最高境界，就会把仁说变成空谈，甚至误导学者；在这一点上，朱子是坚持严肃主义而警惕浪漫主义的。在他看来，即使是伊川的以公论仁，也很难明确表达工夫的意义，未能指出实践的具体用功之方。

所以，朱子的仁说，虽然指出仁作为人心其来源是天地之心，但其重点是强调仁的心性论意义，即仁作为“心之德、爱之理”的意义，强调仁是人之本心，但受到气禀物欲的影响，本心受到蒙蔽；只有坚持克己复礼的工夫，才能回复到仁心的本体。

六　论知觉言仁

朱子以爱推仁，是针对知觉言仁说而发。湖南学派反对以爱推仁，也是因维护知觉言仁而发。虽然有关知觉言仁的论辩在《仁说》前二年即已开始，但在仁说之辩中，知觉言仁的问题仍是非常重要的问题。

朱子答张南轩论《洙泗言仁录》书：

> 然其流复不免有弊者，盖专务说仁，而于操存涵养之功不免有所忽略，故无复优柔厌饫之味、克己复礼之实，不但“其蔽也愚”而已。而又一向离了爱字悬空揣摸，既无真实见处，故其为说，恍惚惊怪，弊病百端……今日高妙之说……不类近世学者惊怪恍惚穷高极远之言……而所解实用上蔡之意。①

朱子显然认为，二程门下渐渐发展出一种倾向，即专注于仁说，往往由此而忽略实践工夫，乃至表现出一种非工夫论的倾向，使道德实践虚空化，既不能涵养性情，又不能破私去己。借用明代理学的说法，朱子的仁说，其出发点在强调“工夫”，而非“本体”。

朱子答张南轩书云：

---

① 《答张敬夫十六》，载于《晦庵先生朱文公文集》卷三十一，第958—959页。

> 广仲引孟子先知先觉以明上蔡心有知觉之说，已自不伦。其谓知此觉此，亦未知指何为说。要之大本既差，勿论可也。今观所示，乃直以此为仁，则是以知此觉此为知仁觉仁也。仁本吾心之德，又将谁使知之而觉之耶？若据孟子本文，则程子释之已详矣，曰“知是知此事，觉是觉此理”，意已分明，不必更求玄妙。且其意与上蔡之意亦初无干涉也。上蔡所谓知觉，正谓知寒暖饱饥之类……此亦只是智之发用处，但惟仁者为能兼之。故谓仁者心有知觉则可，谓心有知觉谓之仁则不可……若曰“心有知觉谓之仁”，则仁之所以得名，初不为此也。[①]

朱子认为上蔡所说的知觉没有明确指知觉此理，这种泛言知痛痒的知觉就与知寒知饥的知觉没有分别。朱子的这个分别是有道理的。他还指出，这种知觉在广义上属于认知（智）之事，与仁的道德感情和道德意识不同，故不能用知觉论仁。

上答南轩书提到广仲，按湖南学派中有胡实字广仲，为胡宏从弟，他坚持上蔡仁说：

> “心有所觉谓之仁”，此谢先生救拔千余年陷溺固滞之病，岂可轻议哉！夫知者，知此者也；觉者，觉此者也。果能明理居敬，无时不觉，则视听言动莫非此理之流行，

---

① 《答张钦夫四十五（又论仁说）》，载于《晦庵先生朱文公文集》卷三十二，第1014—1015页。

而大公之理在我矣。尚何愤骄险薄之有![1]

上蔡门人甚少，广仲此书说明，湖湘之学多继承上蔡思想。朱子答胡广仲书：

> 至于仁之为说，昨两得钦夫书，诘难甚密，皆已报之。近得报云，却已皆无疑矣。今观所谕，大概不出其中者，更不复论。但所引孟子知觉二字，却恐与上蔡意旨不同。盖孟子之言知觉，谓知此事、觉此理，乃学之至而知之尽也；上蔡之言知觉，谓识痛痒能酬酢者，乃心之用而知之端也。二者亦不同矣。然其大体皆"智"之事也，今以言"仁"，所以多矛盾而少契合也。"愤骄险薄"岂敢辄指上蔡而言，但谓学者不识仁之名义，又不知所以存养，而张眉努眼说知说觉者必至此耳。
>
> 夫以爱名仁固不可，然爱之理则所谓仁之体也。天地万物与吾一体，固所以无不爱，然爱之理则不为是而有也。须知仁义礼智四字一般，皆性之德，乃天然本有之理，无所为而然者。但仁乃爱之理、生之道，故即此而又可以包夫四者，所以为学之要耳。[2]

朱子反对以知觉言仁，其主要的学理论据即以知觉属智，主张

① 《宋元学案》(三)，第1385页。

② 《与胡广仲五》，载于《晦庵先生朱文公文集》卷四十二，第1403—1404页。

仁与智必须分别。故说："近年说得仁字与智字都无分别。"[1]

五峰又有从子胡大原字伯逢者，亦主张上蔡之说：

> "心有知觉之谓仁"，此上蔡传道端的之语，恐不可谓有病。夫知觉亦有深浅。常人莫不知寒识暖，知饥识饱，若认此知觉为极至，则岂特有病而已！伊川亦曰"觉不可以训仁"，意亦犹是，恐人专守着一个觉字耳！若夫谢子之意，自有精神，若得其精神，则天地之用即我之用也，何病之有！以爱言仁，不若觉之为近也。"观过知仁"云者，能自省其偏，则善端已萌。此圣人指示其方，使人自得，必有所觉知，然后有地可以施功而为仁也。[2]

朱子答胡伯逢书云：

> 有所知觉，然后有地以施其功者，此则是矣。然觉知二字，所指自有浅深。若浅言之，则所谓觉知者，亦曰觉夫天理人欲之分而已。夫有觉于天理人欲之分，然后可以克己复礼而施为仁之功。[3]

朱子又答伯逢书，中有小注云：

① 《与张敬夫十八》，载于《晦庵先生朱文公文集》卷三十一，第 959 页。

② 《宋元学案》(三)，第 1386—1387 页。

③ 《答胡伯逢三》，载于《晦庵先生朱文公文集》卷四十六，第 1 页。

> 以名义言之，仁特爱之未发者而已。程子所谓“仁性也，爱情也”，又谓“仁性也，孝悌用也”，此可见矣。其所谓“岂可专以爱为仁”者，特谓不可指情为性耳，非谓仁之与爱了无交涉……如或以觉言仁，是以知之端为仁也。或以是言仁，是以义之用为仁也。夫与其外引智之端、义之用，而指以为仁之体，则孰若以爱言仁，犹不失为表里之相须，而可以类求也哉？故愚谓欲求仁者，先当大概且识此名义气象之仿佛，与其为之之方，然后就此诚实下功。[①]

以知之端为仁，也就是以智之用为仁。

五峰又有门人吴翌字晦叔，亦用功于仁说，朱子答吴晦叔云：

> 大抵向来之说，皆是苦心极力要识仁字，故其说愈巧而气象愈薄。近日究观圣门垂教之意，却是要人躬行实践，直内胜私，使轻浮刻薄、贵我贱物之态，潜消于冥冥之中，而吾之本心浑厚慈良、公平正大之体，常存而不失，便是仁处……近因南轩寄示言仁录，亦尝再以书论，所疑大概如此，而后书所论仁智两字尤为明白，想皆已见矣。[②]

---

① 《答胡伯逢四》，载于《晦庵先生朱文公文集》卷四十六，第1602页。此书虽在壬辰，但未及仁说，似在《仁说》之前。

② 《答吴晦叔七》，载于《晦庵先生朱文公文集》卷四十二，第1411页。

这说明，朱子其实对这种专意于“仁字”之识、着力在仁之论说的倾向，是很不以为然的，他其实是反对把求仁之学当作一种概念的游戏或思辨的构造，他始终重视涵养气象、律己修身、直内胜私。又书论知觉言仁云：

> 盖仁者性之德而爱之理也；爱者情之发而仁之用也；公者仁之所以为仁之道也；元者天之所以为仁之德也。仁者人之所固有，而私或蔽之，以陷于不仁。故为仁者必先克己，克己则公，公则仁，仁则爱矣。不先克己，则公岂可得而徒存？未至于仁，则爱胡可以先体哉？至于元，则仁之在天者而已，非一人之心既有是元，而后有以成夫仁也。若夫知觉，则智之用，而仁者之所兼也。元者四德之长，故兼亨利贞；仁者五常之长，故兼义礼智信。此仁者所以必有知觉，而不可便以知觉名仁也。[①]

答吴的这一段，几乎可以看作是另一篇仁说，对仁说所涉及的诸概念作了全面的讨论。他强调，就工夫而言，克己比公更为基本，克己才能达到公，离开克己，公就不可能独立实现。这可以看作是对伊川的补充和改造。

朱子答湖南学派学者游诚之（南轩门人）书云：

> 谢先生虽喜以觉言仁，然亦曰心有知觉，而不言知觉此心也。请推此以验之，所论得失，自可见矣。若以名义言之，

① 《答吴晦叔十》，载于《晦庵先生朱文公文集》卷四十二，第1415—1416页。

> 则仁自是爱之体，觉自是智之用，界分脉络，自不相关。但仁统四德，故人仁则无不觉耳。然谢子之言，侯子非之曰："谓不仁者无所知觉则可，便以心有知觉为仁则不可。"此言亦有味，请试思之。《克斋记》近复改定，今别写去。后面不欲深诋近世之失，"波动""危迫"等语皆已削去。①

觉不可以言仁，不仅因为觉属于"智"，而且因为觉属于"用"；"仁是爱之体，觉是智之用"，仁与觉在概念上和意义的层次上都不相同。但仁不排斥智与觉，而且可以包括乎智与觉。朱子还反对"知觉此心"的说法，他认为这等于把"此心"当作知觉的对象，在他看来，知觉此心的说法无异于以心知心，这是自相矛盾的。

朱子与吕祖谦书曾云：

> 今日之言，比之古人诚为浅露，然有所不得已者。其实亦只是祖述伊川仁性爱情之说，但剔得名义稍分，界分脉络有条理，免得学者枉费心神、胡乱揣摸、唤东作西耳。若不实下恭敬存养、克己复礼之功，则此说虽精，亦与彼有何干涉耶？②

总之，朱子以伊川仁性爱情说为理据，发明其以爱推仁说；虽

---

① 《答游诚之一》，载于《晦庵先生朱文公文集》卷四十五，第1527页。

② 《答吕伯恭二十四》，载于《晦庵先生朱文公文集》卷三十三，第1038—1039页。

然在论知觉言仁时他也要胡伯逢以伊川、和靖之说明之，但终归不以公而近仁说为然。他承认，他自己的仁说在理论上并无深奥之处，他所强调的根本立场是工夫论的，即任何好的仁说必须能够导向恭敬存养、克己复礼的切实工夫。

七　字义与名义

不仅如此，朱子早年也与延平讨论过“仁字”之说，《延平答问》壬午六月十一日书，即因朱子论仁字之说而延平答之。延平说：

> 承谕仁一字，条陈所推测处，足见日来进学之力甚慰。某尝以谓仁字极难讲说，只看天理统体便是……仁字难说，《论语》一部只是说与门弟子求仁之方，知所以用心，庶几私欲沉、天理见，则知仁矣……来谕以谓“仁是心之正理，能发能用底一个端绪，如胎育包含其中，生气无不纯备，而流动发生，自然之机，又无顷刻停息，愤盈发泄，触处贯通，体用相循，初无间断”。此说推广得甚好……谢上蔡语录云“不仁便是死汉，不识痛痒了”。仁字只是有知觉了了之体段，若于此不下工夫令透彻，即缘何见得本源毫发之分殊哉？[①]

延平的主张，多从龟山、上蔡而来。据延平所引述，朱子

① 朱熹：《延平答问》，四库全书本，第 34b—36b 页。

当时认为“仁是心之正理，能发能用底一个端绪，如胎育包含其中，生气无不纯备，而流动发生，自然之机，又无顷刻之停息，愤盈发泄，触处贯通，体用相循，初无间断”。强调仁是“流动”“贯通”，这显然与后来《仁说》强调“生物”“爱人”不同。延平称赞曰“此说推广得甚好”。值得注意的是，延平此书与朱子论仁的同时，也涉及“浑然与物同体气象”和上蔡知觉言仁之说，并加以推崇。而这两条，正是后来朱子《仁说》中最末一段所特别加以辩证的。

朱子早年为学，即以“求仁”为要，盖程门重视求仁之学，龟山尤其突出。龟山有言“学者须当以求仁为要”，故作为龟山三传的朱子亦与延平论及仁说，壬午八月七日又有书论此：

> 问：熹昨妄谓仁之一字，乃人之所以为人而异乎禽兽者，先生不以为然，熹因以先生之言思之而得其说，敢复求正于左右：熹窃谓天地生物本乎一源，人与禽兽草木之生，莫不具有此理，其一体之中即无丝毫欠剩；其一气之运亦无顷刻停息，所谓仁也……大抵仁字正是天理流动之机，以其包容和粹，涵育融漾，不可名貌，故特谓之仁。①

可见，仁说一直是朱子与其师友间关注的一个论题，并不是《洙泗言仁录》以后朱子才来思考的问题。仁说的问题可以说是南宋道学各派一直关注的重要课题。

在方法论上，朱子的“仁说”很重视“字义”或“名义”

① 《延平答问》，第39b—41a页。

的方法。朱子之所以不赞成知觉言仁说、一体为仁说、以公为仁说，不仅出于对涵养工夫的重视，也是因为，在字义上，上蔡强调的“知觉”与仁字没有关联，龟山强调的“一体”与仁字也没有关联，伊川和南轩强调的“公”在字义上也无法作为仁的基础。

而“爱”字，与“仁”字则有极为久远的关联。春秋时代多以爱解仁，《国语》有“爱亲之谓仁”，出于晋文公时；又有“仁，文之爱也”，出于宋襄公；“明慈爱以导仁”，出于申叔时；以及周大夫富辰所说“仁所以保民也”。所以，《论语》有“樊迟问仁，子曰：爱人”。《孟子》有“仁者爱人”“仁者无不爱也”。荀子、董仲舒、韩愈也都有过类似的提法。

朱子是一个对经典文献的章句训诂有很深修养的学者，因此，对他来说，一种好的仁说，不仅在思想上要站得住，在字义训解方面也要站得住。所以朱子很重视“名义”的问题。在评论《洙泗言仁录》时他就指出：“仁固是须当明善，然仁字主意不如此。”[①] 这里说的“主意”就是指一个“字”的本来字义。朱子在这一时期与湖南学派有关“中”字的辩论，也是如此。他说：“程子言仁本末甚备，今撮其大要不过数言……学者于前三言可以识仁之名义，于后一言者，可以知用力之方矣。”[②] 朱子《答吕伯恭二十四》：“仁说近再改定……窃意此等名义，古人之教，自其小学之时，已有白直分明训说，而未有

① 《答张敬夫十八》，载于《晦庵先生朱文公文集》卷三十一，第959页。

② 《答张钦夫四十四（又论仁说）》，载于《晦庵先生朱文公文集》卷三十二，第1013页。

后世许多浅陋玄空上下走作之弊，故其学者亦晓然知得如此名字，但是如此道理，不可不着实践履。所以圣门学者皆以求仁为务，盖皆已略晓其名义，而求实造其地位也……今日之言，比之古人诚为浅露，然有所不得已者，其实亦只是祖述伊川仁性爱情之说，但剔得名义稍分。”[①]

正是因为如此，朱子每以“仁字之说”来指仁说的讨论。如《答吕伯恭十八》：“仁字之说，钦夫得书云，已无疑矣。”《答胡广仲五》：“至于仁之为说，昨两得钦夫书，诘难甚密，皆已报之。近得报云，却已皆无疑矣……学者不识仁之名义，又不知所以存养。”朱子后来也说：“要识仁之意思，是一个浑然温和之气，其气则天地阳春之气，其理则天地生物之心。”[②] 这里所说的“意思”也就是前面所说的“主意”，都是指字义而言。唯其如此，南轩亦多论及字训，如说“知觉终不可以训仁”[③]，“伊川先生所谓觉不可训仁者，正谓仁者必觉，而觉不可以训仁。”[④] “训”即字义的训释。朱子答张南轩论仁说第三书云：“若曰‘心有知觉谓之仁’，则仁之所以得名，初不为此也。今不究其所以得名之故。”[⑤] 所以，朱子主张“以爱推仁”，其中原因之一，就是“爱”可见仁之所以得名之故：“若见得仁之所以爱而爱之不能尽仁，则仁之名义意思，了然在目矣。”

---

① 《答吕伯恭二十四》，载于《晦庵先生朱文公文集》卷三十三，第1038—1039页。

② 《朱子语类》卷六，第111页。

③ 《答胡广仲》，载于《南轩集》卷三十，第12b页。

④ 《答胡伯逢》，载于《南轩集》卷二十九，第9a页。

⑤ 《答张钦夫四十四（又论仁说）》，载于《晦庵先生朱文公文集》卷三十二，第1015页。

在朱子答胡伯逢论观过知仁说书中，有小注云：

> 以名义言之，仁特爱之未发者而已。程子所谓“仁性也，爱情也”，又谓“仁性也，孝悌用也”，此可见矣。其所谓“岂可专以爱为仁”者，特谓不可指情为性耳，非谓仁之与爱了无交涉……而或者因此求之太过，便作无限玄妙……是以知之端为仁也。或以是言仁，是以义之用为仁也。夫与其外引智之端、义之用，而指以为仁之体，则孰若以爱言仁，犹不失为表里之相须，而可以类求也哉？故愚谓欲求仁者，先当大概且识此名义气象之仿佛，与其为之之方，然后就此诚实下功。[①]

这也是强调对“仁”的界说和理解，必须以概念定义和基本字义的方法为基础。的确，如果以“公”论仁，只能作为克己之私的工夫，只是严肃无私的气象，只是公正公平的态度，而无法凸显“仁”所代表的主导取向：恻隐之情、温然爱人利物之心。

本章的最后，简单讨论一下南轩《仁说》，以为结束。南宋时浙本文集即误以南轩《仁说》为朱子《仁说》，其实，《南轩集》仁说非朱子所作，甚为明显：朱子仁说强调“天地以生物为心”，而《南轩集》仁说只说“天地生物之心”，此与《朱子文集》所载南轩批评朱子仁说的意见相同。《南轩集》仁说云“故指爱以名仁则迷其体，而爱之理则仁也”，“指公以为仁则失

① 《答胡伯逢四》，载于《晦庵先生朱文公文集》卷四十六，第1602页。

其真，而公者人之所以能仁也”，“惟仁者为能知觉而不昧，是智之所存者也”。[①] 如果我们了解南轩的本意是继承伊川的思想，不赞成以爱论仁，主张以公论仁，而湖南学派的多数学者主张知觉言仁，那么，我们在南轩上面几句话的抑扬之间，就可发现《南轩集》仁说的侧重点与朱子的不同，以及在屈服于朱子仁说之下对朱子思想的某种保留。这就是，南轩在接受朱子的基本理论的同时，还要指明以“爱”论仁的弊病，要讲出“公”的积极意义，要肯定知觉的地位，而不肯批评知觉言仁说的不当。甚至其《仁说》所用语言，亦为南轩习用，如其《仁说》中言：“统言之曰‘仁，人心也’，亦犹在《易》乾坤四德而统言乾元、坤元也。”[②] 按：南轩在初读朱子《仁说》后，曾提出了一些意见，《南轩集》卷二十《答朱元晦秘书九》云：

> 仁之说……然据文势对乾元、坤元而言，恐只须曰“统言之，则曰仁而已”可也，或云“天地之心，其德有四云云，而统言之，则元为善之长；人之心，其德亦有四云云，而统言之，则仁为人之心”，如何？[③]

二者语言相同。由以上所论可知，《南轩集》中之《仁说》，即张南轩所著，并无可疑。但南轩《仁说》在修改后竟被误认为朱子所作，它与朱子《仁说》的这种相似，已足以说明在这场

① 《南轩集》卷十八，第 2a 页。
② 同上。
③ 《南轩集》卷十二，第 8a—9a 页。

话语的较量之中，朱子取得了最终的胜利。仁说辩论结束的这一年，朱子 44 岁，同年他定稿了他的《太极图说解》。

原载《中国学术》2001 年第 4 辑，
商务印书馆，2001 年

第五章　朱子哲学中“心”的概念

朱子哲学中有关“心”的讨论很多，涉及的方面也比较广泛，因此在一篇论文中把有关“心”的问题作全面的讨论，是很困难的。

在这里，我想集中地讨论一下朱子哲学中心与气的关系，更明白地说，就是：在朱子哲学中“心”是不是气？或者“心”是否属于气？我们知道，在明代后期的哲学中有不少学者明确主张“性是理、心是气”，认为性和心的关系就是理和气的关系，如黄宗羲就是用这样的观点批评明代朱子学代表罗钦顺。同时，在韩国性理学史上如李栗谷也主张“心属气之发”。已故现代著名朱子学研究学者钱穆先生在其《朱子新学案》中肯定地认为：“朱子分说理气，性属理，心属气。”[1] 又说：“朱子释心，曰知觉、曰虚灵、曰神明。知觉虚灵神明皆属气一边事，

---

① 钱穆：《朱子新学案》二，九州出版社，2011年，第90页。

非即理一边事。”[①] 已故当代新儒家大师牟宗三先生更早就在《心体与性体》中认定朱子的心是气心，不是自律的道德主体。我在台湾访学的时候曾被问到这样的问题：“台湾学者都认为朱子哲学中心属气，为什么你不肯定这一点?”其实，在我的著作《朱熹哲学研究》（第 158 页）曾对这个问题作过简单的讨论。在这里我愿意进一步阐明我对这个问题的看法。要使讨论的问题清楚而不致混淆，有必要对以下两个问题进行区分：一个是朱子自己是否说过心是气，是否认为心是属气；另一个是后来学者从逻辑上来了解朱子的结构，其中的心是否应该是一个属气的范畴。这是两个完全不同的问题。本文的讨论仅仅集中在前一个问题上面。

一　太极阴阳

应当承认，认为朱子哲学中心属气或心就是气，这样的看法并不是完全没有理由的。在朱子的论述中，有一些表述带给人们一种印象，似乎“心”是与气有关的，是接近于气的一个范畴。如《语类》载：

> 性犹太极也，心犹阴阳也。太极只在阴阳之中……惟性与心亦然。[②]

① 钱穆：《朱子新学案》二，第 93 页。

② 《朱子语类》卷五，第 87 页。

“犹”指类似、好像，这是说性和心的关系类似于太极与阴阳的关系：太极在阴阳之中而不离于阴阳，性在心之中而不离于心。“犹”字表示朱子只肯定了两种关系的相类性，但并未肯定心是气。相似的另一段语录：

> 心之理是太极，心之动静是阴阳。[①]

这里朱子不说心是阴阳，而说“心之动静是阴阳”，表现出他的讲话是颇谨慎的。另一方面，阴阳在中国哲学中的意义很广泛，从而太极阴阳作为一种模式，不限于指述理和气这样的关系，也可以指其他有动静的现象。因此，动静往往可以置换为阴阳，而并不表示实体的意义，如心之动为阳、心之静属阴，但这不是说心之动是阳气、心之静是阴气。

二　气之精爽

在《语类》中只有一段对心与气的关系作了某种肯定的提示：

> 心者，气之精爽。[②]

仅靠这一条语录，我们并不能清楚了解朱子的意思，因为“心”

① 《朱子语类》卷五，第 84 页。
② 同上书，第 85 页。

可有两种意义：一指心脏，一指知觉。“精爽”亦可有两种意义：一指精气，一指虚灵。在理学中不仅周敦颐说“唯人也得其秀而最灵”，王阳明也说气之至精而为人、至灵而为心（参《稽山承语》第十条）。因此，朱子的这一段话，可以被认为实际指的是心脏之心而言。

朱子哲学中“心”有时是指心脏而言，如说“凡物有心而其中必虚，如饮食中鸡心猪心之属，切开可见。人心亦然。只这些虚处，便包藏许多道理”[①]，“心以性为体，心将性做馅子模样”[②] 这些实体化的说法中，心都是指心脏而言。因此，心脏之心及五脏皆可说是气或精气，但并不是指知觉意识之心，并无哲学意义。

三　虚灵

正如钱穆所说，朱子常用“虚灵”“神明”说心。在这里我们仍然处处可见朱子在定义心的概念时表现出的严谨性：

> 问：“人心形而上下如何？”曰：“如肺肝五脏之心，却是实有一物。若今学者所论操舍存亡之心，则自是神明不测。”[③]

① 《朱子语类》卷九十八，第 2514 页。

② 同上书，卷五，第 89 页。

③ 同上书，第 87 页。

理是形而上者，气是形而下者。心脏之心实有一物，可以谓之形而下，但哲学意义上的心并非实有一物，其特质为“神明不测”，故不能说是形而下。心既然不属形而下，当然意味着心不属气。

神明不测又称虚灵，故朱子说：

所觉者，心之理也；能觉者，气之灵也。①

能觉者气之灵，是说知觉能力是气所具有的一种特殊功能，是气的一种能力或特性。这个说法表示，朱子确实肯定心与气有关，但这种关系只是承认心之知觉以气为物质基础，并不是说心就是气。所以朱子有一句名言：

心比性，则微有迹；比气，则自然又灵。②

这个说法表示，心与性不同，心与气也不同，既不能说心是形而上者，又不能说心是形而下者。所以心既不是性，也不是气。《语类》又载：

问：“先生前日以挥扇是气，节后思之：心之所思，耳之所听，目之所视，手之持，足之履，似非气之所能到。

① 《朱子语类》卷五，第 85 页。
② 同上书，第 87 页。

气之所运，必有以主之者。”曰：“气中自有个灵底物事。”[1]

这也说明“气之灵”与“气”并不是一回事。虚灵特指思维的功能。

四　（知觉）运动营为

但朱子在有些地方也曾说过知觉运动与气有密切关系。在《孟子集注》中论人物之性：

> 性者，人之所得于天之理也；生者，人之所得于天之气也。性，形而上者也；气，形而下者也。人物之生，莫不有是性，亦莫不有是气。然以气言之，则知觉运动，人与物若不异也；以理言之，则仁义礼智之禀，岂物之所得而全哉？[2]

这是指有知觉、能运动、趋利避害等生理机能是属气，由气决定的。

《语类》卷四：

> 人之所以生，理与气合而已。天理固浩浩不穷，然非是气，则虽有是理而无所凑泊。故必二气交感，凝结生聚，

① 《朱子语类》卷五，第 87 页

② 朱熹：《四书章句集注》，中华书局，1983 年，第 326 页。

> 然后是理有所附着。凡人之能言语动作，思虑营为，皆气也，而理存焉。故发而为孝悌忠信仁义礼智，皆理也。[①]

这是说人的动作言语等是气的作用，而孝悌之心则是理的表现。人为理气之合，故理与气在人皆有表现。《孟子集注》中的“知觉”和这里的“思虑营为”很明显是属于心的范畴的。朱子肯定它们皆是气，但是这并不表示朱子认为在总体上可以说“心即气”。因为朱子也同时指出忠信孝悌之心是理。所以这里所说的知觉是指动物皆有的生理性知觉与活动，这里所说的思虑也特指感性欲望（即人心）而言。要全面了解这一点，还必须和朱子的“人心道心”说联系起来加以考察。

五 知觉：道心人心

我们知道，“心”在朱子哲学的主要意义之一是指“知觉”，如说“心者人之知觉，主于身而应事物者也”[②]，“心之知觉，即所以具此理而行此情者也”[③]。“知觉”一方面指能知觉，即感知与思维的能力；一方面指所知觉，即具体的意念、思维。所以朱子说：“人只有一个心，但知觉得道理底是道心，知觉得声色臭味底是人心……道心、人心，本只是一个物事，但所知觉不同。”[④]

---

① 《朱子语类》卷四，第 65 页。

② 《晦庵先生朱文公文集》卷六十五，第 2402 页。

③ 同上书，卷五十五，第 1949 页。

④ 《朱子语类》卷七十八，第 2010 页。

知觉之心分为道心人心，其中道心根于理，人心生于气：

> 心之虚灵知觉，一而已矣。而以为有人心、道心之异者，则以其或生于形气之私，或原于性命之正，而所以为知觉者不同。[①]

又说：“心者人之知觉，主于身而应事物者也。指其生于形气之私者而言，则谓之人心。指其发于义理之公者而言，则谓之道心。”[②] 蔡沈《书集传》则表述为人心“发于形气”，道心“发于义理”。此外朱子还提到过“四端是理之发，七情是气之发”。这都是指人的念虑思维可分为两大部分，人心为代表的感性欲望“发于气”，是“气之发”，即根于气而发，但并不是气。严格说来，人心只是根于形气而发的“知觉”，但不能简单地说人心是气。前面引用的《孟子集注》和《语类》卷四的讲法只是一种简略的表达，因为朱子自己在其他地方明确说过：

> 知觉运用莫非心之所为。
>
> 视听行动，亦是心向那里。[③]

退一步说，如果说“发于气”“气之发”就称是承认属于气一边，那么很显然，朱子绝不能承认一切知觉都发于气，也不能

---

① 《四书章句集注》，第 14 页。

② 《晦庵先生朱文公文集》卷六十五，第 2402 页。

③ 《朱子语类》卷五，第 86 页。

承认心全都是气之发。如果把孝悌忠信的“道心”也说成是气，是气一边，那显然是朱子所不能接受的。仅从这一点也可以看出，朱子是不可能认为在总体上心就是气。《孟子集注》和《语类》卷四所说，一方面是指生理躯体的动作，一方面是指“人心”而言，可以说是指比较低层次的知觉活动而言。所以在《语类》卷四的那一条中，朱子仍在强调动作思虑“皆气也，而理存焉”，强调发为孝悌的道心“皆理也”，发为孝悌忠信者即是心，所以即使在《语类》卷四的一条语录中，朱子也并非肯定心就是气。

六　总论

其实，以上所涉及的种种问题，在语录中有一段陈淳的记载则表达得极为明确：

> 问：“知觉是心之灵固如此，抑气之为邪？”曰：“不专是气，是先有知觉之理，理未知觉，气聚成形，理与气合，便能知觉。”
>
> 问：“心之发处是气否？”曰：“也只是知觉。”①

学生向朱子提了两个重要问题：第一个是知觉是否气为之，即知觉是否为气的作用下的产生；第二个是心之发处是不是气。对这两个问题，朱子都予以了否定的回答。对前者，朱子的回

① 《朱子语类》卷五，第85页。

答是，知觉是理与气结合后共同作用而形成的，不能说仅仅是气之所为。对于后者，朱子的回答是，不能说心之发处就是气，只能说心之发处是知觉。从朱子在遣词命义上的严谨习惯来看，他之所以始终不说心是气，而只说知觉是气之灵，是因为他认为心与气二者不能等同，必须注意在概念上把它们区别开来。所以朱子曾明确分梳：“性者，即天理也……心者，一身之主宰；意者，心之所发；情者，心之所动；志者，心之所之……气者，即吾之血气而充乎体者也。”[①] 性无形，心略有迹，气者为形器而较粗者，三者是有区别的。

陈淳所录的一条所提的问题，正是现代学者提出的问题。我想朱子对此已经作了明确的回答。那就是：心之知觉是气之灵，但虚灵不测的知觉之心不是实有一物，不是形而上者，心比气灵，心之发处只是知觉，而不即是气，亦非气之所为。

因此，在“实谓”的层次上，朱子思想中始终不能承认心即是气，或心属气一边之事。

现在，我们要进一步深入讨论。为什么 15 世纪以后的朱子学或阳明学思想家会提出这样的问题？为什么现代思想家会这样理解朱子哲学？这些理解或申述或质疑，内在于朱子思想来看，其方法和结论有无问题？

如果综合地看朱子关于心的了解，以下可以视为朱子哲学中对心的经典表述：

---

① 《朱子语类》卷五，第 96 页。

心者，人之神明，所以具众理而应万事者也。[①]

心之神明，妙众理而宰万物。[②]

心者人之知觉，主于身而应事物者也。[③]

“性者心之理也，情者心之用也”“心则统性情该动静而为之主。”[④]

所以在肯定心为“神明知觉”的前提下，朱子特别重视的心的特质是“具众理”“主于身”“应万事”“统性情”。这五点可以说是朱子论心之大旨。

以“心统性情”为代表的朱子心性论的结构，十分值得注意的是，这一结构的表达、描述常常使用的模式并不是“理／气”的模式，而是“易／道／神”的模式。因为心性系统是一个功能系统，而不是存在实体。

黄宗羲则认为，朱子没有把“理／气”的分析用于心性关系的说明，是朱子哲学体系不一致的表现，在他看来，只有把“理／气”的分析原则运用贯通到心性关系，“天”和“人”才能合一。其实，在朱子哲学中，理和气的观念并不是没有应用于“人”。与“理／气”相对应，朱子使用“性理／气质”来分析人的问题。如说：

---

① 《四书集注》，第 349 页。

② 《朱子语类》卷十七，第 382 页。

③ 《晦庵先生朱文公文集》卷六十五，第 2403 页。

④ 同上书，第 2454、2728 页。

> 才有天命，便有气质，不能相离。[①]
>
> 性离气禀不得。有气禀，性方存在里面；无气禀，性便无所寄搭了。[②]

“性”与“气禀（气质）”的关系就是“人”身之上的理气关系。

另一方面，由于朱子哲学区分了“未发”与“已发”，以情为已发、性为未发，故常常讨论“已发”的根据与根源。在这方面，即“活动→根源”的分析中，朱子也采取理气的分析。在有关人心道心、四端七情的根源性分析上，朱子主张人身为理气之合，人心、七情发于形气，道心、四端根于性理。所以，黄宗羲用“天人未能合一”批评朱子没有把“理／气”的方法论贯通到人论中去，是不合事实的。

黄宗羲的提法也表现出，他把“理／气”的二元分析看作一个绝对的、普遍的方法，认为无论主体、客体、实体、功能都应采取这种分析方法。朱子则与之不同，在人论方面，理气的方法只限于追溯意识情感的根源性分析，以及人身的结构性分析。朱子从不把意识活动系统（即“心”本身）归结为“理”或者“气”。钱穆、牟宗三先生也是把朱子哲学理解为一种“非理即气”的二元性普遍思维。在他们看来，心既然不是性，不属于理一边事，那就应当属于气，是气一边事。他们也未了解在朱子哲学中并不是每个部分都可以做这种二元性的分析。

---

① 《朱子语类》卷四，第 64 页。

② 同上书，卷九十四，第 2381 页。

朱子曾说：

> 天地之间有理有气。理也者，形而上之道也，生物之本也。气也者，形而下之器也，生物之具也。是以人物之生，必禀此理然后有性，必禀此气然后有形。[①]

这种分析方法即“理／气”的分析是对存在实体所作的“要素分析”，把实体的事物分析、分解为理和气两个基本的构成要素，其中气作为“具”，扮演着质料、材料的角色。但是，从前边的论述（第三节虚灵）可以看到，这样的分析法不是绝对的，朱子拒绝把“形而上／形而下”这样的分析模式引入对“心”的讨论，这也意味着“理／气”的分析方式不适用于朱子自己对“心”的了解。在朱子的哲学中，知觉神明之心是作为以知觉为特色的功能总体，而不是存在实体，故不能把对存在实体的形上学分析（理／气）运用于对功能总体的了解。在功能系统中质料的概念找不到它的适当地位。另一方面，形上学的“理／气”分析把事物分解为形式、质料的要素，而“心”是统括性情的总体性范畴，并不是要素。这些都决定了存在论的形上学分析不能无条件地生搬硬套在朱子哲学中对“心”的把握上面。

企图把存在论的方法不加分析地运用到心性论，特别是贯穿到“心”上，在这一点上李栗谷也不例外。他主张：

> 只是一心。其发也，或为理义，或为食色，故随其发

① 《晦庵先生朱文公文集》卷五十八，第2076页。

而异其名……大抵发之者，气也；所以发者，理也。非气则不能发，非理则无所发。[①]

栗谷显然是想把“发 / 所以发”这种存在论的分析套用在心性关系上，于“发 / 所以发”也就是“体 / 用”的模式，而朱子认为在心性论中只能性情为体用，心则统性情。对朱子来说，心之发只能说是知觉，但不能说是气，而栗谷则认为发者为气，则心属“发”、属气，这与朱子自己的思想是不合的。

如果从“已发”来看，朱子反对把“心”归属于气，除了哲学上的理由外，更重要的是价值上的理由。问题很明显，如果知觉之心即是气，或把知觉之心全部归结为气，那么，不仅“道心”也属于气，人的良心和四端都成了气一边事，心之知觉在内容和根源上都变成了与理无关的气心，这等于否认人有道德的理性。所以，“心即理”和“心即气”同样是朱子所反对的，可以说，唯其有人心，故心不即是理，唯其有道心，故心不即是气。

在朱子学的发展中，如果一定要把“理”“气”的观念引入“已发”来分析，那么，应用于已发的知觉之心的“理”“气”观念的意义就要发生变化，而不是存在论意义上的理气概念了。如在程朱哲学中道心亦称为天理，在此意义上，“知觉从义理上去”亦可称为理。人的“习”与“欲”亦可称为气。但在这种说法中，理指理性，气指感性欲望，已经与黄宗羲、钱穆、牟宗三所说的理、气概念不相同，与我们开始提出的问题不相同，

① 李珥：《栗谷诗文集》，华东师范大学出版社，2017 年，第 354—355 页。

在这里也就不必讨论了。

最后，再强调一遍，在全部《文集》《语类》中，没有一条材料断言心即是气，这清楚表明朱子思想中并没有以心为气的看法。

原载《国学研究》第四卷，
北京大学出版社，1996 年

第六章　朱子《论语集注》的儒学思想

朱子是宋代儒学的集大成者，朱子的儒学思想是宋代儒学发展的高峰。从儒学史的角度来看，朱子对儒学发展所作的一个最重要的贡献，就是他花费了毕生的时间致力完成并不断加以修改《四书章句集注》的撰著。朱子对“四书”所作的研究，集中地体现在他对“四书”的集结、章句、注释、解说，事实上，他一生的学术精力，大部分都投入在对于“四书”的研究之上，死而后已。①

朱子的“四书”研究是理学化的“四书”体系的集中代表。朱子的“四书”研究，是在整理、编辑北宋以来儒家（主要是道学，也包括与道学亲缘接近的其他儒者）对“四书”的解释的基础之上，以二程道学思想为主轴，并经过对

① 有关朱熹的“四书”学及思想，可参看钱穆先生的《朱子新学案》（《朱子新学案》五，九州出版社，2011 年，第 189—242 页）。

北宋以来儒家各家的“四书”解释的全面反思和批判继承，所建立起来的解释体系。由二程在北宋开创的注重“四书”的学术运动，到朱子手中真正定型和兴起，并借助后来朱子学派的努力发扬，使“四书”成为宋元明清儒学思想的新的经典体系。

朱子早年就对北宋和南宋初期儒学关于《论语》《孟子》的解释做过整理和编辑，在他四十多岁时写成了《四书集注》的初稿，此后一直不断修改。朱子在其晚年守漳州的任上把“四书”合刊为一。他对《论语》《孟子》的注释称为集注，对《大学》《中庸》的注释称为章句，所以后来统称《四书章句集注》，简称《四书集注》。在《四书集注》外，他还著有《四书或问》，对其《四书集注》中的义理论点和素材取舍加以说明和发挥。本章以《四书集注》为主，论述朱子儒学思想的特色；本章主要不是从解经学的角度观察《四书集注》，而是力图展示朱子如何通过《四书集注》阐发其儒学思想，当然，朱子在《四书集注》中阐发的儒学思想体现了新儒学的思想特色，即道学话语形态的儒学思想。

在“四书”之中，朱子对于《论语》下工夫最早，整理工作也做得最多。早在青年时代，他就对于北宋以来道学的《论语》解释用力研读，他最早完成的著作也是《论语》的集释。朱子三十四岁编成《论语要义》，四十三岁编成《论语精义》，四十八岁作成《论语集注》及《或问》，此后亦不断讨论修改。

今本《四书集注》首列有《读论语孟子法》，是朱子摘录二程关于读《论语》和《孟子》的语录，也表达了朱子关于阅读

《论语》《孟子》的看法：

> 程子曰："学者当以《论语》《孟子》为本。《论语》《孟子》既治，则六经可不治而明矣。读书者当观圣人所以作经之意，与圣人所以用心，圣人之所以至于圣人，而吾之所以未至者，所以未得者。句句而求之，昼诵而味之，中夜而思之，平其心，易其气，阙其疑，则圣人之意可见矣。"
>
> 程子曰："……若能于《语》《孟》中深求玩味，将来涵养成甚生气质！"
>
> 程子曰："凡看《语》《孟》，且须熟读玩味。须将圣人言语切己，不可只作一场话说。人只看得二书切己，终身尽多也。"[①]

朱子在《四书集注》中也引程子曰："凡看《论语》，非但欲理会文字，须要识得圣贤气象。"[②] 可见，朱子赞同二程的解释主张，首先读书是为了理解，不是为了诠释，理解的要点是经典所表达和蕴含的圣人之心与意，即圣人为什么作经，圣人要达到什么目的。其次是通过经典了解圣人所达到的境界，及常人与圣人境界的差距所在。理解要"思"，而且要"味"，味就是玩味和体会。这种玩味不是浅尝辄止，而是在熟读的基础上深切地玩味，玩味要结合切身的体会。最后，玩味的目的是识得

---

① 《四书章句集注》(以下简称《四书集注》)，中华书局，1983 年，第 44—45 页。

② 同上书，第 83 页。

圣人的气象，涵养自己的气质。在这个意义上，对“四书”的阅读和理解是体验的，是实践的。

一 《论语集注》特点：以道学之说发《论语》义理之精微

《论语集注》与《大学章句》不同，章句极少引用他人的解释，而集注的特色就是精选前人的解释而会聚之，以帮助人们理解《论语》的文义。《论语集注》的叙述特点是：先训读，次解释大意，次引程子及程门谢氏、游氏、杨氏、尹氏等说，其中引程子最多，最后以“愚谓”“愚按”补足之。以下略举几个例子来说明。

> **子曰：“学而时习之，不亦说乎？”**说、悦同。学之为言效也。人性皆善，而觉有先后，后觉者必效先觉之所为，乃可以明善而复其初也。习，鸟数飞也。学之不已，如鸟数飞也。说，喜意也。既学而又时时习之，则所学者熟，而中心喜说，其进自不能已矣。①

与二程不同，朱子以字的音读和字义为基础，不仅继承了汉唐经学注重训诂的长处，也有助于科举时代知识人对于经典音读的统一，更便于初学。所以朱子的集注可以说做到了学术性与

① 《四书集注》，第47页。黑体字为《论语》本文，黑体字后为集注文。下皆仿此，不再注明。

实用性的统一，这也是他的《四书集注》能够被作为教本广为流传的原因之一。

同时也很明显，朱子《论语集注》在训读后的解释大意中，加进了自己的哲学发挥，从性善和复性的角度来讲解“学”的意义。同时也可表达出，性善和复性，一为起点，一为终点，构成了朱子儒学思想的大旨。由此可见，朱子的《论语集注》是义理派的解释学风，在重视训诂音读的同时，力求通过注释阐发他的哲学思想，或者说自觉地用他的哲学思想解释本文。

“君子务本，本立而道生。孝弟也者，其为仁之本与！”

与，平声。务，专力也。本，犹根也。仁者，爱之理，心之德也。为仁，犹曰行仁。与者，疑辞，谦退不敢质言也。言君子凡事专用力于根本，根本既立，则其道自生。若上文所谓孝弟，乃是为仁之本，学者务此，则仁道自此而生也。程子曰：“孝弟，顺德也，故不好犯上，岂复有逆理乱常之事。德有本，本立则其道充大。孝弟行于家，而后仁爱及于物，所谓亲亲而仁民也。故为仁以孝弟为本。论性，则以仁为孝弟之本。”或问：“孝弟为仁之本，此是由孝弟可以至仁否？”曰：“非也。谓行仁自孝弟始，孝弟是仁之一事。谓之行仁之本则可，谓是仁之本则不可。盖仁是性也，孝弟是用也，性中只有个仁、义、礼、智四者而已，曷尝有孝弟来。然仁主于爱，爱莫大于爱亲，故曰孝弟也者，其为仁之本与！”①

① 《四书集注》，第48页。

在这一段的解释大意中，朱子明确把他在《仁说》中确立的思想“仁者，爱之理、心之德”加进《论语》对仁的解释中。仁是心之德性，是爱的感情的根源。仁作为人性，其主要作用表现为爱的感情。而最大的爱是人对于双亲的爱。因此孝悌是仁性的表现。他还引用了程颐的说法，孝悌是“为仁”之本，而不是“仁”之本；区分本性的仁、行仁的实践、作为行仁开始的孝悌。仁的本性是孝悌实践的根源，而孝悌是实践仁的本性的开端。

子曰：“吾十有五而志于学，古者十五而入大学。心之所之谓之志。此所谓学，即大学之道也。志乎此，则念念在此而为之不厌矣。**三十而立，**有以自立，则守之固而无所事志矣。**四十而不惑，**于事物之所当然，皆无所疑，则知之明而无所事守矣。**五十而知天命，**天命，即天道之流行而赋于物者，乃事物所以当然之故也。知此则知极其精，而不惑又不足言矣。**六十而耳顺，**声入心通，无所违逆，知之之至，不思而得也。**七十而从心所欲，不逾矩。**”从，如字。从，随也。矩，法度之器，所以为方者也。随其心之所欲，而自不过于法度，安而行之，不勉而中也。程子曰：“孔子生而知之也，言亦由学而至，所以勉进后人也。立，能自立于斯道也。不惑，则无所疑矣。知天命，穷理尽性也。耳顺，所闻皆通也。从心所欲，不逾矩，则不勉而中矣。”又曰：“孔子自言其进德之序如此者，圣人未必然，但为学者立法，使之

> 盈科而后进，成章而后达耳。”胡氏曰：“圣人之教亦多术，然其要使人不失其本心而已。欲得此心者，惟志乎圣人所示之学，循其序而进焉。至于一疵不存、万理明尽之后，则其日用之间，本心莹然，随所意欲，莫非至理。盖心即体，欲即用，体即道，用即义，声为律而身为度矣。”又曰：“圣人言此，一以示学者当优游涵泳，不可躐等而进；二以示学者当日就月将，不可半途而废也。”愚谓圣人生知安行，固无积累之渐，然其心未尝自谓已至此也。是其日用之间，必有独觉其进而人不及知者。故因其近似以自名，欲学者以是为则而自勉，非心实自圣而姑为是退托也。后凡言谦辞之属，意皆放此。[①]

这一章的注释也是训读、解释大意，然后引程子、胡氏之说，最后以“愚谓”结束。在对大意的解说中都发挥了朱子自己的哲学观点。如对天命的解释是从朱子哲学出发的，天命不是神的命令，而是指天道流行过程中赋予万物的东西，天道流行赋予万物的东西也就是事物所以然之理和所当然之理。所以他引二程的话，说明《论语》讲的“知天命”就是《易传》讲的“穷理尽性”。他引二程和胡氏的解释，都强调孔子的这句话是指出为学的次序，从而为学者立法，要学者不要超越次序，而要循序渐进。

以上通过几个例子说明《论语集注》的叙述特点，以下来看《论语集注》的思想。

---

① 《四书集注》，第54—55页。

二　天，即理也

天理的思想是宋代道学的基本思想，创立于二程，朱子则在他的著作中大力加以发展和运用，《论语集注》也不例外：

> **王孙贾问曰："与其媚于奥，宁媚于灶，何谓也？"**王孙贾，卫大夫。媚，亲顺也。室西南隅为奥。灶者，五祀之一，夏所祭也。凡祭五祀，皆先设主而祭于其所，然后迎尸而祭于奥，略如祭宗庙之仪。如祀灶，则设主于灶陉，祭毕，而更设馔于奥以迎尸也。故时俗之语，因以奥有常尊，而非祭之主；灶虽卑贱，而当时用事。喻自结于君，不如阿附权臣也。贾，卫之权臣，故以此讽孔子。**子曰："不然，获罪于天，无所祷也。"**天，即理也；其尊无对，非奥灶之可比也。逆理，则获罪于天矣，岂媚于奥灶所能祷而免乎？言但当顺理，非特不当媚灶，亦不可媚于奥也。谢氏曰："圣人之言，逊而不迫。使王孙贾而知此意，不为无益；使其不知，亦非所以取祸。"①

"天即理也"，这里明确继承二程的思想，把《论语》中原本带有古代宗教意味的"天"解释为"理"，这正是理学解经思想的基点。这个理是宇宙的普遍法则，所以其尊无对，人只能顺理而动，不可逆理而行。

---

① 《四书集注》，第65页。

> **定公问："君使臣，臣事君，如之何？"孔子对曰："君使臣以礼，臣事君以忠。"**定公，鲁君，名宋。二者皆理之当然，各欲自尽而已。[①]

理在社会人事中是指社会规范的原则，也就是当然之理。这就把《论语》里面的德行论的言说，用"理"学的思想加以概括，把"德"转化为"理"来论述。这也是理学经典诠释的一个重要特点。把德行解释为"自尽"，即各自发挥和实现自己的本性。

> **孔子曰："君子有三畏：畏天命，畏大人，畏圣人之言。"**畏者，严惮之意也。天命者，天所赋之正理也。知其可畏，则其戒谨恐惧，自有不能已者。而付畀之重，可以不失矣。大人圣言，皆天命所当畏。知畏天命，则不得不畏之矣。[②]

天把理赋予人和物，这一施发的过程称为天命。人从天接受了理作为自己的性，要谨慎地、敬畏地保有它，不要把天赋的珍贵的东西失去。

> **子贡曰："夫子之文章，可得而闻也；夫子之言性与天道，不可得而闻也。"**文章，德之见乎外者，威仪文辞皆是

---

① 《四书集注》，第66页。

② 同上书，第172页。

也。性者，人所受之天理；天道者，天理自然之本体，其实一理也。[①]

命是天所赋之天理，性是人所受之天理；命是从施发之赋而言，性是从禀接之受而言。所以，天命和天性是同一过程的两个方面。而天道则是指天理的本来存在和状态。天道流行，发育万物，就天把理赋予人和物来说，叫作天命；就人物接受了天所给予的理作为自己的性来说，叫作性。天道是自然的天理流行，性是禀受在人身上的天理，都是理。通过这些对《论语》的解释，朱子把他的天理论思想都明确表达出来了。

三　道者，事物当然之理

在理学思想体系中，与理有关的另一个概念是道。一般来说，理学是以理解释道。在《论语集注》中：

子曰："君子食无求饱，居无求安，敏于事而慎于言，就有道而正焉，可谓好学也已。"好，去声。不求安饱者，志有在而不暇及也。敏于事者，勉其所不足。慎于言者，不敢尽其所有余也。然犹不敢自是，而必就有道之人，以正其是非，则可谓好学矣。凡言道者，皆谓事物当然之理，人之所共由者也。[②]

① 《四书集注》，第79页。

② 同上书，第52页。

在朱子的解释中，“道”的基本含义是事物当然之理，也就是事物的规范原则，这些规范是社会中人人都必须共同遵守的。当然就是指人伦规范。在这个意义上，这里的道主要是指人道而言。

> **子曰：“志于道，**志者，心之所之之谓。道，则人伦日用之间所当行者是也。如此而心必之焉，则所适者正，而无他歧之惑矣。**据于德，**据者，执守之意。德者，得也，得其道于心而不失之谓也。得之于心而守之不失，则终始惟一，而有日新之功矣。**依于仁，**依者，不违之谓。仁，则私欲尽去而心德之全也。功夫至此而无终食之违，则存养之熟，无适而非天理之流行矣。”[①]

在这里，就明确地指出，所谓“事物当然之理”即是人伦日用所当行者，也就是人在社会生活中的人伦道德规范。另一方面，朱子在这里又把德解释为“心得其道”。按古代以“德者得也”为常训，在朱子哲学中，性是所得之理，德是心得之道；性是所得之理，这在天理论中是清楚的，而德是心得之道，心如何得道，朱子却没有讲清楚。照其天理论来说，心之德应当是性之理所发现，而不是由对道的认识而形成的。

> **子曰：“朝闻道，夕死可矣。”**道者，事物当然之理。苟得闻之，则生顺死安，无复遗恨矣。朝夕，所以甚言其

① 《四书集注》，第 94 页。

时之近。程子曰“言人不可以不知道，苟得闻道，虽死可也。”又曰：“皆实理也，人知而信者为难。死生亦大矣！非诚有所得，岂以夕死为可乎？”[①]

朱子在这里一方面把道解释为事物当然之理，一方面引用二程的话，把人伦之道说成是“实理”，实理既是就理的实在而言，也是指理作为真理而言。这个真理不仅是宇宙的真理，也是人生的真理。

子曰：“参乎！吾道一以贯之。”曾子曰：“唯。”参，所金反。唯，上声。参乎者，呼曾子之名而告之。贯，通也。唯者，应之速而无疑者也。圣人之心，浑然一理，而泛应曲当，用各不同。曾子于其用处，盖已随事精察而力行之，但未知其体之一尔。夫子知其真积力久，将有所得，是以呼而告之。曾子果能默契其指，即应之速而无疑也。**子出。门人问曰：“何谓也？”曾子曰：“夫子之道，忠恕而已矣。”**尽己之谓忠，推己之谓恕。而已矣者，竭尽而无余之辞也。夫子之一理浑然而泛应曲当，譬则天地之至诚无息，而万物各得其所也。自此之外，固无余法，而亦无待于推矣。曾子有见于此而难言之，故借学者尽己、推己之目以着明之，欲人之易晓也。盖至诚无息者，道之体也，万殊之所以一本也；万物各得其所者，道之用也，一本之所以万殊也。以此观之，一以贯之之实可见矣。或曰：“中

① 《四书集注》，第 71 页。

> 心为忠，如心为恕。”于义亦通。程子曰：“以己及物，仁也；推己及物，恕也，违道不远是也。忠恕一以贯之：忠者天道，恕者人道；忠者无妄，恕者所以行乎忠也；忠者体，恕者用，大本达道也。此与违道不远异者，动以天尔。”又曰：“‘维天之命，于穆不已’，忠也；‘乾道变化，各正性命’，恕也。”又曰：“圣人教人各因其才，吾道一以贯之，惟曾子为能达此，孔子所以告之也。曾子告门人曰：‘夫子之道，忠恕而已矣’，亦犹夫子之告曾子也。中庸所谓‘忠恕违道不远’，斯乃下学上达之义。”[①]

在这里朱子用道的体用来发挥《论语》忠恕一贯之道的思想。首先，朱子把圣人的一贯之道从人生最高境界上来加以解说，认为一贯之道是指圣人之心浑然一理，而其应用，各有所当。圣人之心浑然一理，这是“体一”；随时随事，各有所用，这是“用殊”。曾子在道德实践上能随事精察，在应用上已经不错，但还没有达到体一的最高境界，也就是只完成了具体，还没有达到一贯。故孔子欲点化之。其次，朱子指出，这种一贯的人生境界和天地之化是一致的，天地万物也具有这种万殊和一贯的关系。夫子境界的“浑然一理”，相应于天地总体的至诚无息，夫子的“泛应曲当”相应于万物各得其所。天地至诚无息的总体运动，是道之体，万物各得其所，是道之用。道之体是万物统一性的本源和根据，即一本；道之用是统一性的个别的、具体的表现，是万殊。这就用理学的理一分殊的思想对一贯之

① 《四书集注》，第72—73页。

道进行了诠释。朱子特别引用二程的话指出，一贯之道、理一分殊的思想有其在为学工夫上的意义，一贯不能离开分殊，分殊需要上升到一贯，下学才能上达。

> **子在川上，曰："逝者如斯夫！不舍昼夜。"**夫，音扶。舍，上声。天地之化，往者过，来者续，无一息之停，乃道体之本然也。然其可指而易见者，莫如川流。故于此发以示人，欲学者时时省察，而无毫发之间断也。程子曰："此道体也。天运而不已，日往则月来，寒往则暑来，水流而不息，物生而不穷，皆与道为体，运乎昼夜，未尝已也。是以君子法之，自强不息。及其至也，纯亦不已焉。"又曰："自汉以来，儒者皆不识此义。此见圣人之心，纯亦不已也。纯亦不已，乃天德也。有天德，便可语王道，其要只在谨独。"愚按：自此至篇终，皆勉人进学不已之辞。①

为了解释孔子川上之叹，朱子发挥了二程"道体"的观念来作说明，在二程，认为"逝"是指道体运行不已而言，天地万物的运动变化"皆与道为体"，即万物的运动变化都是道的载体。朱子进一步认为，生生不息、流行不已的天地变化过程，就是本然的道体，意即自然变化就是道的真实的、本来的实体，道并不是抽象的实体。当然朱子这里所强调的还不是道的实体，而是强调道体的流行不息，他在"愚按"中，明确指出人应当学习道体的不停息的运动，进德不息、进学不已。

① 《四书集注》，第113页。

道虽然重要，但人的努力，人发扬道的努力，更为重要：

> **子曰："人能弘道，非道弘人。"** 弘，廓而大之也。人外无道，道外无人。然人心有觉，而道体无为；故人能大其道，道不能大其人也。张子曰："心能尽性，人能弘道也；性不知检其心，非道弘人也。"①

朱子以人心有觉、道体无为来说明孔子的话，强调人心有意识，有能动性，而道体没有意识，没有能动性；所以人可以能动地发扬道，但道无法帮助提升人的境界。所以，人的精神境界的提高，必须依靠自己的努力，依靠自己主体的能动性的发挥。

四　仁者，心之全德

> **子曰："若圣与仁，则吾岂敢？抑为之不厌，诲人不倦，则可谓云尔已矣。"公西华曰："正唯弟子不能学也。"** 此亦夫子之谦辞也。圣者，大而化之。仁，则心德之全而人道之备也。②

最高的仁是全部德性的代表，也是完备的人道的标志，所以对这样的仁，连孔子也称"吾岂敢"。

---

① 《四书集注》，第167页。

② 同上书，第101页。

颜渊问仁。子曰："克己复礼为仁。一日克己复礼，天下归仁焉。为仁由己，而由人乎哉？"仁者，本心之全德。克，胜也。己，谓身之私欲也。复，反也。礼者，天理之节文也。为仁者，所以全其心之德也。盖心之全德，莫非天理，而亦不能不坏于人欲。故为仁者必有以胜私欲而复于礼，则事皆天理，而本心之德复全于我矣。归，犹与也。又言一日克己复礼，则天下之人皆与其仁，极言其效之甚速而至大也。又言为仁由己而非他人所能预，又见其机之在我而无难也。日日克之，不以为难，则私欲净尽，天理流行，而仁不可胜用矣。程子曰："非礼处便是私意。既是私意，如何得仁？须是克尽己私，皆归于礼，方始是仁。"又曰："克己复礼，则事事皆仁，故曰天下归仁。"谢氏曰："克己须从性偏难克处克将去。"**颜渊曰："请问其目。"子曰："非礼勿视，非礼勿听，非礼勿言，非礼勿动。"颜渊曰："回虽不敏，请事斯语矣。"**目，条件也。颜渊闻夫子之言，则于天理人欲之际，已判然矣，故不复有所疑问，而直请其条目也。非礼者，己之私也。勿者，禁止之辞。是人心之所以为主，而胜私复礼之机也。私胜，则动容周旋无不中礼，而日用之间，莫非天理之流行矣。事，如事事之事。请事斯语，颜子默识其理，又自知其力有以胜之，故直以为己任而不疑也。程子曰："颜渊问克己复礼之目，子曰，'非礼勿视，非礼勿听，非礼勿言，非礼勿动'，四者身之用也。由乎中而应乎外，制于外所以养其中也。颜渊事斯语，所以进于圣人。后之学圣人者，宜服膺而勿失也，因箴以自警。其视箴曰：'心兮本虚，应物无迹。操之有要，视为之则。蔽交于前，其中则迁。制之于外，以安其内。克己复礼，久而诚矣。'其听箴曰：'人有秉彝，本乎天性。知诱物化，遂亡其正。卓彼先觉，知止有定。闲邪存诚，非礼勿听。'其言箴曰：'人心之动，因言以宣。发禁躁妄，内斯静专。矧是枢机，兴戎出好，吉凶荣辱，惟其所召。伤易则诞，伤烦则支，己肆物忤，出悖来违。非法不道，钦哉训辞！'其动箴曰：'哲人知几，诚之于思；志士励行，守之于为。顺理则裕，从欲惟危；造次克念，战兢自持。习与性成，圣贤同归。'"愚按：此章问答，乃传授心法切要之言。非至明不能察其几，非至健不能致其决。故惟颜子得闻之，而凡学者亦不可以不勉也。程子之箴，发明亲切，学者尤宜深玩。[①]

朱子在《论语》开始的地方已经申明："仁者，爱之理，心之德也。"这里他又作了定义式的解释："仁者，本心之全德。"这就说明，在他看来，仁不仅是心之德，而且是心之全德。即，狭义的仁和义、礼、智一样只是心之一德，而广义的仁则代表心的全部德性，包含了义、礼、智，是道德境界的全体。心之全德的仁也就是天理。这是朱子对仁学思想的发展。

关于"克己复礼"，朱子以礼为体现天理的具体规则。朱子对克己复礼的解释是，战胜了私欲以复归于天理。这就是说，人人本来皆有心之全德，心中本来都是天理，但易被私欲所破

① 《四书集注》，第131—132页。

坏，只有通过“为仁”的实践工夫，也就是在事事物物的实践中战胜私欲，才能恢复心之全德，复归于天理。而恢复了心之全德、复归于天理，就是仁。朱子把这样达到的仁的境界表达为“私欲净尽，天理流行，而仁不可胜用矣”。这在后来理学史上影响很大。所谓“天理流行”，就人道来说，是说天理不受阻碍地充满人的内心，全面支配人的行为。

关于克己复礼之目，朱子把非礼解释为心中的私欲，可见朱子始终把“天理—人欲”的对立作为儒家道德思想的基础，也作为《论语》解释的基本分析框架。他认为这一章的主旨是，克服了私欲，人在行为举止上就能符合礼则，天理就能处处主宰人的日常生活。朱子高度重视此章，强调此章孔子所说是“传授心法切要”；他还详细引述了二程对此章的解释，特别是程颐的四箴，认为程颐的思想正确解决了内外工夫的关系，即内心的存养和行为的端正是互相作用、相辅相成的，缺一不可。

朱子又指出：

> **“克、伐、怨、欲不行焉，可以为仁矣**?”此亦原宪以其所能而问也。克，好胜。伐，自矜。怨，忿恨。欲，贪欲。**子曰：“可以为难矣，仁则吾不知也。**”有是四者而能制之，使不得行，可谓难矣。仁则天理浑然，自无四者之累，不行不足以言之也。程子曰：“人而无克、伐、怨、欲，惟仁者能之。有之而能制其情使不行，斯亦难能也。谓之仁则未也。此圣人开示之深，惜乎宪之不能再问也。”或曰：“四者不行，固不得为仁矣。然亦岂非所谓克己之事，求仁之方

乎?”曰:“克去己私以复乎礼,则私欲不留,而天理之本然者得矣。若但制而不行,则是未有拔去病根之意,而容其潜藏隐伏于胸中也。岂克己求仁之谓哉?学者察于二者之间,则其所以求仁之功,益亲切而无渗漏矣。”①

在朱子看来,克己复礼为仁,并不是指在某些方面克制自己、强制自己,而是彻底去除了私欲,使得心中充满天理。仅仅克制自己不去做某些表现,虽然是难得的道德境界,但还不是仁的境界。仁的境界是更高的境界,更高的道德觉悟,仁是天理浑然、自然没有私欲的状态,这就把朱子对克己复礼的理解更全面地表达出来了。

夫仁者,己欲立而立人,己欲达而达人。夫,音扶。以己及人,仁者之心也。于此观之,可以见天理之周流而无间矣。状仁之体,莫切于此。**能近取譬,可谓仁之方也已**。譬,喻也。方,术也。近取诸身,以己所欲譬之他人,知其所欲亦犹是也。然后推其所欲以及于人,则恕之事而仁之术也。于此勉焉,则有以胜其人欲之私,而全其天理之公矣。程子曰:“医书以手足痿痹为不仁,此言最善名状。仁者以天地万物为一体,莫非己也。认得为己,何所不至;若不属己,自与己不相干。如手足之不仁,气已不贯,皆不属己。故博施济众,乃圣人之功用。仁至难言,故止曰:‘己欲立而立人,己欲达而达人,能近取譬,可谓

① 《四书集注》,第149页。

仁之方也已。’欲令如是观仁，可以得仁之体。”①

天理周流无间，即天理流行充满，所以朱子所谓“天理流行”，一是强调充满，一是强调无间。充满是强调空间的普遍性，无间断是强调时间的普遍性，所以天理流行，就天道来说，就是强调天理的时间和空间的普遍性。

五　乐：天理流行，胸次悠然

子曰：“贤哉，回也！一箪食，一瓢饮，在陋巷。人不堪其忧，回也不改其乐。贤哉，回也！”食，音嗣。乐，音洛。箪，竹器。食，饭也。瓢，瓠也。颜子之贫如此，而处之泰然，不以害其乐，故夫子再言“贤哉回也”以深叹美之。程子曰：“颜子之乐，非乐箪瓢陋巷也，不以贫窭累其心而改其所乐也，故夫子称其贤。”又曰：“箪瓢陋巷非可乐，盖自有其乐尔。其字当玩味，自有深意。”又曰“昔受学于周茂叔，每令寻仲尼颜子乐处，所乐何事？”愚按：程子之言，引而不发，盖欲学者深思而自得之。今亦不敢妄为之说。学者但当从事于博文约礼之诲，以至于欲罢不能而竭其才，则庶乎有以得之矣。②

北宋理学已提出孔颜乐处的精神境界，这是宋代儒学发展的重

① 《四书集注》，第92页。

② 同上书，第87页。

要方向，朱子在注释中列引了二程关于颜子之乐的论述，把道学对这一问题的关注带入《论语》的解释，开辟了《论语》解释的新视野。不过，朱子在这里虽然引述了二程的思想，但也以“愚按”强调了他自己的立场，即不能悬空去追求乐，必须从博文的学习和约礼的工夫下手。

> **子贡曰：“贫而无谄，富而无骄，何如？”子曰：“可也。未若贫而乐，富而好礼者也。”**乐，音洛。好，去声。谄，卑屈也。骄，矜肆也。常人溺于贫富之中，而不知所以自守，故必有二者之病。无谄无骄，则知自守矣，而未能超乎贫富之外也。凡曰可者，仅可而有所未尽之辞也。乐则心广体胖而忘其贫，好礼则安处善，乐循理，亦不自知其富矣。①

“心广体胖”是“乐”的效应和结果，但乐不是空空洞洞的乐，乐应当是“乐循理”，乐于遵循理的原则规范，朱子这个讲法意在防止把乐和道德意识分开。说明朱子对于乐始终是用理来加以补充的。

> **子曰：“知者乐水，仁者乐山；知者动，仁者静；知者乐，仁者寿。”**知，去声。乐，上二字并五教反，下一字音洛。乐，喜好也。知者达于事理而周流无滞，有似于水，故乐水；仁者安于义理而厚重不迁，有似于山，故乐山。

① 《四书集注》，第52页。

> 动静以体言，乐寿以效言也。动而不括故乐，静而有常故寿。程子曰："非体仁知之深者，不能如此形容之。"①

这也是说知和乐都与理有关，知不是离开理的知，乐也不是离开理的乐。智者通达于事物的道理而变通无滞，所以常乐。仁者心境稳定，安于道德当然之理，所以沉静。可见朱子处处都用"理"的话语来解释古典文本。

> **子曰："饭疏食饮水，曲肱而枕之，乐亦在其中矣。不义而富且贵，于我如浮云。"** 饭，符晚反。食，音嗣。枕，去声。乐，音洛。饭，食之也。疏食，粗饭也。圣人之心，浑然天理，虽处困极，而乐亦无不在焉。其视不义之富贵，如浮云之无有，漠然无所动于其中也。程子曰："非乐疏食饮水也，虽疏食饮水，不能改其乐也。不义之富贵，视之轻如浮云然。"又曰："须知所乐者何事。"②

"饭疏食饮水，曲肱而枕之，乐亦在其中矣"，这并不是因为穷困的生活本身值得可乐，而是说穷困的生活不能妨碍、改变圣人精神上的满足。朱子强调，圣人的精神境界，是天理浑然的境界，有了这种境界，身处何种环境，都能始终保持精神的自足和快乐。心中浑然天理，是一种道德境界，道德境界给人带来的精神的快乐不依赖于物质的生活条件。

---

① 《四书集注》，第 90 页。

② 同上书，第 97 页。

最后来看朱子对“曾点之学”的解说：

“点！尔何如？”鼓瑟希，铿尔，舍瑟而作。对曰：“异乎三子者之撰。”子曰：“何伤乎？亦各言其志也。”曰：“莫春者，春服既成。冠者五六人，童子六七人，浴乎沂，风乎舞雩，咏而归。”夫子喟然叹曰：“吾与点也！”铿，苦耕反。舍，上声。撰，士免反。莫、冠，并去声。沂，鱼依反。雩音于。四子侍坐，以齿为序，则点当次对。以方鼓瑟，故孔子先问求、赤而后及点也。希，间歇也。作，起也。撰，具也。春服，单袷之衣。浴，盥濯也，今上巳祓除是也。沂，水名，在鲁城南，地志以为有温泉焉，理或然也。风，乘凉也。舞雩，祭天祷雨之处，有坛墠树木也。咏，歌也。曾点之学，盖有以见夫人欲尽处，天理流行，随处充满，无少欠阙。故其动静之际，从容如此。而其言志，则又不过即其所居之位，乐其日用之常，初无舍己为人之意。而其胸次悠然，直与天地万物上下同流，各得其所之妙，隐然自见于言外。视三子之规规于事为之末者，其气象不侔矣，故夫子叹息而深许之。而门人记其本末独加详焉，盖亦有以识此矣……程子曰：“古之学者，优柔厌饫，有先后之序。如子路、冉有、公西赤言志如此，夫子许之。亦以此自是实事。后之学者好高，如人游心千里之外，然自身却只在此。”又曰：“孔子与点，盖与圣人之志同，便是尧、舜气象也。诚异三子者之撰，特行有不掩焉耳，此所谓狂也。子路等所见者小，子路只为不达为

> 国以礼道理，是以哂之。若达，却便是这气象也。”又曰：“三子皆欲得国而治之，故夫子不取。曾点，狂者也，未必能为圣人之事，而能知夫子之志。故曰浴乎沂，风乎舞雩，咏而归，言乐而得其所也。孔子之志，在于老者安之，朋友信之，少者怀之，使万物莫不遂其性。曾点知之，故孔子喟然叹曰：‘吾与点也。’”又曰：“曾点、漆雕开，已见大意。”①

道学特别重视《论语》中孔子与点之乐的一章，以“曾点气象”或“狂者气象”或“曾点之乐”来解释此章，把曾点的表现归结为一种“乐”，并认为这是一种狂者之乐。与子路等人局限在具体事物不同，曾点之乐更为超脱。朱子的解释强调伊川的观点，认为子路等的志向是实事，但学习曾点学不好可能好高骛远；因此，孔子的“吾与点”，是主张乐得其所，得其所就是老者安之，朋友信之，少者怀之，使万物各得其性。所以这样的乐并没有脱离事事物物，没有脱离人伦日用。从这个角度出发，朱子的注释中，把曾点之乐解释为两方面：一方面是“有以见夫人欲尽处，天理流行，随处充满，无少欠阙”，这是指内在的一面，即内心人欲尽去，天理处处充满，于是胸次悠然，达到与天地上下同流的精神境界；另一方面是“其动静之际，从容如此”，这是指其外在行为从容自然，即其所居之位，乐其日用之常，尽其在人伦的义务，奉行其道德责任。总之，谈到精神境界，朱子总是不离天理人欲的问题，注意避免离开存理去欲

① 《四书集注》，第130—131页。

而追求高旷的精神境界。

六　人性皆善

子曰："有教无类。"人性皆善，而其类有善恶之殊者，气习之染也。故君子有教，则人皆可以复于善，而不当复论其类之恶矣。①

气习指气质和习惯。朱子肯定人性皆善，但承认人有善恶之分，他认为人的有善有恶，并不是因为他们的性不同，而是因为他们的气习之染造成的。教育的意义就在于使人人都可以恢复其善的本性，成为善的人。

子曰："性相近也，习相远也。"此所谓性，兼气质而言者也。气质之性，固有美恶之不同矣。然以其初而言，则皆不甚相远也。但习于善则善，习于恶则恶，于是始相远耳。程子曰："此言气质之性。非言性之本也。若言其本，则性即是理，理无不善，孟子之言性善是也。何相近之有哉？"②

朱子在这里说得更为明白，气质和习惯对人的善恶影响很大。同时他接受了二程的思想，认为人有性理之性，又有气质之性，

---

① 《四书集注》，第168页。

② 同上书，第175—176页。

性理之性无不善，气质之性有善有不善。从这个角度解释，孔子说的性相近只是说气质之性，不是指性理之性。顺着《论语》本文来看，习对人的善恶的养成影响更大。其实，从朱子自己的立场说，他认为气质的影响及其带来的对私欲的追求之效力，要比习惯习俗更大。这也说明，朱子虽然用他的哲学来解释《论语》，但并没有把他自己的结论强加给《论语》。

七　心：公私理欲之间

> **子曰："道之以政，齐之以刑，民免而无耻；**道，音导，下同。道，犹引导，谓先之也。政，谓法制禁令也。齐，所以一之也。道之而不从者，有刑以一之也。免而无耻，谓苟免刑罚，而无所羞愧，盖虽不敢为恶，而为恶之心未尝忘也。**道之以德，齐之以礼，有耻且格。"**礼，谓制度品节也。格，至也。言躬行以率之，则民固有所观感而兴起矣，而其浅深厚薄之不一者，又有礼以一之，则民耻于不善，而又有以至于善也。一说，格，正也。书曰："格其非心。"愚谓政者，为治之具。刑者，辅治之法。德礼则所以出治之本，而德又礼之本也。此其相为终始，虽不可以偏废，然政刑能使民远罪而已，德礼之效，则有以使民日迁善而不自知。故治民者不可徒恃其末，又当深探其本也。①

朱子发挥孔子的思想而提出，以政令刑罚治民，人虽然不敢为

① 《四书集注》，第54页。

恶，但为恶的心并没有改变。“有耻且格”的格字，朱子训为“至”，即至于、达到的意思。朱子特别强调，治理国家以德礼为本，德与礼二者不可偏废，应互相配合；而德与礼之间，德为礼之本。这比在礼乐文化中生长起来的古典儒家对礼的高度重视，更强调德治的立场。朱子也指出，格有另一意义，即纠正，他举出《尚书》中“格其非心”的说法，一方面作为“格者正也”的例子，一方面也提示出在他看来，心有正有不正。

> **子曰：“里仁为美。择不处仁，焉得知？”**处，上声。焉，于虔反。知，去声。里有仁厚之俗为美。择里而不居于是焉，则失其是非之本心，而不得为知矣。①

心有正有不正，不正的心失其是非之本心。这就是说，人的本心都是正的，但若失其本心，则心就成为不正的心了。失其是非之本心，这个说法是来自孟子。

> **子曰：“不仁者不可以久处约，不可以长处乐。仁者安仁，知者利仁。”**乐，音洛。知，去声。约，穷困也。利，犹贪也，盖深知笃好而必欲得之也。不仁之人，失其本心，久约必滥，久乐必淫。惟仁者则安其仁而无适不然，知者则利于仁而不易所守，盖虽深浅之不同，然皆非外物所能夺矣。②

① 《四书集注》，第69页。
② 同上。

朱子并没有排斥孟子的本心思想，相反他在《论语集注》中不止一次引用孟子失其本心之说，在这里他指出，不仁的人，就是失其本心的人，这也就是说，不失其本心，就成为仁者仁人了。这也就是说，仁是有其内在的基础的。

> **子曰："唯仁者能好人，能恶人。"**好、恶，皆去声。唯之为言独也。盖无私心，然后好恶当于理，程子所谓"得其公正"是也。游氏曰："好善而恶恶，天下之同情，然人每失其正者，心有所系而不能自克也。惟仁者无私心，所以能好恶也。"①

理学心法的要旨是辨别公私理欲。仁者的心，其特点是公而无私，无私心即无私欲，一个人若无私欲，其好恶之心、好恶之情，就能合于理义，合于理义就是"公""正"。

> **子曰："君子怀德，小人怀土；君子怀刑，小人怀惠。"**怀，思念也。怀德，谓存其固有之善。怀土，谓溺其所处之安。怀刑，谓畏法。怀惠，谓贪利。君子小人趣向不同，公私之间而已。②

君子与小人的分别在于心，君子之心常公，小人之心常私，君子之心关注道德进步，小人之心关注利益所得。君子心中念念不忘的，与小人念念不忘的，是全然不同的。这种不同，最根

---

① 《四书集注》，第 69 页。

② 同上书，第 71 页。

本的是公与私的不同。

> **子曰：“君子周而不比，小人比而不周。”**周，普遍也。比，偏党也。皆与人亲厚之意，但周公而比私耳。君子小人所为不同，如阴阳昼夜，每每相反。然究其所以分，则在公私之际，毫厘之差耳。故圣人于周比、和同、骄泰之属，常对举而互言之，欲学者察乎两间，而审其取舍之几也。①

所以，君子小人之分，即在公私之间。公与私在原则上泾渭分明，两相对立，但公私之际，在有些地方，在最初的时候，往往只是毫厘之差。君子要在这些似是而非的地方加以审查、对比，以明白取舍。

> **曰：“求仁而得仁，又何怨。”出，曰：“夫子不为也。”**伯夷、叔齐，孤竹君之二子。其父将死，遗命立叔齐。父卒，叔齐逊伯夷。伯夷曰：“父命也”，遂逃去。叔齐亦不立而逃之，国人立其中子。其后武王伐纣，夷、齐扣马而谏。武王灭商，夷、齐耻食周粟，去隐于首阳山，遂饿而死。怨，犹悔也。君子居是邦，不非其大夫，况其君乎？故子贡不斥卫君，而以夷、齐为问。夫子告之如此，则其不为卫君可知矣。盖伯夷以父命为尊，叔齐以天伦为重。其逊国也，皆求所以合乎天理之正，而即乎人心之安。既

① 《四书集注》，第 57 页。

而各得其志焉，则视弃其国犹敝蹝尔，何怨之有？若卫辄之据国拒父而惟恐失之，其不可同年而语明矣。程子曰："伯夷、叔齐逊国而逃，谏伐而饿，终无怨悔，夫子以为贤，故知其不与辄也。"①

趣向即是志，即是心之所怀。君子的志是求仁得仁，即追求仁，践履仁，行仁而后心安。故君子做事，一皆以人伦当然为重，凡事求合乎天理，求良心之安。所以，这里的人心之安的人心，当然不是情欲之心，而是义理之心，是良心。

子曰："君子喻于义，小人喻于利。"喻，犹晓也。义者，天理之所宜。利者，人情之所欲。程子曰："君子之于义，犹小人之于利也。唯其深喻，是以笃好。"杨氏曰："君子有舍生而取义者，以利言之，则人之所欲无甚于生，所恶无甚于死，孰肯舍生而取义哉？其所喻者义而已，不知利之为利故也，小人反是。"②

孔子时代，用义利之辨表达他对人格的判断。理学的时代，则明确以"理"解释"义"，把"利"解释为"欲"，从而在理学的话语里从义利之辨引出理欲之辨。朱子认为"义"就是天理所规定的当然之则，利是人情欲望所追求的，而一切道德行为都是出于对人情欲望的超越，因此道德的本质就在于对人情欲

① 《四书集注》，第96—97页。

② 同上书，第73页。

望的超越。君子之心与小人之心的不同，也正在以天理当然为终极追求，还是以人情欲望为终极追求。

八　为学：其分虽殊，而理则一

夫子循循然善诱人，博我以文，约我以礼。循循，有次序貌。诱，引进也。博文约礼，教之序也。言夫子道虽高妙，而教人有序也。侯氏曰："博我以文，致知格物也。约我以礼，克己复礼也。"①

理学与以前的经学的一大不同，是把《大学》《中庸》和《论语》《孟子》参比讨论，这里朱子在注释中引用程门弟子侯氏之说，用致知格物解释"博文"，以克己复礼定位"约礼"，就是一个显例。朱子则强调《论语》此章是讲为学次序的，人应当追求道的最高境界，但对道的追求要以博文和约礼为基础，离开了格物的思学和克己的修养，道就变成了高妙的空谈。这里朱子把博文和约礼看作最基本的工夫。

子夏曰："博学而笃志，切问而近思，仁在其中矣。"四者皆学问思辨之事耳，未及乎力行而为仁也。然从事于此，则心不外驰，而所存自熟，故曰仁在其中矣。②

① 《四书集注》，第111页。
② 同上书，第189页。

这里朱子又用《中庸》的讨论参与对《论语》的解释，《论语》此章子夏所发挥的孔子思想，讲博学、笃志、切问、近思四者，朱子认为这四者相当于《中庸》所说的博学、审问、慎思、明辨、笃行五者中的前四者，即学、问、思、辨，而没有涉及行。但朱子认为，子夏所以强调这四者和仁的关系，是因为从事于博学、笃志、切问、近思这四者，就可以使心收敛、聚集在内，而不会外驰，而这就有益于存心，有益于仁的实现。可见，朱子并不主张独立的力行，而重视学、问、思、辨的工夫，认为学、问、思、辨具有存心的功效，故仁的实现就在学、问、思、辨之中。

> **子曰："君子道者三，我无能焉：仁者不忧，知者不惑，勇者不惧。"**知，去声。自责以勉人也。**子贡曰："夫子自道也。"**道，言也。自道，犹云谦辞。尹氏曰："成德以仁为先，进学以知为先。故夫子之言，其序有不同者以此。"①

朱子所引用的尹氏之说，发挥了二程"涵养须用敬，进学则在致知"的思想，并用这样的观点诠释此章。朱子引尹氏语，把孔子此章所说解释为论为学次序，并提出成德以践仁为先，进学以致知为先，实际上表达了一种成德与进学并重的思想。表达出朱子的儒学思想，在成人的理想方面，不是道德的一元论，而是始终重视学、问、思、辨、求知的方面在人格发展中的

① 《四书集注》，第156页。

意义。

子游曰："子夏之门人小子，当洒扫、应对、进退，则可矣。抑末也，本之则无。如之何？" 洒，色卖反。扫，素报反。子游讥子夏弟子，于威仪容节之间则可矣。然此小学之末耳，推其本，如大学正心诚意之事，则无有。**子夏闻之曰："噫！言游过矣！君子之道，孰先传焉？孰后倦焉？譬诸草木，区以别矣。君子之道，焉可诬也？有始有卒者，其惟圣人乎！"** 别，必列反。焉，于虔反。倦，如诲人不倦之倦。区，犹类也。言君子之道，非以其末为先而传之，非以其本为后而倦教。但学者所至，自有浅深，如草木之有大小，其类固有别矣。若不量其浅深，不问其生熟，而概以高且远者强而语之，则是诬之而已。君子之道，岂可如此？若夫始终本末一以贯之，则惟圣人为然，岂可责之门人小子乎？程子曰："君子教人有序，先传以小者近者，而后教以大者远者。非先传以近小，而后不教以远大也。"又曰："洒扫应对，便是形而上者，理无大小故也。故君子只在慎独。"又曰："圣人之道，更无精粗。从洒扫应对，与精义入神贯通只一理。虽洒扫应对，只看所以然如何。"又曰："凡物有本末。不可分本末为两段事。洒扫应对是其然，必有所以然。"又曰："自洒扫应对上，便可到圣人事。"愚按：程子第一条，说此章文意，最为详尽。其后四条，皆以明精粗本末。其分虽殊，而理则一。学者当循序而

> 渐进，不可厌末而求本。盖与第一条之意，实相表里。非谓末即是本，但学其末而本便在此也。[①]

此章也是理学《论语》说的重点，涉及理一分殊的问题。朱子用理一分殊来说明此章的本末之辨，以反驳子游对子夏门人的批评，更由此捍卫从具体事物下手的工夫论。朱子解释子夏的话，认为人的资质不同，应因材施教，不能要求每个人都做到本末通贯，只有圣人才能“始终本末一以贯之”，故不能用这样的最高要求衡量门人小子。在“愚按”中朱子指出，他引用的二程语录，第一条是解释此章的；其他四条原本不是解释此章的，但可用来说明他所理解的此章的义理。他强调，事物虽有本末精粗之分，但都贯穿了理，都体现了理，本末精粗与理的关系是理一分殊的关系，从而反对只重视本精而轻视末粗的观点。同时朱子指出，本末亦有分别，洒扫应对是末，是其“然”，而洒扫应对必有其“所以然”，是本，但必须循序渐进，应当由末以求本，不可厌末而求本。这是朱子重视分殊的方法论的体现。朱子所警惕的是因受到佛老影响而轻视具体事物专求高远境界的做法。

朱子三十四岁编成《论语要义》，其书序云：“（独取二先生）及其门人朋友数家之说，补辑订正，以为一书，目之曰《论语要义》。”[②] 朱子四十三岁编成《论语精义》，其方针与要

---

① 《四书集注》，第 190 页。

② 《论语要义目录序》，载于《晦庵先生朱文公文集》卷七十五，第 2751 页。此处所引文字“独取二先生”数字，据王白田《朱子年谱》补。

义相同，其序中言："间尝搜辑条疏（二程先生说），流以附本章之次……既又取夫学之有同于先生者，若横渠张公、范氏、二吕氏、谢氏、游氏、杨氏、侯氏、尹氏凡九家之说，以附益之，名曰《论孟精义》。"[①]《论语精义》后更名《论语集义》，对九家之说有所补充，又加周氏一家。随着朱子学问成熟，渐渐觉得上面所说几种《论语》集释中所收入的前儒说法有选择未精者，故又作《论语集注》，《论语集注》的特点即在前面几种《论语》书的基础上，"约其精粹妙得本旨者为己集注"（《年谱》语），他自己也说："集注乃集义之精髓。"[②] 至于《论语集注》对《论语精义》的择取的理由，朱子又作《或问》详细加以说明。

如前所说，《论语集注》不忽训诂音读，这是朱子的自觉，早在他三十四岁编成《论语要义》时，曾同时编成《论语训蒙口义》，其序云："**本之《注疏》以通其训诂，参之《释文》以正其音读，然后会之于诸老先生之说以发其精微**。一句之义系之本句之下，一章之指列之本章之左，又以平生所闻于师友而得于心思者，间附见一二条焉。"[③] 这其实也是《论语集注》的基本做法。可知朱子《论语》注释著作的方法是一贯的。所以《语类》中也记载了不少朱子自己的表白："某所集注《论语》，至于训诂皆仔细者，盖要人字字与某着意看。"[④] 他在《论语精义》序中也说道："汉魏诸儒，正音读、通训诂、考制度、辨名

① 《语孟集义序》，载于《晦庵先生朱文公文集》卷七十五，第 2765 页。
② 《朱子语类》卷十九，第 439 页。
③ 《论语训蒙口义序》，载于《晦庵先生朱文公文集》卷七十五，第 2725 页。
④ 《朱子语类》卷十一，第 191 页。

物，其功博矣。学者苟不先涉其流，则亦何以用力于此?”① 这都说明朱子批判地吸取了汉唐经学的有益之处，融入他自己的解经著作。

但朱子虽然兼顾训诂等，仍是以义理解经为主，而他的义理解释既在思想上继承了二程，又与二程在解释方法上有别，他曾说：“程先生经解，理在解语内。某集注《论语》，只是发明其辞，使人玩味经文，理皆在经文内。”② 这是说，二程所阐发的义理是对的，但他们解经时阐发的义理往往脱离经文的本文；而朱子自己也注重义理，但他的《论语集注》在主观上力图使读者切就经文来理解经文的义理，引导读者就经文而理解其义理，是即经求理，不是离经说理。其实，朱子的解经在很多地方也是发挥或加进了经文中没有说明的义理，这从我们在本章所述的朱子以其哲学解释文本的例子可明显看出。这是一切义理派解经学共有的必然趋归。但朱子不忽视训诂音读名物，注重经文自身的脉络，确实使得朱子的“四书”著作能够经受得起汉学的批评，而又同时彰显出义理派的优长。

---

① 《语孟集义序》，载于《晦庵先生朱文公文集》卷七十五，第2766页。

② 《朱子语类》卷十九，第438页。

第七章　朱子《大学章句》的解释特点

本章以《大学》为主，论述朱子儒学思想的特色；但主要不是从解经学的角度观察《四书集注》，而是力图展示朱子是如何通过其《四书集注》阐发其儒学思想的。

一　《大学章句序》：知其性与全其性

在朱子的“四书”著作中，对《大学》的研究和阐发，最具有代表性，也最集中地表达了朱子的儒学思想。让我们先来看《大学章句序》：

> 《大学》之书，古之大学所以教人之法也。盖自天降生民，则既莫不与之以仁义礼智之性矣。然其气质之禀或不能齐，是以不能皆有以知其性之所有而全之也。一有聪明

睿智能尽其性者出于其闲，则天必命之以为亿兆之君师，使之治而教之，以复其性。此伏羲、神农、黄帝、尧、舜，所以继天立极，而司徒之职、典乐之官所由设也。

三代之隆，其法浸备，然后王宫、国都以及闾巷，莫不有学。人生八岁，则自王公以下，至于庶人之子弟，皆入小学，而教之以洒扫、应对、进退之节，礼乐、射御、书数之文；及其十有五年，则自天子之元子、众子，以至公、卿、大夫、元士之适子，与凡民之俊秀，皆入大学，而教之以穷理、正心、修己、治人之道。此又学校之教、大小之节所以分也。

夫以学校之设，其广如此，教之之术，其次第节目之详又如此，而其所以为教，则又皆本之人君躬行心得之余，不待求之民生日用彝伦之外，是以当世之人无不学。其学焉者，无不有以知其性分之所固有，职分之所当为，而各俛焉以尽其力。此古昔盛时所以治隆于上，俗美于下，而非后世之所能及也！

及周之衰，贤圣之君不作，学校之政不修，教化陵夷，风俗颓败，时则有若孔子之圣，而不得君师之位以行其政教，于是独取先王之法，诵而传之以诏后世。若《曲礼》《少仪》《内则》《弟子职》诸篇，固小学之支流余裔，而此篇者，则因小学之成功，以着大学之明法，外有以极其规模之大，而内有以尽其节目之详者也。三千之徒，盖莫不闻其说，而曾氏之传独得其宗，于是作为传义，以发其意。及孟子没而其传泯焉，则其书虽存，而知者鲜矣！

> 自是以来，俗儒记诵词章之习，其功倍于小学而无用；异端虚无寂灭之教，其高过于大学而无实。其他权谋术数，一切以就功名之说，与夫百家众技之流，所以惑世诬民、充塞仁义者，又纷然杂出乎其闲。使其君子不幸而不得闻大道之要，其小人不幸而不得蒙至治之泽，晦盲否塞，反复沉痼，以及五季之衰，而坏乱极矣！
>
> 天运循环，无往不复。宋德隆盛，治教休明。于是河南程氏两夫子出，而有以接乎孟氏之传。实始尊信此篇而表章之，既又为之次其简编，发其归趣，然后古者大学教人之法、圣经贤传之指，粲然复明于世。虽以熹之不敏，亦幸私淑而与有闻焉。顾其为书犹颇放失，是以忘其固陋，采而辑之，闲亦窃附己意，补其阙略，以俟后之君子。极知僭逾，无所逃罪，然于国家化民成俗之意、学者修己治人之方，则未必无小补云。①

《大学章句序》是《大学章句》的要领，也是朱子学的重要文献之一。此文写于朱子六十岁，是在朱子整个思想成熟定型之后，也是在他《大学章句》初稿完成十几年之后，所以这篇文字颇能代表他的主要思想。其中包括：

第一，论大学作为教育制度建立的人性论根据。朱子肯定，人人都具有天所赋予的仁义礼智之性；但并不是人人都能知其性、都能全其性。所谓“知其性而全之”，知其性是指对天赋的道德本性能有自觉的了解，全其性是指能完全地保有自己的本

① 《四书集注》，第1—2页。

性并把它实现出来。为什么人人都有道德本性，却不能知其性、全其性呢？这主要就是“气质之禀”所发生的影响，气质的驳杂使得人往往偏离了自己的本性。由于在圣人以外，大多数人都受到气质不纯的影响，从这里便产生了人的教育的必要性，以改变和去除气质的这种影响。教育在起源上就是气质纯粹的圣人主持教化教育，以使得人人能够恢复其本性，这就是“复其性”。可见，此篇序文一开始就通过“知其性”“全其性”“复其性”这样一些概念，说明了人性的本质内容和现实状态，说明了教育与人性的关系。

在这种人性论里，以“性”和“气”对举，二者都是个体人与生俱来的内在要素，也是影响人的道德自觉和道德实践的主要因素。性是人的本质，而气质则会造成对于本性的蒙蔽、遮蔽。人必须通过修身而去除气质的消极影响，使本性回复到不受蒙蔽和遮蔽的原初状态。这是朱子《大学》解释的基本哲学框架和出发点，其他具体的解释和发挥都是在此基点上展开的。朱子针对大学教育指出，复其性不是仅仅由个人所能决定和完成的，“君师治教”（君之治、师之教）是一般人得以复其性的重要条件。教化、引导和学校的作用是非常重要的。

第二，指出古代学校之教，分为小学和大学两个阶段。八岁入小学，十五岁入大学；小学的教育内容是“教之以洒扫、应对、进退之节，礼乐、射御、书数之文”，大学的教育内容是“教之以穷理、正心、修己、治人之道”；庶人子弟皆入小学，故小学是全民教育；民之俊秀，皆入大学，故大学是精英教育。以此说明大学以小学为基础，大学是小学的发展和提高，小学更多是实践性的教育，大学更多是理论性的教育。西周以来的古代的教育是否的确如朱子所说，自然并不一定，但从这些说法可以看出朱子对于教育的理解。

第三，指出化民正俗的重要性。在序文中朱子明白表达出，不仅学校教育着眼于全民，所谓“当世之人无不学”。而且即使是大学，也并非只与君子精英有关，强调大学之教不仅与“学者修己治人”有关，也与“国家化民成俗”有关；不仅与“治隆于上”有关，也与“俗美于下”有关。因为就教育和学习的内容而言，儒家的学校教育与佛教不同，对士大夫来说是“本之人君躬行心得之余”，对普通民众而言，“不待求之民生日用彝伦之外”。所以，其教育的结果，“其学焉者，无不有以知其性分之所固有，职分之所当为，而各俛焉以尽其力”。学习者经过学习，不会脱离人伦日用，而能够更加理解自己的性分和职分，在其本职位置上尽伦尽职、尽力尽心。每个人都在其社会职位上尽其力，国家自然就得化民成俗之效了。“性分”指个人命定的社会地位和活动限度，“职分”是指对所处社会地位承担的责任和义务，性分的概念本出自郭象，朱子则由此阐明儒家教育具有积极的社会功能，即使人安其性分，尽其职分。

第四，说明《大学》的作者和思想归属。朱子根据二程“大学孔氏之遗书”的说法，认为孔子既非尧舜这样的“君”，也不是司徒乐正这样的“师”，无法施行君师之政教；所以孔子在当时只能把古代小学、大学的先王之法“诵而传之”于后，《大学》一篇就是对于古代大学明法的阐扬。《大学》对古代大学的阐发，无论是从“规模”之大，还是“节目”之详，都已无余蕴。经的部分是孔子所述，传的部分是曾子所作，前者称圣经，后者称贤传。《大学》的思想由孔子传之曾子，再传之孟子；孟子以后，虽然此篇还在，但这个思想便失传了。直到北宋，二程兄弟才开始重视和表彰《大学》，从《大学》本文中接续了孟子后失传的大学思想，而朱子自己则是继承了二程，为了时代的需要，阐明“国家化民成俗之意、学者修己治人之方”，著成了《大学章句》。

二　《大学》经一章的解释：明德与明明德

《大学》开篇的文字为：

> 大学之道，在明明德，在亲民，在止于至善。知止而后有定，定而后能静，静而后能安，安而后能虑，虑而后能得。物有本末，事有终始，知所先后，则近道矣。古之欲明明德于天下者，先治其国；欲治其国者，先齐其家；欲齐其家者，先修其身；欲修其身者，先正其心；欲正其心者，先诚其意；欲诚其意者，先致其知；致知在格物……自天子以至于庶人，壹是皆以修身为本。其本乱而末治者否矣，其所厚者薄，而其所薄者厚，未之有也！[①]

朱子将这一段视为“经”，把“康诰曰克明德”以后直至结束的文字视为解释和发明“经”的“传”。先秦文献有经传体，经是

① 《四书集注》，第3—4页。

阐述本旨的，传是对经的发挥、解说。朱子认为，掌握了经、传的分别，才能理解《大学》的结构。

上面所引的这段，在《大学章句》书中被称为“经一章”，“康诰曰克明德”以后的文字被分为“传一章”到“传十章”。由于此书把原无分章的《大学》本文加以分章排序，所以称之为“章句”。

经是最重要的，故朱子把上引的经一章分成若干句，分别进行了审慎的注释。朱子对经一章的解释可分为两大部分，第一部分是从“大学之道”至“则近道矣”；第二部分是从“古之欲明明德”至“未之有也”。照朱子的了解，每一部分各含两节和一个小结。

先看第一部分：

> **大学之道，在明明德，在亲民，在止于至善**。程子曰：“亲，当作新。”大学者，大人之学也。明，明之也。明德者，人之所得乎天，而虚灵不昧，以具众理而应万事者也。但为气禀所拘，人欲所蔽，则有时而昏；然其本体之明，则有未尝息者。故学者当因其所发而遂明之，以复其初也。新者，革其旧之谓也，言既自明其明德，又当推以及人，使之亦有以去其旧染之污也。止者，必至于是而不迁之意。至善，则事理当然之极也。言明明德、新民，皆当至于至善之地而不迁。盖必其有以尽夫天理之极，而无一毫人欲之私也。此三者，大学之纲领也。[1]

① 《四书集注》，第 3 页。

《大学章句》一开始便提出了对“大学”的著名解释：大学者，大人之学也。这里的大人，其意义是生理的还是道德的，在这里并没有说明。这一点在《大学或问》中得到说明：“或问大学之道，吾子以为大人之学，何也？曰：此对小子之学言之也。”小子之学为小学，可见这里的大人是就年龄而言，大学亦是对小学而言。

然后朱子开宗明义地宣明，《大学》开篇的一句话中提出了大学之道的三个重要观念——明明德、亲民、止于至善，朱子把这三者称为“大学之纲领”，简称三纲领。明明德的“明德”指心，心有三个特点，一是虚灵不昧，二是心具备众理，三是心能应接事物。就人得乎天的本心而言，是光明不昧的，这就是明德。明德的明，既是心知的功能，也是德性的状态。但由于人生而后有气质的偏重，有人欲的蒙蔽，使得本来光明的心变为昏昧的心，本来的光明就被遮蔽了。但虽然被遮蔽了，本来的光明还是存在的，虽然部分被遮蔽了，还是会个别地发显。如同明镜沾染了灰尘，便昏而不明。但明镜虽然沾染了灰尘，它本来的明亮并没有消失，只要擦去灰尘，镜子就能回复其本来的明亮。如果是一块木板，即使把它沾染的灰尘擦去，也不会呈现明亮，因为木板没有“本体之明”。人只要根据在日常生活中发显的光明，加以“明”的工夫，就可以回复到原初的光明。可见明德所指的心，是指本心，明明德就是明其本心。本心也称为心之本体。所谓明明德，具体说，即用明的工夫，去除气质的影响，恢复心之本体的光明。可见，朱子的解释是把明明德解说为复其本心之明，这一把“明明德”加以心性化的诠释，构成了他的整个《大学》解释的基础，也是理学的《大学》诠释的基本特点。

亲民的“亲”，朱子根据二程的意见，参考传文中对“新”的强调，认为当作“新”，即新民。新和明一样，都是动词，朱子以新为除旧之意，就是说，一个经过大学教育的人，不仅要自己明明德，还要新民；新民意味着还要使人民都能够去其本心的染污而明其明德。其具体意义当是指教化民众，和使人民能够去自新自明。

止于至善是指明明德和新民应该达到的目的和境界，“至善，则事理当然之极也”，指出至善是根本的价值原则，由于用“事理当然”解释善，使得朱子得以把“理”和“天理”的观念引入其中，把“天理—人欲”的对比引入对“止于至善”的界定和解释，从而，止于至善就是最充分地实现天理，最完全地去除人欲。

以下解释定、静、安、虑、得：

> **知止而后有定，定而后能静，静而后能安，安而后能虑，虑而后能得**……止者，所当止之地，即至善之所在也。知之，则志有定向。静，谓心不妄动。安，谓所处而安。虑，谓处事精详。得，谓得其所止。①

定、静、安、虑、得都是指心而言，定是心志有定向，静是心无妄动的状态，安是从容安详，虑是思考周密，得是能得其所

① 《四书集注》，第3页。

止。由于知止是接着止于至善讲的，所以这五者应当是止于至善的道德意识所带来的各种心理状态和境界。

> **物有本末，事有终始，知所先后，则近道矣**。明德为本，新民为末。知止为始，能得为终。本始所先，末终所后。此结上文两节之意。①

朱子认为本末、终始这两句，是对前两节的小结，物有本末是指三纲领而言，明德和新民相对，则明明德为根本，新民为枝末。而事有终始是指定静安虑得五者，其中知止是开始，能得是终结。这样，在朱子的解释下，明德在三纲领中更为突出，知止在五者中更被强调。

来看经文的第二部分，先解释八条目：

> **古之欲明明德于天下者，先治其国；欲治其国者，先齐其家；欲齐其家者，先修其身；欲修其身者，先正其心；欲正其心者，先诚其意；欲诚其意者；先致其知；致知在格物**。治，平声，后放此。明明德于天下者，使天下之人皆有以明其明德也。② 心者，身之所主也。诚，实也。意者，心之所发也。实其心之所发，欲其一于善而无自欺也。致，推极也。知，犹识也。推极吾之知识，欲其所知无不尽也。格，至也。物，犹事也。穷至事物之理，欲其极处

① 《四书集注》，第 3 页。

② 按朱子对“明明德于天下”的解释，与对“亲民”的解释相同，似不合理。

> 无不到也。此八者，大学之条目也。**物格而后知至，知至而后意诚，意诚而后心正，心正而后身修，身修而后家齐，家齐而后国治，国治而后天下平**。治，去声，后放此。物格者，物理之极处无不到也。知至者，吾心之所知无不尽也。知既尽，则意可得而实矣，意既实，则心可得而正矣。修身以上，明明德之事也。齐家以下，新民之事也。物格知至，则知所止矣。意诚以下，则皆得所止之序也。[①]

朱子把格物、致知、诚意、正心、修身、齐家、治国、平天下八项，称为“此八者，大学之条目也”，八条目与三纲领相对，成为掌握《大学》重点的方便法门。在朱子的解释中，重点放在格物、致知、诚意、正心四项上，“心者，身之所主也。诚，实也。意者，心之所发也。实其心之所发，欲其一于善而无自欺也。致，推极也。知，犹识也。推极吾之知识，欲其所知无不尽也。格，至也。物，犹事也。穷至事物之理，欲其极处无不到也。”在这四项工夫中，涉及心论的几个基本概念，即心、意、知、物，对此朱子做了明确的解释，心是身之主，意是心之发，知即是识，物即是事。在这四项工夫中，正心的解释比较简单，而诚意、致知、格物的解释更复杂也更重要。格、致、诚涉及传文的发挥，我们将在下文论及传文时一并讨论。

以下解释修身为本：

> **自天子以至于庶人，壹是皆以修身为本**。壹是，一切

---

① 《四书集注》，第 3—4 页。

也。正心以上，皆所以修身也。齐家以下，则举此而措之耳。**其本乱而末治者否矣，其所厚者薄，而其所薄者厚，未之有也！**本，谓身也。所厚，谓家也。此两节结上文两节之意。

右经一章，盖孔子之言，而曾子述之。凡二百五字。**其传十章，则曾子之意而门人记之也。旧本颇有错简，今因程子所定，而更考经文，别为序次如左**。凡千五百四十六字。凡传文，杂引经传，若无统纪，然文理接续，血脉贯通，深浅始终，至为精密。熟读详味，久当见之，今不尽释也。①

“所以修身”是指“格物、致知、诚意、正心”都是修身的内在工夫，“举而措之”是指“齐家、治国、平天下”都是把修身的结果投入社会政治实践的外在过程。内者为本，外者为末，这并不是说外者不重要，而是说就内外的逻辑关系而言，两者间是本末的关系。按照朱子把明德和新民的关系看成“物有本末”的关系的看法，实际上，正心以上和齐家以下这两者的关系，与明德和新民的本末关系是一样的。朱子认为，在八条目中，修身是贯穿前后的中心。这正如止于至善是三纲领的要归一样。

在“经一章”的最后，朱子指出，《大学章句》的处理是：经文为一章，205 字，孔子之言，曾子述之；传文共十章，1546 字，曾子之意，门人记之。《大学章句》中传文的次序参照了二程的意见和经文的结构而有所调整。

---

① 《四书集注》，第 4 页。

三 对格物、致知的解释

如众所周知，朱子对于《大学》的解释，特别注重其格物致知说，以作为朱子儒学思想的基本工夫论。在《经一章》中朱子对格物致知作了明确的训释：

> 致，推极也。知，犹识也。推极吾之知识，欲其所知无不尽也。格，至也。物，犹事也。穷至事物之理，欲其极处无不到也。[①]

朱子以推广训致，以至极训格，以知为识，以物为事，解释既合古训，又简明清晰。朱子认为致知就是把自己的知识推广至极，格物就是彻底穷究事物之理。

朱子在传文的解释中进一步发挥其说：

> **此谓知本**，程子曰："衍文也。"**此谓知之至也**。此句之上别有阙文，此特其结语耳。
>
> 右传之五章，盖释格物、致知之义，而今亡矣。此章旧本通下章，误在经文之下。闲尝窃取程子之意以补之曰："所谓致知在格物者，言欲致吾之知，在即物而穷其理也。盖人心之灵莫不有知，而天下之物莫不有理，惟于理有未穷，故其知有不尽也。是以大学始教，必使学者即凡天下

① 《四书集注》，第 4 页。

之物，莫不因其已知之理而益穷之，以求至乎其极。至于用力之久，而一旦豁然贯通焉，则众物之表里精粗无不到，而吾心之全体大用无不明矣。此谓物格，此谓知之至也。”①

朱子认为，传文的“此谓知本”是衍文，而“此谓知之至也”则是解释致知格物的传文的结尾，因传文大部遗失，故今本只剩下这结尾的一句。为了使得文本和解释完整呈现给读者，朱子便根据二程（主要是伊川）的思想，作一补传。这一《补格物致知传》，在后来儒学史上影响甚大，也引起众多的讨论。

《补传》首先把格物解释为“即物而穷其理”，又把格物作了更全面的界定，即“即凡天下之物，莫不因其已知之理而益穷之，以求至乎其极”。在这个说法里，即物、穷理、至极，成为把握“格物”的三个要素。“即物”强调儒者的工夫不能脱离伦常事物，这就与佛教和受佛教影响的工夫主张区分开来。“穷理”是掌握格物概念的核心，穷理的概念本出自《易传》，用穷理解释格物，就使历来对格物的模糊解释有了确定的哲学内涵，不仅强调了理性研究与学习的意义，也和理学重视“理”的思想结合起来了。

关于致知，补传的思想认为，人心之灵莫不有知识，但一般人不能穷理，所以其知识是不充分的，只有经过格物穷理的反复过程，才能使人的知识扩大至极。格物的最终目的是“众物之表里精粗无不到”，事物的道理无论精粗都穷究透彻了，这

---

① 《四书集注》，第6—7页。

就是经文所说的“物格”。致知的最终境界是“吾心之全体大用无不明”，自己心灵的明德本体和知觉发用皆洞然光明，这就是经文所说的“知至”。

《补传》中涉及格物的过程，这个过程即“用力之久，而一旦豁然贯通焉”。这是说，格物的最终境界不是一天一事就可以达到的，要通过用力之久的工夫，用朱子在别的地方的表达，就是今日格一物，明日格一物，要经过积久的努力。通过长期的格物努力，就会达到“一旦豁然贯通”的境界，这个豁然贯通的境界不是没有内容的神秘体验，而是标志着达到了“众物之表里精粗无不到，而吾心之全体大用无不明”的物格知至的阶段。

四　对诚意的解释

《大学章句》对诚意的解释也占有重要地位，朱子临死之前还在修改诚意章的解释，表明他从未忽视对诚意章的解释。《大学章句》在“经一章”中对诚意的解说是：

> 诚，实也。意者，心之所发也。实其心之所发，欲其一于善而无自欺也。[①]

把诚解释为实，照顾了诚字在训诂上的根据，以此为基础来解释诚意。意就是作为心之活动的意念，诚意就是使意念要实。

① 《四书集注》，第3—4页。

朱子在这里用的“一于善”“无自欺”的解释都与传文本身的提法有关，表明朱子的解释都是与传文本来的解释相照应的。

传文和朱子对传文的解说如下：

> **所谓诚其意者：毋自欺也，如恶恶臭，如好好色，此之谓自谦，故君子必慎其独也！**恶、好上字，皆去声。谦读为慊，苦劫反。诚其意者，自修之首也。毋者，禁止之辞。自欺云者，知为善以去恶，而心之所发有未实也。谦，快也，足也。独者，人所不知而己所独知之地也。言欲自修者知为善以去其恶，则当实用其力，而禁止其自欺。使其恶恶则如恶恶臭，好善则如好好色，皆务决去，而求必得之，以自快足于己，不可徒苟且以殉外而为人也。然其实与不实，盖有他人所不及知而己独知之者，故必谨之于此以审其几焉。**小人闲居为不善，无所不至，见君子而后厌然，掩其不善，而着其善。人之视己，如见其肺肝然，则何益矣。此谓诚于中，形于外，故君子必慎其独也。**闲，音闲。厌，郑氏读为黡。闲居，独处也。厌然，消沮闭藏之貌。此言小人阴为不善，而阳欲掩之，则是非不知善之当为与恶之当去也；但不能实用其力以至此耳。然欲掩其恶而卒不可掩，欲诈为善而卒不可诈，则亦何益之有哉！此君子所以重以为戒，而必谨其独也。**曾子曰：“十目所视，十手所指，其严乎！”**引此以明上文之意。言虽幽独之中，而其善恶之不可掩如此。可畏之甚也。**富润屋，德润身，心广体胖，故君子必诚其意。**胖，步丹反。胖，安舒

> 也。言富则能润屋矣，德则能润身矣，故心无愧怍，则广大宽平，而体常舒泰，德之润身者然也。盖善之实于中而形于外者如此，故又言此以结之。
>
> **右传之六章。释诚意。**经曰："欲诚其意，先致其知。"又曰："知至而后意诚。"盖心体之明有所未尽，则其所发必有不能实用其力，而苟焉以自欺者。然或已明而不谨乎此，则其所明又非己有，而无以为进德之基。故此章之指，必承上章而通考之，然后有以见其用力之始终，其序不可乱而功不可阙如此云。[①]

朱子的注释，对音读、训诂都不忽略，但重在义理。在对诚意的解释中，他努力把传文发挥的"毋自欺"和"实"结合一起，在朱子看来，人皆知当好善恶恶，但见善不能真正像好美色那样从心里去喜好，见恶不能像恶恶臭那样从心里去厌恶，这就是不实，就是自欺了。因此，毋自欺就是"使其恶恶则如恶恶臭，好善则如好好色"，知与行合一，这就是"实"了。所以诚意就是使人的意念所发，与本心之知实实在在的一致，这样人的心才能感到充实满足。另一值得注意的地方是，朱子往往用"实用其力"来进一步表达"实"的含义。

朱子对诚意章的注释，另一重点是"慎独"。朱子对"独"的解释是："独者，人所不知而己所独知之地也。"对"慎独"的解释是："盖有他人所不及知而己独知之者，故必谨之于此以审其几焉。"这一解释是依据后面的传文，因为传文说，小人在

① 《四书集注》，第 7—8 页。

别人看不见的时候，无所不为，看到君子，则掩饰自己的内心，作出君子能接受的行为。君子则不论别人看见看不见，都能端正自己的行为，尤其在他人看不见的场合，更警惕自己内心的活动不要超出道德之外。因此，独就是独处之时，此时人的内心，他人所不得而知，而仅有自己明白。慎就是特别注意在独处时谨慎地把握内心的活动。内心的活动属于意，所以慎独放在诚意章中来加以强调。在这个意义上，慎独是诚意工夫的一种形式。

朱子最后强调，照经一章表达的次序，“知至而后意诚”，因此诚意必须以致知（致知在朱子这里统指格物致知）为前提。脱离格物致知的单独的诚意，是不正确的。不以格物致知为基础和前提去诚意，在为学次序上是不正确的。先格物致知，而后诚意，这个次序是不可乱的。这应当是针对佛教的影响和陆学的偏向而发的。

五　总论《大学》诠释

朱子在《大学章句》之外，又作《大学或问》，以详细说明《大学章句》立言命意的理由。在《大学或问》中，朱子有一段较长的文字，以“明德”的讨论为中心，围绕着三纲领，表达了他在《大学》诠释总体上的哲学和思想：

> 曰：天道流行，发育万物，其所以为造化者，阴阳五行而已。而所谓阴阳五行者，又必有是理而后有是气。及

其生物，则又必因是气之聚而后有是形。故人物之生必得是理，然后有以为健顺仁义礼智之性；必得是气，然后有以为魂魄五脏百骸之身。周子所谓“无极之真，二五之精，妙合而凝”者，正谓是也。

然以其理而言之，则万物一原，固无人物贵贱之殊；以其气而言之，则得其正且通者为人，得其偏且塞者为物，是以或贵或贱而不能齐也。彼贱而为物者，既梏于形气之偏塞，而无以充其本体之全矣。唯人之生乃得其气之正且通者，而其性为最贵，故其方寸之间，虚灵洞彻，万理咸备，盖其所以异于禽兽者正在于此，而其所以可为尧舜而能参天地以赞化育者，亦不外焉，是则所谓明德者也。

然其通也或不能无清浊之异。其正也或不能无美恶之殊，故其所赋之质，清者智而浊者愚，美者贤而恶者不肖，又有不能同者。必其上智大贤之资乃能全其本体，而无少不明，其有不及乎此，则其所谓明德者已不能无蔽而失其全矣。况乎又以气质有蔽之心，接乎事物无穷之变，则其目之欲色，耳之欲声，口之欲味，鼻之欲臭，四肢之欲安佚，所以害乎其德者，又岂可胜言也哉！二者相因，反覆深固。是以此德之明，日益昏昧，而此心之灵，其所知者不过情欲利害之私而已。是则虽曰有人之形，而实何以远于禽兽，虽曰可以为尧舜而参天地，而亦不能有以自充矣。然而本明之体，得之于天，终有不可得而昧者，是以虽其昏蔽之极，而介然之顷一有觉焉，则即此空隙之中，而其本体已洞然矣。

是以圣人施教，既已养之于小学之中，而后开之以大学之道。其必先之以格物致知之说者，所以使之即其所养之中，而因其所发，以启其明之之端也；继之以诚意、正心、修身之目者，则又所以使之因其已明之端，而反之于身，以致其明之之实也。夫既有以启其明之之端，而又有以致其明之之实，则吾之所得于天而未尝不明者，岂不超然无有气质物欲之累，而复得其本体之全哉！是则所谓明明德者，而非有所作为于性分之外也。

然其所谓明德者，又人人之所同得，而非有我之得私也。向也俱为物欲之所蔽，则其贤愚之分，固无以大相远者。今吾既幸有以自明矣，则视彼众人之同得乎此而不能自明者，方且甘心迷惑没溺于卑污苟贱之中而不自知也，岂不为之恻然而思有以救之哉！故必推吾之所自明者以及之，始于齐家，中于治国，而终及于平天下，使彼有是明德而不能自明者，亦皆有以自明，而去其旧染之污焉，是则所谓新民者，而亦非有所付畀增益之也。

然德之在己而当明，与其在民而当新者，则又皆非人力之所为，而吾之所以明而新之者，又非可以私意苟且而为也。是其所以得之于天而见于日用之间者，固已莫不各有本然一定之则。程子所谓“以其义理精微之极，有不可得而名”者，故姑以至善目之。而传所谓君之仁、臣之敬、子之孝、父之慈、与人交之信，乃其目之大者也。众人之心，固莫不有是，而或不能知，学者虽或知之，而亦鲜能必至于是而不去，此为大学之教者，所以虑其理虽粗复而有不纯，己虽粗克而有不尽，且将无以尽夫修己治人之道，故必指是而言，以为明德、新民之标的也。欲明德而新民者，诚能求必至是而不容其少有过不及之差焉，则其所以去人欲而复天理者，无毫发之遗恨矣。

大抵《大学》一篇之指，总而言之，不出乎八事，而八事之要，总而言之，又不出乎此三者，此愚所以断然以为《大学》之纲领而无疑也。然自《孟子》没而道学不得其传，世之君子，各以其意之所便者为学。于是乃有不务明其明德，而徒以政教法度为足以新民者；又有爱身独善，自谓足以明其明德，而不屑乎新民者；又有略知二者之当务，顾乃安于小成，狃于近利，而不求止于至善之所在者。是皆不考乎此篇之过，其能成己成物而不谬者鲜矣。①

第一，朱子说明了造化的本源和材料。这里“所以为造化者”指自然造化赖以进行的材料、质料，即阴阳五行。但阴阳五行并不是宇宙的本源，理才是本源，所以说有理而后才有阴阳五行之气。

第二，说明人和物的产生。造化以阴阳五行之气聚集为人和物的形体。一切人和物的生成都来自理气两方的要素，人和物在生成的过程中禀受得到理，而成为他的本性，禀受得到气而构成他的身体。在这个说法中，实际上把宇宙和一切存在归于理和气的二元结构。

① 朱熹：《大学或问》，载于《朱子全书》第六册，上海古籍出版社，2001年，第507—509页。

第三，阐明人与物的差别。人和物生成时都从天地间禀受了理，所禀受得到的理没有差别。人和物生成时都从天地间禀受了气，所禀受得到的气却千差万别。大体上说，禀受了正而通的气，便成为人；禀受了偏而塞的气，便成为物，包括动物植物。物所禀受的理本来是全的，但因为物禀受的气是偏塞的，所以物就不能“充其本体之全”，即不能充分体现其本体之全。唯独人禀受的气正而通，故人的心虚灵洞彻，具备众理，这就是明德。

第四，说明人自身的差别。人都禀受了正且通的气，但人与人之间所禀的气又有差异，“其通也或不能无清浊之异。其正也或不能无美恶之殊”。人所禀受的气有清有浊，于是人在生来的气质上就有智愚贤恶的不同。上智大贤如圣贤，能全其本体，不失其明德之明；而其余一般的人，“其所谓明德者已不能无蔽而失其全矣”，一般人的明德都受到气质的遮蔽，使明德在作用上、功用上不能全体朗现。一般人不仅在气质的先天因素上限制了明德，使之无法全体朗现，而且由于用这样受遮蔽的心去接交外物，人欲受不到控制，使得人欲进一步伤害了明德。于是本来光明的明德日益昏昧，心之所知，也只是情欲利害。

第五，指出明明德的可能。人生而禀受的明德不会全部被蒙蔽，总有发显的空隙，所以即使是昏蔽至极的人，其本然的明德也会在一个短暂的时间里，趁着空隙，发出自己的光明。若能由此而自觉，从格物致知入手，加以诚意正心修身，其明德就能超越气质的限制，就能够恢复其全体。从这点来说，格物、致知、诚意、正心都是“明”其明德的具体工夫。

第六，论述了新民的意义。士君子的新民，不是追求居高临下的教训，而是出于对俗民的道德陷溺和迷惑的同情，“为之恻然而思有以救之”。如果一个士君子自己从事于明明德，却看着百姓不能去明明德，而听任之，则必然会如同见死不救一样自责。所以新民是士君子拯救万民于陷溺的责任。

第七，阐明了至善的价值意义。明德、新民都隐含了道德的价值意义，止于至善则将此点拈出，至善不是人可主观随意的选择，也非超越人伦日用，而是“见于日用之间”的“本然一定之则”。至善所指示的价值主要就是儒家推崇的基本人伦的道德价值：“君之仁，臣之敬，子之孝，父之慈，与人交之信。”所以明德不是空洞的本体，天理也不是价值中立的原则，至善是根本性的价值标准。

总的看来，《大学章句》的特点是：以明德—气禀—复其明德为基本结构，以明德为心的本然之体，赋予《大学》一种心性论的诠释，而突出心性的工夫，这种高度心性化的经典诠释为道学的发展提供了经典理解的依据。而在朱子的《大学》解释中，一方面，格物和诚意居于核心的地位；一方面，为学次序的关注成为朱子基本的问题意识。简言之，人的为学，必须遵照《大学》以格物为起点的顺序，一切工夫以存天理、去私欲的道德修养为中心，循序渐进，不能躐等，才能最终明其明德，止于至善，治国而平天下。

第八章　朱子《中庸章句》及其儒学思想

在朱熹的《四书集注》中，《中庸章句》占有一个特殊的地位，这不仅因为他的前期思想的中和说出自《中庸》，并深刻影响了他后来心性论体系的主要结构，而且《中庸》也是他的修身工夫论的基本依据。

一　《中庸章句序》：道统与道学

《中庸章句》的体裁和《大学章句》相同，同时，与《大学章句序》一样，《中庸章句序》也是朱子学的重要文献。由于这篇文字的理解，近年颇受注意，我们需要细加讨论。[①] 以下是序文：

---

① 余英时先生在其近著《朱熹的历史世界》中，对《中庸章句序》的道统、道学观念提出了新的理解，本文则仍以传统理解为基础而讨论之。

《中庸》何为而作也？子思子忧道学之失其传而作也。盖自上古圣神继天立极，而道统之传有自来矣。其见于经，则“允执厥中”者，尧之所以授舜也；“人心惟危，道心惟微，惟精惟一，允执厥中”者，舜之所以授禹也。尧之一言，至矣，尽矣！而舜复益之以三言者，则所以明夫尧之一言，必如是而后可庶几也。

盖尝论之：心之虚灵知觉，一而已矣，而以为有人心、道心之异者，则以其或生于形气之私，或原于性命之正，而所以为知觉者不同，是以或危殆而不安，或微妙而难见耳。然人莫不有是形，故虽上智不能无人心，亦莫不有是性，故虽下愚不能无道心。二者杂于方寸之间，而不知所以治之，则危者愈危，微者愈微，而天理之公卒无以胜夫人欲之私矣。精则察夫二者之间而不杂也，一则守其本心之正而不离也。从事于斯，无少闲断，必使道心常为一身之主，而人心每听命焉，则危者安、微者著，而动静云为自无过不及之差矣。

夫尧、舜、禹，天下之大圣也。以天下相传，天下之大事也。以天下之大圣，行天下之大事，而其授受之际，丁宁告戒，不过如此。则天下之理，岂有以加于此哉？自是以来，圣圣相承：若成汤、文、武之为君，皋陶、伊、傅、周、召之为臣，既皆以此而接夫道统之传，若吾夫子，则虽不得其位，而所以继往圣、开来学，其功反有贤于尧舜者。然当是时，见而知之者，惟颜氏、曾氏之传得其宗。及曾氏之再传，而复得夫子之孙子思，则去圣远而异端起矣。

子思惧夫愈久而愈失其真也，于是推本尧舜以来相传之意，质以平日所闻父师之言，更互演绎，作为此书，以诏后之学者。盖其忧之也深，故其言之也切；其虑之也远，故其说之也详。其曰“天命率性”，则道心之谓也；其曰“择善固执”，则精一之谓也；其曰“君子时中”，则执中之谓也。世之相后，千有余年，而其言之不异，如合符节。历选前圣之书，所以提挈纲维、开示蕴奥，未有若是之明且尽者也。

自是而又再传以得孟氏，为能推明是书，以承先圣之统，及其没而遂失其传焉。则吾道之所寄不越乎言语文字之间，而异端之说日新月盛，以至于老佛之徒出，则弥近理而大乱真矣。然而尚幸此书之不泯，故程夫子兄弟者出，得有所考，以续夫千载不传之绪；得有所据，以斥夫二家似是之非。盖子思之功于是为大，而微程夫子，则亦莫能因其语而得其心也。惜乎！其所以为说者不传，而凡石氏之所辑录，仅出于其门人之所记，是以大义虽明，而微言未析。至其门人所自为说，则虽颇详尽而多所发明，然倍其师说而淫于老佛者，亦有之矣。

熹自蚤岁即尝受读而窃疑之，沉潜反复，盖亦有年，一旦恍然似有以得其要领者，然后乃敢会众说而折其中，既为定著章句一篇，以俟后之君子。而一二同志复取石氏书，删其繁乱，名以辑略，且记所尝论辩取舍之意，别为或问，以附其后。然后此书之旨，支分节解、脉络贯通、详略相因、巨细毕举，而凡诸说之同异得失，亦得以曲畅旁通，而各极其趣。虽于道统之传，不敢妄议，然初学之士，或有取焉，则亦庶乎行远升高之一助云尔。

淳熙己酉春三月戊申，新安朱熹序。①

与《大学章句序》一样，这篇序文也是写于朱子六十岁时，可以代表他晚年成熟的思想。

什么是“道统之传”？道统之传当然是指道统的传承。如果说“道统”和“道学”在概念上有什么区别的话，可以说道统是道的传承谱系，道学是道的传承内容。照朱子在这篇序文所说，道统之传始自尧舜。这是根据《论语·尧曰》篇：“尧曰：‘咨！尔舜！天之历数在尔躬。允执其中。四海困穷，天禄永终。’舜亦以命禹。”②《论语》的这段是追述尧禅让于舜时对舜说的话。照《论语》此段最后一句的说法，舜后来禅让于禹的时候也对禹重复了这些话，但没有具体记述舜说的话。古文《尚书·大禹谟》篇里记述了舜将要禅让给禹时所说的话：“天之历数在汝躬，汝终陟元后。人心惟危，道心惟微，惟精惟一，允执厥中。”③ 因此朱子认为，尧舜禹三代是以“允执其中”的传承而形成道统的。以后，圣圣相传，历经汤、文王、武王、皋陶、伊尹、傅说、周公、召公，传至孔子；孔子“继往圣”，即继承了尧、舜至周、召“圣圣相承”的这个道统；孔子以后，

① 《四书集注》，第14—16页。

② 同上书，第193页。

③ 古文《尚书》虽后出，但其素材亦多为先秦古书散见流传于后，并非魏晋人所伪造。

则有颜子、曾子，再传至子思，子思即是《中庸》的作者。孟子是子思的再传弟子，亦能“承先圣之统”，即承继了此一古圣相传的道统。这就是朱子所肯认的道统早期相传的系谱。而道统相传的内容，就是以“允执其中”为核心的思想，这就是道学。朱子认为《中庸》便是此子思对这一道学思想的发挥和展开。

关于儒学道统的谱系，由唐至宋，已有不少类似的说法，但朱子首次使用“道统”的概念，[①] 而且朱子的重要发明是把“人心惟危，道心惟微，惟精惟一，允执厥中”作为道学的内容。[②] 实际是把“人心惟危，道心惟微”当作古圣相传的道学内容。所以，《中庸章句序》的重心是对道心人心说的阐明。在这种解释下，道统的重点“中”被有意无意地转移为“道心人心”之辨。

朱子认为，心具有虚灵的知觉能力，但为什么人会形成不同的意识和知觉，意识为什么会有道心和人心的差别？朱子认为这是由于不同的知觉其发生的根源不同，“或生于形气之私，或原于性命之正”。人心根源于形气之私，道心根源于性命之正，也就是说人心根源于人所禀受的气所形成的形体，道心发自人所禀受的理所形成的本性。“人心惟危”是说根于身体发出

---

① 陈荣捷先生指出，朱子首次使用道统之名词，而朱子道统观念乃根于新儒家哲学的需要，凡以新儒家道统观念与佛家祖师传灯相似的说法，皆属皮相之见。见其书《朱学论集》，学生书局，1982 年，第 18 页；《新儒学论集》，“中研院”中国文哲所筹备处，1995 年，第 103 页。

② 此处所说的“道学”是朱子《中庸章句序》中所谓“子思子忧道学之失其传”的道学，指古圣相传的心法，与作为理学的同义词的“道学”意义不同。

的人心不稳定而有危险，“道心惟微”是说根于本性发出的道心微妙而难见。人人都有形体、有本性，所以人人都有道心、有人心。按照朱子在其他许多地方所指出的，道心就是道德意识，人心是指人的生命欲望。这一思想可谓从身体的性—气二元分析引申出道心—人心的二元分析。

如果人的心中道心和人心相混杂，得不到治理，那么人欲之私就会压倒天理之公，人心就变得危而又危，道心就更加隐没难见。所以正确的工夫是精细地辨察心中的道心和人心，“必使道心常为一身之主，而人心每听命焉”。也就是，要使道心常常成为主宰，使人心服从道心的统领，这样，人心就不再危险，道心就会发显著明，人的行为就无过无不及而达到“中”。

朱子认为，子思所作的《中庸》，和上面他所阐发的古代道心人心说是一致的，《中庸》里面讲的“天命率性”就是道心，“择善固执”就是精一，“君子时中”就是执中，朱子认为《中庸》所说与尧舜禹相传，若合符节，高度一致。而孟子的思想则继承和发扬了《中庸》的思想，继承了先圣以来相传的道统。在孟子之后，道统中断了，道学没有再传承下去。《大学章句序》中也说《大学》思想在孟子以后失传，但《中庸章句序》则整个论述道统的传承和中断，更具有代表新儒家文化抱负的意义。北宋以来的理学之所以称为道学，也是因为他们一开始就以接续孟子以后中断了的道统自命。朱子甚至认为，二程得孟子之后的不传之学，主要是依据和有赖于对《中庸》的考究。他还指出，《中庸》在宋代以来的道学中具有与佛老抗衡的理论作用。

朱子的友人石子重把二程和二程后学对《中庸》的解释集结一起，而朱子认为其中颇有杂佛老之说者，故他经过多年的研究体会，“会众说而折其中，既为定著章句一篇”，即会通北宋以来道学的《中庸》解释，著成了他自己的《中庸章句》。

二　“中”与“庸”

朱子首先定义“中庸”，他在篇首辨其名义曰：

> 中者，不偏不倚、无过不及之名。庸，平常也。
>
> 子程子曰：“不偏之谓中，不易之谓庸。中者，天下之正道，庸者，天下之定理。”此篇乃孔门传授心法，子思恐其久而差也，故笔之于书，以授孟子。其书始言一理，中散为万事，末复合为一理，“放之则弥六合，卷之则退藏于密”，其味无穷，皆实学也。善读者玩索而有得焉，则终身用之，有不能尽者矣。①

朱子的开篇所引述的“子程子曰”，是杂引《遗书》《外书》中二程论及中庸的话，如：“不偏之谓中，不易之谓庸。中者，天下之正道，庸者，天下之定理”出自《遗书》卷七；“《中庸》乃孔门传授心法”，见于《外书》卷十一；“《中庸》始言一理，中散为万事，末复合为一理”，出自《遗书》卷十四；“《中庸》之书，其味无穷”见于《遗书》卷十八；“如《中庸》一卷书，

① 《四书集注》，第17页。

自至理便推之于事，如国家有九经，及历代人物之迹，莫非实学也”，出自《遗书》卷一；“善读《中庸》者，只得此一卷书，终身用不尽也”见于《遗书》卷十七。

在这些二程的论述中，朱子最重视的，是对于“中”和“庸”的解释。但朱子也结合了二程门人如吕大临的说法。如中字，吕氏以“盖中之为义，无过不及而立名”。[1] 朱子便吸收其说。所以朱子对中的解释，结合了二程的“不偏不倚”说和吕大临的“无过不及”说。至于庸字，二程本来解释为“不易之谓庸”“庸者，天下之定理”，但朱子却解释为“庸，平常也”。朱子在《中庸或问》里对此作了说明：

> 曰：庸字之义，程子以不易言之，而子以为平常，何也？曰：惟其平常，故可常而不可易，若惊世骇俗之事，则可暂而不得为常矣。[2]

朱子强调庸的平常义，除了照顾训诂的根据外，主要是认为平常的东西才是实践中能长久的，诡异高难的东西是无法长久的，强调道理不能离开人伦日用，也隐含了对佛教离开人伦日用去追求高明境界的批评。朱子说《中庸》是“实学”，也是强调中庸的道理不离事事物物。

---

① 《蓝田吕氏遗著辑校》，第 496 页。

② 《四书或问》卷三，载于《朱子全书》第六册，第 549 页。

三　戒惧与慎独

以下我们逐段地对朱子的《中庸》首章诠释进行分析和说明：

> **天命之谓性，率性之谓道，修道之谓教**。命，犹令也。性，即理也。天以阴阳五行化生万物，气以成形，而理亦赋焉，犹命令也。于是人物之生，因各得其所赋之理，以为健顺五常之德，所谓性也。率，循也。道，犹路也。人物各循其性之自然，则其日用事物之间，莫不各有当行之路，是则所谓道也。修，品节之也。性道虽同，而气禀或异，故不能无过不及之差，圣人因人物之所当行者而品节之，以为法于天下，则谓之教，若礼、乐、刑、政之属是也。盖人之所以为人，道之所以为道，圣人之所以为教，原其所自，无一不本于天而备于我。学者知之，则其于学知所用力而自不能已矣。故子思于此首发明之，读者所宜深体而默识也。[①]

所谓"命，犹令也"，是把古代思想中的"天命"说诠释为自然主义的造化过程。造化赋予万物气和理，这种赋予好像是天的命令，其实是造化的自然过程，并没有一个主宰者在下命令。天之造化以阴阳五行为材料，生成万物，在这个生成过程中，

① 《四书集注》，第17页。引文中的黑体字为《中庸》原文，其他为朱子注文。

一方面阴阳五行之气聚合而成万物的形体，另一方面在形体生成的同时，理也赋予了事物，成为事物的本性。天把理赋予了事物而成为其本性（这就是所谓“天命之谓性”），所以性即是理。朱子在这里把二程的“性即理也”的思想与《中庸》联结起来，既阐明了性非空虚之性，而以理为性，又从性的天道来源说明了性与理的同一。

人与物都禀受了天赋的理，理在天是阴阳五行之理，所以禀受到人物之身，成为健顺五常之性。人与物循着他的本性去做，就是道，道就是行为的当然之则。

人的性各个相同，但气禀各个不同，从而对阴阳五行之气的禀受有过有不及，有清浊厚薄，这就使得人之本性的表现受到气的影响、遮蔽。性的表现受到蒙蔽，如此率性的道也就有所乖戾，于是需要修整规范。圣人根据人物本来的性制定各种制度规范，规范就是所当行，所当行是对所行而言，以使人的行为过者不过，不及者能及，都可以达到中，这就是教。

朱子在这句最后指出，《中庸》首章的前三句话，是要人知道性、道、教都是“本于天而备于我”的。“本于天”是指根源于天，来源于天；“备于我”是指完全地具备于人身之内。用当代新儒家的话来说，就是超越而内在。天道是客体，内在是主体，《中庸》认为这二者是关联着的。

道也者，不可须臾离也，可离非道也。是故君子戒慎乎其所不睹，恐惧乎其所不闻。离，去声。道者，日用事物当行之理，皆性之德而具于心，无物不有，无时不然，所以不可须臾离也。若其可离，则为外物而非道矣。是以君子之心常存敬畏，虽不见闻，亦不敢忽，所以存天理之本然，而不使离于须臾之顷也。[①]

道是日用常行之理，但道不是外在的、与性无关的，日用常行之理亦即本性所有之德，具备于人的内心。从文本来说，“不可须臾离也，可离非道也”是就规范、当然而言，不是就存在、实然而言，即不是说在存在上无时无处不相离，而是说要注意不使它离开，由此才合理地引出戒慎恐惧的工夫，以使之须臾不离。但朱子顺其“率性之谓道”的说法，一方面把不离说成实然上的不离，一方面从当然工夫上说不离。用工夫的不离来保存实理本然的不离。

无论如何，朱子更重视的其实是戒慎、恐惧。他解释说，为了使当行之理不离于心，一个要成为君子的人必须常常心存敬畏，不能有顷刻的间断，即使没有接触事物时，也必须如此，这样才能保存内心本然的天理。按照“戒慎乎其所不睹，恐惧乎其所不闻”的说法，特别强调在不睹不闻时保持心的敬畏。人心的意念活动一般因接触外物而起，《中庸》则强调在不接触外物时也要警惕意念的活动，心也要有所修养。这种修养方法就是未发的工夫。

莫见乎隐，莫显乎微，故君子慎其独也。见，音现。隐，暗处也。微，细事也。独者，人所不知而己所独知之

① 《四书集注》，第17页。

> 地也。言幽暗之中，细微之事，迹虽未形而几则已动，人虽不知而己独知之，则是天下之事无有着见明显而过于此者。是以君子既常戒惧，而于此尤加谨焉，所以遏人欲于将萌，而不使其滋长于隐微之中，以至离道之远也。[①]

但是在朱子看来，慎独和戒慎恐惧是不同的，戒慎恐惧于不睹不闻，是指自己没有接触外物时的见闻知觉活动，慎独是指别人看不见自己时。用其在此章结尾的说法，戒慎是未发的存养工夫，慎独是已发的省察工夫。“莫见乎隐，莫显乎微”，是说隐暗之处最明现，微细之事最显著，《中庸》认为人心正是如此。一个人在幽暗的房间里，别人看不见，自己的行为只有自己清楚知道；一个人不在幽暗之处，别人看得见你的行为，但不能看到你的内心，你的内心你自己清楚了解。有时你并没有行为，但内心在活动，这种内心的活动情况也只有你自己明白知道。这些都是“人虽不知而己独知”。内心有所活动，便是已发。所以无论如何，君子必须特别谨慎地审查自己的内心活动，把人欲遏止在将要萌芽的时候，不让它在隐微中滋长。

> **喜怒哀乐之未发，谓之中；发而皆中节，谓之和。中也者，天下之大本也；和也者，天下之达道也**。乐，音洛。中节之中，去声。喜、怒、哀、乐，情也。其未发，则性也，无所偏倚，故谓之中。发皆中节，情之正也，无所乖戾，故谓之和。大本者，天命之性，天下之理皆由此出，

---

① 《四书集注》，第17—18页。

道之体也。达道者，循性之谓，天下古今之所共由，道之用也。此言性情之德，以明道不可离之意。[①]

朱子认为，这一段是讲性情关系的。喜怒哀乐的发动是情，喜怒哀乐未发是性，用他在其他地方的说法，性是未发，情是已发。在这个讲法中，“中”是指性，强调性未发作为情时的不偏不倚。“和”是指情，指情的发作的合乎节度。“中”所代表的性是天命之谓性的性，是天所赋予人的性，是天下之理的根源，所以说是天下之大本。率天命之性而达到和，这是最通达的大路，故说是天下之达道。中是道的体，和是道的用，体是静，用是动，有体而后有用，“体立而后用有以行”。这样，朱子就以性情、已发未发、体用的结构疏解了这一段，并把“中”与天命之性联结起来了。

致中和，天地位焉，万物育焉。致，推而极之也。位者，安其所也。育者，遂其生也。自戒惧而约之，以至于至静之中，无少偏倚，而其守不失，则极其中而天地位矣。自谨独而精之，以至于应物之处，无少差谬，而无适不然，则极其和而万物育矣。盖天地万物本吾一体，吾之心正，则天地之心亦正矣，吾之气顺，则天地之气亦顺矣。故其效验至于如此。此学问之极功、圣人之能事，初非有待于外，而修道之教亦在其中矣。是其一体一用虽有动静之殊，然必其体立而后用有以行，则其实亦非有两事也。故于此

① 《四书集注》，第18页。

合而言之，以结上文之意。[①]

照朱子这里的讲法，戒慎是与中有关的工夫，慎独是与和有关的工夫。因为戒慎是不睹不闻的工夫，不睹不闻是静的状态，推到至静，就是不偏不倚的中，如果能存守住这个状态，就是极其中。慎独是自己的独知，是有知有觉，不是静，而是意念发动，此时要精细辨察，存天理去人欲；从自己的独知，推到应接事物时，都能保守这样的状态，就是极其和。但中和不能分开为两事，须合而言之，故曰“致中和”。照《中庸》的说法，人如果能把中和发挥到极致，就能参与宇宙的化育，有助于宇宙的化育。朱子对此的解释是，因为天地万物与人是一体相通的，人心正则天地之心亦正，人的气顺，则天地之气亦顺。这种万物一体的思想也成为理学思想体系的重要部分。

最后朱子写道：

右第一章。子思述所传之意以立言：首明道之本原出于天而不可易，其实体备于己而不可离，次言存养省察之要，终言圣神功化之极。盖欲学者于此反求诸身而自得之，以去夫外诱之私，而充其本然之善，杨氏所谓一篇之体要是也。[②]

也就是说，朱子认为，“天命之谓性”至“可离非道也”，是讲

① 《四书集注》，第18页。

② 同上。

“道”出于天而备于己，讲道的“本原”和“实体”；本原即来自天的根源性，实体即体现在人心的内在性。“是故君子戒慎乎其所不睹”至“君子慎其独也”，是讲君子存养、省察的要法。“喜怒哀乐之未发”至“万物育焉”，是讲修养工夫达到极致的功效及其对宇宙的影响。整章的宗旨是要学者反求于身，去除因外诱而产生的私欲，充实并发挥其本然的善性。这样的人及其行动，既合于天命，又能参赞化育。

《中庸章句序》中重点讲心，而《中庸章句》的首章重点在性情，特别是性；讲性本于天，备于人，发为情。这是两者的差别。尤其是，由于朱子强调气禀对人的影响，所以认为人在现实上不能率性，而必须修道，重点要落实在存养省察的工夫。

《中庸章句》最后一章中有一节论内省，与上面所讲慎独工夫有关，一并在这里讨论：

> **诗云：“潜虽伏矣，亦孔之昭！”故君子内省不疚，无恶于志。君子之所不可及者，其唯人之所不见乎。**恶，去声。诗小雅正月之篇。承上文言“莫见乎隐、莫显乎微”也。疚，病也。无恶于志，犹言无愧于心，此君子谨独之事也。**诗云：“相在尔室，尚不愧于屋漏。”故君子不动而敬，不言而信。**相，去声。诗大雅抑之篇。相，视也。屋漏，室西北隅也。承上文又言君子之戒谨恐惧，无时不然，不待言动而后敬信，则其为己之功益加密矣。故下文引诗

并言其效。[1]

朱子认为此节是呼应首章中慎独的思想，君子的可贵就在于人所不见的时候仍能内省，不仅内省，而且无疚于心，无愧于心。朱子认为这是接着首章“莫见乎隐，莫显乎微，故君子慎其独也”讲而且与之一致的。以此也证明他把慎独解释为别人所看不见时的工夫是有根据的。他更指出，接下来所引的诗“不愧于屋漏”，也是承接着首章“戒慎恐惧”的思想的。

四　诚身与明善

以下再引述《中庸章句》其他章中的一些解释，以见朱子诠释《中庸》的特点。先看朱子对“君子之道费而隐”章中的解释：

> 君子之道，近自夫妇居室之间，远而至于圣人天地之所不能尽，其大无外，其小无内，可谓费矣。然其理之所以然，则隐而莫之见也……子思引此诗以明化育流行，上下昭著，莫非此理之用，所谓费也。[2]

事事物物是费，是显而可见的；理是事物的所以然，是隐，即微而不可见的。朱子用理事显微的分析解释《中庸》的费隐之

① 《四书集注》，第39—40页。

② 同上书，第22页。

说，认为化育流行的万物万事都是理的“用”，即理的表现，这是理学的理事观的运用。

> **在下位不获乎上，民不可得而治矣；获乎上有道：不信乎朋友，不获乎上矣；信乎朋友有道：不顺乎亲，不信乎朋友矣；顺乎亲有道：反诸身不诚，不顺乎亲矣；诚身有道：不明乎善，不诚乎身矣**。此又以在下位者，推言素定之意。反诸身不诚，谓反求诸身而所存所发，未能真实而无妄也。不明乎善，谓未能察于人心天命之本然，而真知至善之所在也。**诚者，天之道也；诚之者，人之道也。诚者不勉而中，不思而得，从容中道，圣人也**。**诚之者，择善而固执之者也**。中，并去声。从，七容反。此承上文诚身而言。诚者，真实无妄之谓，天理之本然也。诚之者，未能真实无妄，而欲其真实无妄之谓，人事之当然也。圣人之德，浑然天理，真实无妄，不待思勉而从容中道，则亦天之道也。未至于圣，则不能无人欲之私，而其为德不能皆实。故未能不思而得，则必择善，然后可以明善；未能不勉而中，则必固执，然后可以诚身，此则所谓人之道也。不思而得，生知也。不勉而中，安行也。择善，学知以下之事。固执，利行以下之事也。①

《中庸》注重修身、反身、诚身，反身是反求于己、自我批评，反身必须以诚为标准和原则，以诚为标准和原则去反身所达到

① 《四书集注》，第31页。

的境界就是诚身。在朱子的解释中，以真实无妄解释诚，以反求所存所发说明诚身的用力之地；所存是未发，所发是已发，这就与戒慎和慎独联系起来了。关于明善，朱子解释为明察人心所具的天命之性，并且真正认识到天命之性是至善。

朱子把“诚”释为真实无妄，把“天之道”释为天理，把“诚者，天之道也”解释为诚乃天理之本然，这就是把诚理解为天理的本然状态。而“诚之”是人仿效天理本然的真实无妄，尽力达到那种真实状态的努力。圣人不勉而中，自然真实无妄，与天道的本然真实“诚”相同，所以圣人的境界同于天道，都是真实无妄。一般的人有人欲私心，不能像圣人一样自然真实无妄，所以要做到真实无妄，就需要择善，以达到明善；择善后必须坚定地实行，以达到诚身。经过努力去达到真实无妄，这是人道的特点，这就是“诚之”。

> **博学之，审问之，慎思之，明辨之，笃行之**。此诚之之目也。学、问、思、辨，所以择善而为知，学而知也。笃行，所以固执而为仁，利而行也。程子曰：“五者废其一，非学也。”**有弗学，学之弗能弗措也；有弗问，问之弗知弗措也；有弗思，思之弗得弗措也；有弗辨，辨之弗明弗措也；有弗行，行之弗笃弗措也；人一能之己百之，人十能之己千之**。君子之学，不为则已，为则必要其成，故常百倍其功。此困而知，勉而行者也，勇之事也。**果能此道矣，虽愚必明，虽柔必强**。明者择善之功，强者固执之效。吕氏曰：“君子所以学者，为能变化气质而已。德胜气质，

则愚者可进于明，柔者可进于强。不能胜之，则虽有志于学，亦愚不能明，柔不能立而已矣。”①

朱子认为，诚之的具体方法就是博学、审问、慎思、明辨、笃行，其中学、问、思、辨属于前面说的“择善”，行属于“固执”。按《中庸》三知三行的说法，朱子认为博学、审问、慎思、明辨、笃行统属于“学知利行”，如果再分，这五者中，学问思辨属于学而知之，笃行属于利而行之，至于人一己百的努力，则属于“困知勉行”了。

自诚明，谓之性；自明诚，谓之教。诚则明矣，明则诚矣。自，由也。德无不实而明无不照者，圣人之德。所性而有者也，天道也。先明乎善，而后能实其善者，贤人之学。由教而入者也，人道也。诚则无不明矣，明则可以至于诚矣。②

为了对应于《中庸》所说的诚和明，朱子以德和明两者作为分析的基点，他认为圣人德无不实，这是诚；圣人明无不照，这是明。德是道德的德性，明是理性的能力，天命之性人人都有，但率性为道只有圣人能之，圣人是天然如此，与天道本然相同；贤人以下都是修道为教，由教而人，不是自然，而必须用各种

① 《四书集注》，第 31—32 页。按吕氏原文见其《礼记解》，载《蓝田吕氏遗著辑校》第 297 页，朱子所引，与吕氏原文略有同异。

② 《四书集注》，第 32 页。

工夫。先从学知明善入手，然后去实在地践行善，这是人道的特点。朱子这个讲法，先明乎善，而后实其善，就是以一种先知后行的知行观来说明贤人由明至诚的方法。

五　尽性之功：存心与致知

《中庸章句》最后论及尽性：

> **唯天下至诚，为能尽其性；能尽其性，则能尽人之性；能尽人之性，则能尽物之性；能尽物之性，则可以赞天地之化育；可以赞天地之化育，则可以与天地参矣**。天下至诚，谓圣人之德之实，天下莫能加也。尽其性者德无不实，故无人欲之私，而天命之在我者，察之由之，巨细精粗，无毫发之不尽也。人物之性，亦我之性，但以所赋形气不同而有异耳。能尽之者，谓知之无不明而处之无不当也。赞，犹助也。与天地参，谓与天地并立为三也。此自诚而明者之事也。①

尽人物之性则可以赞天地之化育，这和首章所说致中和则天地位万物育，是一致的，朱子解释说，尽人之性，是指没有丝毫人欲之私，德性真实无妄；尽物之性，是指充分明了事物的性质而处理妥当。这样的人可以协助化育流行，就可以与天地并立为三了。

① 《四书集注》，第 32—33 页。

《中庸章句》又说：

> **其次致曲，曲能有诚，诚则形，形则著，著则明，明则动，动则变，变则化，唯天下至诚为能化**。其次，通大贤以下凡诚有未至者而言也。致，推致也。曲，一偏也。形者，积中而发外。著，则又加显矣。明，则又有光辉发越之盛也。动者，诚能动物。变者，物从而变。化，则有不知其所以然者。盖人之性无不同，而气则有异，故惟圣人能举其性之全体而尽之。其次则必自其善端发见之偏，而悉推致之，以各造其极也。曲无不致，则德无不实，而形、著、动、变之功自不能已。积而至于能化，则其至诚之妙，亦不异于圣人矣。[①]

朱子在《中庸》的诠释中始终贯穿其人性论，认为人与物的性是相同的，只是禀受的气不同而形成人和物的差别；人的性是各个相同的，都是理，都是善的，而人的气则各有差异。气的作用很重要，气能遮蔽本性的作用。圣人的气禀纯粹而清，本性不受遮蔽，性的作用可以全体显现。贤人以下的人，气质有所不纯，性的作用只能部分显现，或在隙缝中发见。因此一般人要学习圣人，必须从本性发见的一些善的萌芽入手，加以推拓，如果能把它推扩直到极致，使性的全体充分显现，那就成为圣人了。《中庸》认为，一个人内心达到诚，在形体上也有所表现，能够感动、改变其他人。不过朱子《中庸章句》对此点

① 《四书集注》，第 38 页。

并没有加以强调。

诚者自成也，而道自道也。道也之道，音导。言诚者物之所以自成，而道者人之所当自行也。诚以心言，本也；道以理言，用也。**诚者物之终始，不诚无物**。**是故君子诚之为贵**。天下之物，皆实理之所为，故必得是理，然后有是物。所得之理既尽，则是物亦尽而无有矣。故人之心一有不实，则虽有所为亦如无有，而君子必以诚为贵也。盖人之心能无不实，乃为有以自成，而道之在我者亦无不行矣。**诚者非自成己而已也，所以成物也**。**成己，仁也；成物，知也**。**性之德也，合外内之道也，故时措之宜也**。知，去声。诚虽所以成己，然既有以自成，则自然及物，而道亦行于彼矣。仁者体之存，知者用之发，是皆吾性之固有，而无内外之殊。既得于己，则见于事者，以时措之，而皆得其宜也。①

在这里朱子再次显示出他的理本论思想，他认为天下一切事物都是理所决定的，有理而后有物的存在，事物的理尽了事物也就不复存在。朱子认为这里说的道指人伦规范，而规范本于诚心，心诚而行则自然成道。

故君子尊德性而道问学，致广大而尽精微，极高明而道中庸。**温故而知新，敦厚以崇礼**。尊者，恭敬奉持之意。

① 《四书集注》，第33—34页。

> 德性者，吾所受于天之正理。道，由也。温，犹焊温之温，谓故学之矣，复时习之也。敦，加厚也。尊德性，所以存心而极乎道体之大也。道问学，所以致知而尽乎道体之细也。二者修德凝道之大端也。不以一毫私意自蔽，不以一毫私欲自累，涵泳乎其所已知。敦笃乎其所已能，此皆存心之属也。析理则不使有毫厘之差，处事则不使有过不及之谬，理义则日知其所未知，节文则日谨其所未谨，此皆致知之属也。盖非存心无以致知，而存心者又不可以不致知。故此五句，大小相资，首尾相应，圣贤所示入德之方，莫详于此，学者宜尽心焉。①

《中庸章句》中这一段的阐发在全书中与首章同等重要。德性就是人所禀受于天的理，也就是性即理的性。尊德性就是敬持自己的道德本性。道，朱子解释为由，道问学就是通过博学审问，以达到尊德性。尊德性的工夫是存心，道问学的工夫是致知。存心包括完全扫除私意私欲，涵泳已经知道的道理，加强自己道德实践的能力。致知工夫包括明析义理没有差错，处事待物无过不及，不断认识以前所不认识的义理，不断改进对具体道德规范的遵守的情形。朱子认为，没有存心的工夫，就无法致知；而存心又必须不离开致知。存心和致知相比，存心有优先性，但存心和致知的工夫互相促进，不能分离。朱子认为这里讲的尊德性和道问学，是圣贤对入德之方最详明的指示。

朱子在《中庸章句》中也发挥了他根于周敦颐、二程的理

① 《四书集注》，第35—36页。

一分殊说：

> **万物并育而不相害，道并行而不相悖，小德川流，大德敦化，此天地之所以为大也**。悖，犹背也。天覆地载，万物并育于其间而不相害；四时日月，错行代明而不相悖。所以不害不悖者，小德之川流；所以并育并行者，大德之敦化。小德者，全体之分；大德者，万殊之本。川流者，如川之流，脉络分明而往不息也。敦化者，敦厚其化，根本盛大而出无穷也。此言天地之道，以见上文取辟之意也。①

在这一段的解说中，朱子从宏观的宇宙论的角度阐发了他对统一性和多样性的看法。他认为，小德是指宇宙全体的各个具体部分，大德是指各具体事物的共同宇宙本源。万物不相害不相悖，其原因是小德川流，即万物各按其自己的方向道路发展，互不相害。万物并育并行，共同生长，共同发展，其原因是大德敦化，意味万物所以能如此，是因为万物同出于一个根源，这个根源越盛大，万事万物就越生生不息，这就是大德敦化。全体有分殊，万殊有一本，一本万殊的互相联结，这就是天地之道。

与朱子对“四书”中其他三种的注释方法一样，《中庸章句》以发挥理学义理为主，但也未忽视训诂。如首章的注释中，“率，循也”，“道，犹路也”，“乐，音洛”；二章中的“王肃本

① 《四书集注》，第43—44页。

作小人之反中庸也”；五章中“夫，音扶”；八章中“拳拳，奉持之貌”；十章中“抑，语辞。而，汝也”；“衽，席也”；十二章中“察，著也”；十三章中“则，法也”，“违，去也”；十四章中“画布曰正，棲皮曰鹄”；十六章中“齐，侧皆反”，“明，犹洁也”，“格，来也。矧，况也。射，厌也”，等等。这些音读和训诂都来自《礼记正义》，说明朱子解经很重视吸收汉唐经学的名物训释，力求在字义训诂的基础上展开理学思想的诠释。

总的来看，《中庸章句》与《大学章句》基本思想一致，但由于两书的文本不同，从而使诠释必然依托和结合文本而各有其特殊的表述。《大学章句序》讲性，《大学章句》本身则以明德为基础，强调心。《中庸章句序》讲心，但《中庸章句》本身以天命之性为基点，而强调性。《中庸章句》以性—气二元论为基点，以道心、人心对应于性命、形气，但同时突出性即理，强调人之性受之于天之理，天之理备具于人之性，所以人性即是天命之性。由于人的气禀使得人之本性的表现受到气的影响和遮蔽，所以人不能自然而无所修为，必须修道立教，以戒慎恐惧和慎独的工夫，在未发和已发的时候都用力修养，强力人为，通过明善致知和诚身存心两方面的同时努力，以全其性之本体，渐入于中和圣域。在这种解释中，天命之性是起点，但最后落实在修道之教的工夫，而修道工夫需诚明两进，不能偏废。在《中庸章句》中，理学的理气论、天理论、心性论、工夫论都得到了全面的贯彻，成功地借助对于经典的系统解释展示了新儒学的理论建构，对理学思想的传播起了关键性的作用。

第九章　朱子《孟子集注》及其儒学思想

朱熹的《论语集注》和《孟子集注》在思想上、方法上是一致的，所以这两种书在他生时和死后都常常合刻，被称为《论孟集注》。本章以《孟子集注》为主，论述朱子儒学思想的特色，但本章主要不是从解经学的角度观察《四书集注》，而是以一个案例，来展示朱熹是如何通过《四书集注》阐发其儒学思想的。[①]

同朱子的《论语集注》一致，朱子的《孟子集注》是义理派的解释学风，在重视训诂音读的同时，力求通过注释阐发他的哲学思想，或者说自觉地用他的哲学思想解释《孟子》的本文。

---

① 关于朱子《四书集注》的注释方法及叙述特点，前文“朱子《论语集注》的儒学思想”一章中已有讨论，本章不再赘述，详见本书第144—151页。

一　仁心：天地以生物为心，人得之以为心

《孟子·梁惠王上》第一章的开始，记述了孟子与梁惠王之间著名的义利对话：

> **孟子对曰："王何必曰利？亦有仁义而已矣。"** 仁者，心之德、爱之理。义者，心之制、事之宜也。此二句乃一章之大指，下文乃详言之。①

"仁者，心之德、爱之理"，这是朱子仁说的重要定义，也写入了《论语集注》。孟子则不仅言仁，而且论义，仁义连用。与仁的定义是"心之德、爱之理"相对，义的定义，在这里表达为"心之制、事之宜"，指义是心的向外的规范作用，是制约行事的，使事物得其所宜。义本来也可以是心之德，但朱子在《孟子集注》中强调的不是义作为心之德的意义，而是对事物的制约作用，是行事的应然原则。朱子认为突出仁义是开篇首章的"大指"。

在这一章的结尾，我们看到朱子的"集注"：

> **王亦曰仁义而已矣，何必曰利？** 重言之，以结上文两节之意。此章言仁义根于人心之固有，天理之公也。利心

① 《四书集注》，第 201 页。黑体字为《孟子》本文，黑体字后为朱子《四书集注》文。

> 生于物我之相形，人欲之私也。循天理，则不求利而自无不利；殉人欲，则求利未得而害已随之。所谓毫厘之差，千里之谬。此《孟子》之书所以造端托始之深意，学者所宜精察而明辨也。太史公曰："余读《孟子》书至梁惠王问何以利吾国，未尝不废书而叹也。曰嗟乎！利诚乱之始也。夫子罕言利，常防其源也。故曰'放于利而行，多怨'。自天子以至于庶人，好利之弊，何以异哉?"程子曰："君子未尝不欲利，但专以利为心则有害。惟仁义则不求利而未尝不利也。当是之时，天下之人惟利是求，而不复知有仁义。故孟子言仁义而不言利，所以拔本塞源而救其弊，此圣贤之心也。"①

仁义是在与其对立面的对立中彰显起来的。朱子认为，《孟子·梁惠王上》第一章的根本宗旨是理欲公私之辨，仁义之心是人所固有的本心，代表天理之公；而所谓"利心"生于人与物的接触，属于人欲之私。两者是对立的，但也可以在仁义的主导下得到统一。关于理和欲的关系，朱子认为，一心遵循天理，不追求利益，利益自然会来。一心追求人欲，不仅利益得不到，自己也会受害。他引用二程的话指出，君子不否定利，但反对"专以利为心"，反对以利为唯一的动机，认为这无论对个人还是社会都是有害的。朱子还引用司马迁的话，认为唯利是求的价值导向，是社会动乱的根源；主张改变以利为根本、改变唯利是求，才是改良社会、救治人心的"拔本塞源"之法。

---

① 《四书集注》，第202页。

朱子首先要面对孟子自己对仁和义的分疏：

> **孟子曰："仁，人心也；义，人路也。"**仁者心之德，程子所谓心如谷种，仁则其生之性，是也。然但谓之仁，则人不知其切于己，故反而名之曰人心，则可以见其为此身酬酢万变之主，而不可须臾失矣。义者行事之宜，谓之人路，则可以见其为出入往来必由之道，而不可须臾舍矣。[①]

本来，朱子的哲学认为仁是性，不是心，所以他先用心之德解释仁作为生命本性的意义。但在朱子看来，孟子之所以提出"仁，人心也"，是因为，只把仁作为一种德性，或者作为人性本质，还不能显示出仁作为意识主体的重要作用，也不能使人在工夫实践上贴近自己的问题。心是意识活动和行为的主宰，如果从心来理解仁，仁心就是活动的主体，这就突出了仁作为道德主体的意义。所以，从人心方面来讲仁，也是朱子可以肯定的。义则是指人从事于各种事事物物的活动时所应遵循的规范和原则。

朱子强调，仁心是有其宇宙根源的：

> **孟子曰："人皆有不忍人之心**。天地以生物为心，而所生之物因各得夫天地生物之心以为心，所以人皆有不忍人之心也。**先王有不忍人之心，斯有不忍人之政矣。以不忍**

① 《四书集注》，第303页。

人之心，行不忍人之政，治天下可运之掌上。”言众人虽有不忍人之心，然物欲害之，存焉者寡，故不能察识而推之政事之闲；惟圣人全体此心，随感而应，故其所行无非不忍人之政也。[①]

《孟子集注》中，对仁心的一个重要诠释，就是来自朱子《仁说》的观念。这个观念把人之仁心溯源至天地之心，以说明其根源。朱子认为，天地生物之心就是天地的爱的体现，天地以生物为心，就是指天地完全以对于万物生养的爱为心。而正是由于天地以爱为心，所以作为天地所生之物的人，也无不具有不忍人之爱心，不忍人之心即仁心。这是朱子对孟子仁心说的宇宙论哲学论证。

不忍人之心又叫作恻隐之心，这是孟子用来说明仁心的重要方式：

所以谓人皆有不忍人之心者，今人乍见孺子将入于井，皆有怵惕恻隐之心。非所以内交于孺子之父母也，非所以要誉于乡党朋友也，非恶其声而然也。怵，音黜。内，读为纳。要，平声。恶，去声，下同。乍，犹忽也。怵惕，惊动貌。恻，伤之切也。隐，痛之深也。此即所谓不忍人之心也。内，结。要，求。声，名也。言乍见之时，便有此心，随见而发，非由此三者而然也。程子曰：“满腔子是恻隐之心。”谢氏曰：“人须是识其真心。方乍见孺子入井

① 《四书集注》，第 237 页。

> 之时，其心怵惕，乃真心也。非思而得，非勉而中，天理之自然也。内交、要誉、恶其声而然，即人欲之私矣。”**由是观之，无恻隐之心，非人也；无羞恶之心，非人也；无辞让之心，非人也；无是非之心，非人也**。恶，去声，下同。羞，耻己之不善也。恶，憎人之不善也。辞，解使去己也。让，推以与人也。是，知其善而以为是也。非，知其恶而以为非也。人之所以为心，不外乎是四者，故因论恻隐而悉数之。言人若无此，则不得谓之人，所以明其必有也。[①]

《孟子集注》在音读和字义讲解之后，引用二程和谢良佐有关恻隐之心的说法，其中谢氏的说法，以恻隐之心为人的真心；认为真心所发，不思而得，无所为而然，自然而然，乃是天理；凡有所为，如内交、要誉等，都是人欲。人不仅仅有恻隐之心，还有羞恶之心、辞让之心、是非之心，是非之心就是知其善而以为是，知其恶而以为非。朱子强调，这四者是人之所以为人者，就是说，没有这四者就不成其为人了。又说这四者是人之所以为心者，意思是说，人与动物的区别在于人有心，而动物没有心，人与动物的根本不同就在于人有这四者之心。

在接下来的解释中，朱子以理学的心性情论来解说孟子的性情说：

> **恻隐之心，仁之端也；羞恶之心，义之端也；辞让之**

① 《四书集注》，第237—238页。

> **心，礼之端也；是非之心，智之端也**。恻隐、羞恶、辞让、是非，情也。仁、义、礼、智，性也。心，统性情者也。端，绪也。因其情之发，而性之本然可得而见，犹有物在中而绪见于外也……此章所论人之性情，心之体用，本然全具，而各有条理如此。学者于此，反求默识而扩充之，则天之所以与我者，可以无不尽矣。程子曰："人皆有是心，惟君子为能扩而充之。不能然者，皆自弃也。然其充与不充，亦在我而已矣。"[①]

孟子说恻隐之心是仁之端，朱子解"端，绪也"，这在字义上是没有问题的。但朱子又从他的心性论加以解释，仁是指性，恻隐是指情，心则包括性情。性是看不见的，但性通过情表现出来，于是人可以由情以见性。仁义礼智是天赋予人的性，恻隐等四者是人之本性的发端，通过恻隐等四者，性就可以表现出来了。在这个意义上，作为端绪的情之发和未发的性是两个不同层次的存在，这样的端绪就不是一个整体的开端部分，而是本性的现象表现。朱子把性情归结为心的体用，性是心之体，情是心之用，心是包括性情的全体。从对孟子的解释来看，朱子的这一说法，把孟子的性善、仁心、恻隐等讲法阐释为一更有条理层次的心性系统了。

正如朱子在《孟子集注》成书以前就完成的《仁说》一样，朱子注重从爱来推溯和理解仁：

---

① 《四书集注》，第 238 页。

> **今有仁心仁闻而民不被其泽，不可法于后世者，不行先王之道也**。闻，去声。仁心，爱人之心也。仁闻者，有爱人之声闻于人也。先王之道，仁政是也。范氏曰："齐宣王不忍一牛之死，以羊易之，可谓有仁心。"①

除了推原仁心的宇宙论根源外，朱子对仁的理解的另一个特点是坚持以爱推仁，反对离爱言仁，所以他以仁心为爱人之心，以仁闻为有爱人之声闻，这些都体现了朱子论仁的特点。

最后来看朱子对孟子的大人之心和赤子之心的区分：

> **孟子曰："大人者，不失其赤子之心者也。"**大人之心，通达万变；赤子之心，则纯一无伪而已。然大人之所以为大人，正以其不为物诱，而有以全其纯一无伪之本然。是以扩而充之，则无所不知，无所不能，而极其大也。②

在《孟子》中，还提到大人之心和赤子之心，朱子的解释认为这二者还是有所分别的，大人之心是成人后得的成熟理性，能通达各种变化，而不受任何物质的引诱；而赤子之心是原初的本心，纯一真实。朱子认为，大人之心就是赤子之心的扩充的极致。

---

① 《四书集注》，第 275 页。

② 同上书，第 292 页。

二　天理：以理言之谓之天

理学的根本特色，是要用理学的天理观重新解释各种涉及“天”的文本，《孟子集注》也不例外：

> **以大事小者，乐天者也；以小事大者，畏天者也。乐天者保天下，畏天者保其国**。乐，音洛。天者，理而已矣。大之字小，小之事大，皆理之当然也。自然合理，故曰乐天。不敢违理，故曰畏天。包含遍覆，无不周遍，保天下之气象也。[①]

与《论语集注》一样，朱子对古代典籍中的天的概念都作了理性化的解释，即天是指天理而言，并不是指人格神上帝。从而，以天为后缀的词，也都应当这样来理解，如乐天是指人对天理的自然而然的符合，畏天是指人对天理的必然性的服从。

在与天关联的词语中，天理无疑是理学最重要的观念，也是理学的经典诠释的核心，而天理和人欲则构成了理学解释学的基本框架：

> **王曰：“寡人有疾，寡人好色。”对曰：“昔者大王好色，爱厥妃。诗云：‘古公亶甫，来朝走马，率西水浒，至于岐下。爰及姜女，聿来胥宇。’当是时也，内无怨女，外无旷**

① 《四书集注》，第215页。

> **夫。王如好色，与百姓同之，于王何有？**”大，音泰。王又言此者，好色则心志蛊惑，用度奢侈，而不能行王政也。大王，公刘九世孙。诗大雅绵之篇也。古公，大王之本号，后乃追尊为大王也。亶甫，大王名也。来朝走马，避狄人之难也。率，循也。浒，水涯也。岐下，岐山之下也。姜女，大王之妃也。胥，相也。宇，居也。旷，空也。无怨旷者，是大王好色，而能推己之心以及民也。杨氏曰："孟子与人君言，皆所以扩充其善心而格其非心，不止就事论事。若使为人臣者，论事每如此，岂不能尧舜其君乎？"愚谓此篇自首章至此，大意皆同。盖钟鼓、苑囿、游观之乐，与夫好勇、好货、好色之心，皆天理之所有，而人情之所不能无者。然天理人欲，同行异情。循理而公于天下者，圣贤之所以尽其性也；纵欲而私于一己者，众人之所以灭其天也。二者之间，不能以发，而其是非得失之归，相去远矣。故孟子因时君之问，而剖析于几微之际，皆所以遏人欲而存天理。其法似疏而实密，其事似易而实难。学者以身体之，则有以识其非曲学阿世之言，而知所以克己复礼之端矣。①

与人欲相对的天理，既是指天的普遍法则，也是指人心中的道德意识。在这里朱子首先肯定，好勇、好货、好色之心，其本身并不是与天理冲突的，而是自然的普遍法则的一部分，所以是人情所常有的，问题在于，如何对待这些情欲。圣贤之学是把这些情欲看成人性的一部分，以服从道德法则为情欲满足的

① 《四书集注》，第219—220页。

前提，在此前提下把这些情欲的适当满足作为君子尽性的一部分，并且谋求所有人欲望的满足。而一般人则放纵其情欲不加克制，只是追求自己在情欲上的满足，不关心人民利益，于是满足了私欲而湮灭了天理之心。朱子认为，从意识上看，天理和人欲在出发点上，差别只在毫发之间，所以君子必须克己复礼，遏制人欲而保存天理之心。

《孟子》书中以“诚”来说明天之道，《孟子集注》的解释是：

> **孟子曰：“居下位而不获于上，民不可得而治也。获于上有道：不信于友，弗获于上矣；信于友有道：事亲弗悦，弗信于友矣；悦亲有道：反身不诚，不悦于亲矣；诚身有道：不明乎善，不诚其身矣**。获于上，得其上之信任也。诚，实也。反身不诚，反求诸身而其所以为善之心有不实也。不明乎善，不能即事以穷理，无以真知善之所在也。游氏曰：“欲诚其意，先致其知；不明乎善，不诚乎身矣。学至于诚身，则安往而不致其极哉？以内则顺乎亲，以外则信乎友，以上则可以得君，以下则可以得民矣。”**是故诚者，天之道也；思诚者，人之道也**。诚者，理之在我者皆实而无伪，天道之本然也；思诚者，欲此理之在我者皆实而无伪，人道之当然也。**至诚而不动者，未之有也；不诚，未有能动者也**。”至，极也。杨氏曰：“动便是验处，若获乎上、信乎友、悦于亲之类是也。”此章述《中庸》孔子之言，见思诚为修身之本，而明善又为思诚之本。乃子思所

闻于曾子，而孟子所受乎子思者，亦与《大学》相表里，学者宜潜心焉。[1]

《孟子集注》认为，诚是一种实在、真实的状态。朱子更重视的是有关诚的工夫实践，他引游定夫之言，认为孟子中诚身和明善的关系，如同《大学》中诚意和致知的关系；按《大学》的思想，要做到诚意，必先做致知的工夫；在《孟子》，要能诚身，必先明善。因此朱子把明善的工夫解释为“即事以穷理”，也就是格物；把诚身的工夫解释为反求于身而实其为善之心，也就是诚意。朱子还认为《孟子》所说的是发挥《中庸》中孔子的思想。所以，《孟子》这里的思想和《大学》《中庸》都是一致的。朱子还解释说，人的诚身实际是对天的诚道的一种学习。自然而能做到诚，这是天的特质，故说诚是天道的本然特性。思诚是人努力去做到诚，人不是自然而诚的，只有经过努力修身，才能做到诚，所以思诚是人道的当然特性。天是自然的诚，本然的诚；人是当然的诚，能然的诚。就天人关系说，人就是要模仿、学习天所具有的一切特性，力求达到与天一致。

最后在这里简单提及天、天命、天下的问题。

万章曰：“尧以天下与舜，有诸?”孟子曰：“否。天子不能以天下与人。”天下者，天下之天下，非一人之私有故也……**舜、禹、益相去久远，其子之贤不肖，皆天也，非人之所能为也。莫之为而为者，天也；莫之致而至者，命**

① 《四书集注》，第282页。

> **也**……盖以理言之谓之天，自人言之谓之命，其实则一而已……**继世以有天下，天之所废，必若桀纣者也，故益、伊尹、周公不有天下**。继世而有天下者，其先世皆有大功德于民，故必有大恶如桀纣，则天乃废之。如启及大甲、成王虽不及益、伊尹、周公之贤圣，但能嗣守先业，则天亦不废之。故益、伊尹、周公，虽有舜禹之德，而亦不有天下。[①]

朱子在《孟子集注》中提出，天下是天下人的天下，不是某一人的私有物，这是对孟子政治思想的重要发展，显示出民本的公天下思想在朱子思想体系中也占有重要地位。后来明末清初的思想家也是在朱子思想的基础上进一步发展了民本的政治思想。朱子还指出，在君主制下，继世而为君主的人，乃是因为其祖先曾有大功德于人民，所以天允许其后人继承先业。这里的天并不是上帝，而是世界的普遍法则，也是历史发展的必然性，而归根到底，对人民是否有功，人民是否拥护，这是“天下”的真正的合法性根源。换言之，人民的因素是历史的决定因素。

三　浩然之气：天地之正气本自浩然

浩然之气的问题是孟子学中注释家历来用力的焦点，对此，《孟子集注》的解说是：

① 《四书集注》，第 307—309 页。

> **曰：“敢问夫子之不动心，与告子之不动心，可得闻与?”“告子曰：‘不得于言，勿求于心；不得于心，勿求于气。’不得于心，勿求于气，可；不得于言，勿求于心，不可。夫志，气之帅也；气，体之充也。夫志至焉，气次焉。故曰：‘持其志，无暴其气。’”** 闻与之与，平声。夫志之夫，音扶。此一节，公孙丑之问。孟子诵告子之言，又断以己意而告之也。告子谓于言有所不达，则当舍置其言，而不必反求其理于心；于心有所不安，则当力制其心，而不必更求其助于气，此所以固守其心而不动之速也。孟子既诵其言而断之曰，彼谓不得于心而勿求诸气者，急于本而缓其末，犹之可也；谓不得于言而不求诸心，则既失于外，而遂遗其内，其不可也必矣。然凡曰可者，亦仅可而有所未尽之辞耳。若论其极，则志固心之所之，而为气之将帅；然气亦人之所以充满于身，而为志之卒徒者也。故志固为至极，而气即次之。人固当敬守其志，然亦不可不致养其气。盖其内外本末，交相培养。此则孟子之心所以未尝必其不动，而自然不动之大略也。[①]

根据朱子的解释，告子的不动心，本来是说，当对言语（话）不能了解时，就应当把言语放置一边，不必在心里反复琢磨；当心里想不通的时候，就应当用意志力控制心，而不必用气去影响心。朱子把“勿求于心”解释为“不必反求其理于心”，这就把告子说成反对儒家“反求诸身”的观点，显示出理学对孟子的尊崇和对孟子对手的贬抑。在对孟子思想的解

① 《四书集注》，第230页。

释上，朱子以志为“心之所之”，即“志”表示心（意识）之所指向，所以志是心的范畴。就志和气的关系说，志是气的统帅。然而，就工夫来说，持志很重要，养气也很重要，二者是交相培养的关系。二者都做好了，就能不追求不动心而自然达到不动心。这里表现出朱子在工夫论上兼顾内外本末的特点。

朱子以“敬守”解释“持”，以“养气”解释“无暴其气”，是要从这里转接到孟子下面的养气说：

> **“敢问夫子恶乎长？”曰：“我知言，我善养吾浩然之气。”**恶，平声。公孙丑复问孟子之不动心所以异于告子如此者，有何所长而能然，而孟子又详告之以其故也。知言者，尽心知性，于凡天下之言，无不有以究极其理，而识其是非得失之所以然也。浩然，盛大流行之貌。气，即所谓体之充者。本自浩然，失养故馁，惟孟子为善养之以复其初也。盖惟知言，则有以明夫道义，而于天下之事无所疑；养气，则有以配夫道义，而于天下之事无所惧，此其所以当大任而不动心也。告子之学，与此正相反。其不动心，殆亦冥然无觉，悍然不顾而已尔。①

首先，朱子把不动心归于气的方面和作用，而把知言作为养气的先导，把养气作为知言的配合。知言是明了道义而无所疑，养气是配合道义而无所惧，前者是不疑于理，后者是不动于气。

---

① 《四书集注》，第231页。

其次，朱子把养气解释为复其初，认为人身之气本来浩然充实，后来因为缺乏养气的工夫而导致气馁，于是养气的最后结果实际是使气回复到本来的浩然状态。这种说法体现了理学家对本来性的偏好，不仅在性、心的问题上是如此，在浩然之气的问题上也是如此，总之，理学在理论上的特点是把所要达到的说成是本来即有的。最后，关于知言，朱子将之解释为尽心知性，穷究其理，知其所以然，其实是以格物致知、物格知至的精神来解释知言。在此意义上，知言和养气的关系亦即是致知和存养的关系。

接着，讨论到直养无害和配义与道的问题：

> **“敢问何谓浩然之气?”曰：“难言也。”**孟子先言知言而丑先问气者，承上文方论志气而言也。难言者，盖其心所独得，而无形声之验，有未易以言语形容者。故程子曰：“观此一言，则孟子之实有是气可知矣。”**其为气也，至大至刚，以直养而无害，则塞于天地之间**。至大初无限量，至刚不可屈挠。盖天地之正气，而人得以生者，其体段本如是也。惟其自反而缩，则得其所养；而又无所作为以害之，则其本体不亏而充塞无间矣。程子曰：“天人一也，更不分别。浩然之气，乃吾气也。养而无害，则塞乎天地；一为私意所蔽，则欲然而馁，却甚小也。”谢氏曰：“浩然之气，须于心得其正时识取。”又曰：“浩然是无亏欠时。”**其为气也，配义与道；无是，馁也**。馁，奴罪反。配者，合而有助之意。义者，人心

之裁制。道者，天理之自然。馁，饥乏而气不充体也。言人能养成此气，则其气合乎道义而为之助，使其行之勇决，无所疑惮；若无此气，则其一时所为虽未必不出于道义，然其体有所不充，则亦不免于疑惧，而不足以有为矣。①

孟子本来只说以直养而无害，则塞于天地之间，并没有说浩然之气是天地之间本来所有的。朱子的解释中，则认为正气是天地间本来就有的，人禀受了天地正气而有了生命，因此人身的气本来是浩然的。如果人在生命活动中不戕害此气，而又能有养气的工夫，则人身本有的浩然之气就不会亏馁，而且能通于充塞天地之间的正气。如果人有私意，则浩然之气就会亏欠。朱子这个思想是继承了二程的天人一气相通的说法而来。关于“配义与道”，朱子的解释是，义指人心的正义感，道是指天理，人的浩然之气，其功能是可与道义相配合，完成勇敢的道德行为。

四　人性：性者人之所得于天之理

孟子思想最突出的部分是性善论，《孟子集注》对此的阐发是：

孟子道性善，言必称尧舜。道，言也。性者，人所禀

① 《四书集注》，第231—232页。

> 于天以生之理也，浑然至善，未尝有恶。人与尧舜初无少异，但众人汩于私欲而失之，尧舜则无私欲之蔽，而能充其性尔。故孟子与世子言，每道性善，而必称尧舜以实之。欲其知仁义不假外求，圣人可学而至，而不懈于用力也。门人不能悉记其辞，而撮其大旨如此。程子曰："性即理也。天下之理，原其所自，未有不善。喜、怒、哀、乐未发，何尝不善。发而中节，即无往而不善；发不中节，然后为不善。故凡言善恶，皆先善而后恶；言吉凶，皆先吉而后凶；言是非，皆先是而后非。"①

朱子认为，性既是人从天禀受得来的理，也是人的生命之身的理，此性此理是至善无恶的。人与圣贤的本性都是相同的，圣贤能充分发挥和实现其本性，故成为圣贤。众人沉迷于私欲而失其本性，所以只是众人。朱子认为，孟子之所以提出性善说，是要人知道道德仁义是人的内在本性，不必外求，只要充分发挥自己的本性，圣人就可学而至，激励人用力于道德修身。朱子也说明，他的思想是来自二程"性即理"的思想并加以发展了的，他主张善总是本源的、先在的。朱子坚持"性本善"的同时，主张要顺性，认为如果反性便为恶。所以他说："此章言性本善，故顺之而无不善；本无恶，故反之而后为恶，非本无定体，而可以无所不为也。"

关于孟子与告子的人性论辩，《孟子集注》这样给予分析：

---

① 《四书集注》，第 251 页。

告子曰："生之谓性。" 生，指人物之所以知觉运动者而言。告子论性，前后四章，语虽不同，然其大指不外乎此，与近世佛氏所谓作用是性者略相似。**孟子曰："生之谓性也，犹白之谓白与？"曰："然。""白羽之白也，犹白雪之白；白雪之白，犹白玉之白与？"曰："然。"** 与，平声。下同。白之谓白，犹言凡物之白者，同谓之白，更无差别也。白羽以下，孟子再问而告子曰然，则是谓凡有生者同是一性矣。**"然则犬之性，犹牛之性；牛之性，犹人之性与？"** 孟子又言若果如此，则犬牛与人皆有知觉，皆能运动，其性皆无以异矣，于是告子自知其说之非而不能对也。愚按：性者，人之所得于天之理也；生者，人之所得于天之气也。性，形而上者也；气，形而下者也。人物之生，莫不有是性，亦莫不有是气。然以气言之，则知觉运动，人与物若不异也；以理言之，则仁义礼智之禀，岂物之所得而全哉？此人之性所以无不善，而为万物之灵也。告子不知性之为理，而以所谓气者当之，是以杞柳湍水之喻，食色无善无不善之说，纵横缪戾，纷纭舛错，而此章之误乃其本根。所以然者，盖徒知知觉运动之蠢然者，人与物同；而不知仁义礼智之粹然者，人与物异也。孟子以是折之，其义精矣。[①]

告子所说的"生之谓性"本指生而具有的便是性，朱子进一步解释，认为告子所指的是人生而具有的知觉运动的能力。他特

① 《四书集注》，第326页。

别强调，生所代表的知觉与运动是属于气。朱子的哲学认为宇宙的基本构成是理和气，理是生物之本，气是生物之具，他根据其理气观提出一种“性—生”的二元论解释，本性来自天之理，生命来自天之气，人从天禀受了理作为本性，人又从天禀受了气而形成生命，有理有气才构成为人；人都有性，也都有气，但本性是形而上的，生命活动是形而下的。从气来看，在有知觉能运动的方面，人和物没有根本的区别；从理来看，人禀受了仁义礼智的全体，物只得到偏的部分，所以人性善，物性有不善。朱子还强调，告子是以气为性，孟子是以理为性，而按告子的思想是无法说明人和物的区别的。这种解释无疑充满了理学世界观的特色。

关于人与物的区别，《孟子集注》还提到：

> **孟子曰：“人之所以异于禽于兽者几希，庶民去之，君子存之。”**几希，少也。庶，众也。人物之生，同得天地之理以为性，同得天地之气以为形；其不同者，独人于其闻得形气之正，而能有以全其性，为少异耳。虽曰少异，然人物之所以分，实在于此。众人不知此而去之，则名虽为人，而实无以异于禽兽。君子知此而存之，是以战兢惕厉，而卒能有以全其所受之理也。[①]

在这里，朱子指出，人和物的区别，不仅在于人所禀受的理是全体，物所禀受的理是部分和片面，而且在于，人所禀受的气

① 《四书集注》，第294页。

是正的，物所禀受的气有所不正。甚至可以说，正是由于人禀受了正的气，所以能禀受理的全体并能够保全性理的本体。但人能保全其本性并不是自然的，需要有“存之”的工夫，朱子理解的工夫主要是战兢惕厉，即戒慎恐惧和慎独的工夫。

《孟子集注》不仅以“知觉运动”理解“生”，也以此理解“食色”：

> **告子曰：“食色，性也。仁，内也，非外也；义，外也，非内也。”**告子以人之知觉运动者为性，故言人之甘食悦色者即其性。故仁爱之心生于内，而事物之宜由乎外。学者但当用力于仁，而不必求合于义也。[①]

朱子在这里一方面强调以知觉运动为性，就是以饮食男女等感性欲求为性，一方面针对告子的义外说指出，事物之宜并非由乎外，义也是内在的，是心指向事物的一种作用。

关于孟子同时代的几种人性论，《孟子集注》的分析比较简略：

> **公都子曰：“告子曰：‘性无善无不善也。’**此亦“生之谓性、食色性也”之意，近世苏氏、胡氏之说盖如此。**或曰：‘性可以为善，可以为不善；是故文武兴，则民好善；幽厉兴，则民好暴。’**好，去声。此即湍水之说也。**或曰：‘有性善，有性不善；是故以尧为君而有象，以瞽瞍为父而**

① 《四书集注》，第326页。

> **有舜；以纣为兄之子且以为君，而有微子启、王子比干。'**韩子性有三品之说盖如此。按此文，则微子、比干皆纣之叔父，而书称微子为商王元子，疑此或有误字。**今曰'性善'，然则彼皆非与?"**与，平声。**孟子曰："乃若其情，则可以为善矣，乃所谓善也**。乃若，发语辞。情者，性之动也。人之情，本但可以为善而不可以为恶，则性之本善可知矣。**若夫为不善，非才之罪也。"**夫，音扶。才，犹材质，人之能也。人有是性，则有是才，性既善则才亦善。人之为不善，乃物欲陷溺而然，非其才之罪也。[①]

针对公都子所述的几种人性论说法，朱子认为，"性无善无不善""生之谓性""食色性也""性可以为善，可以为不善"，这几个说法都是告子人性论的命题，宋代苏轼、胡宏的人性论说法也都与告子之说相近。而唐代韩愈的人性三品说，则近于先秦"有性善，有性不善"的说法。所有这些说法都是与性善论对立的。关于"乃若其情，则可以为善矣，乃所谓善也"一句的解释，朱子认为，这句话是说，情和性的关系是，情是性的发用和表现；而情本来只是可为善的，故可知情所表现的性是善而无恶的。朱子用性情体用的关系，把孟子这句解释为因用证体、由情证性的思想。

最后来看四心说和朱子的解析：

> **恻隐之心，人皆有之；羞恶之心，人皆有之；恭敬之**

---

① 《四书集注》，第328页。

> **心，人皆有之；是非之心，人皆有之。恻隐之心，仁也；羞恶之心，义也；恭敬之心，礼也；是非之心，智也。仁义礼智，非由外铄我也，我固有之也，弗思耳矣。故曰："求则得之，舍则失之。"或相倍蓰而无算者，不能尽其才者也……**前篇言是四者为仁义礼智之端，而此不言端者，彼欲其扩而充之，此直因用以著其本体，故言有不同耳……以此观之，则人性之善可见，而公都子所问之三说，皆不辩而自明矣。程子曰："性即理也，理则尧舜至于涂人一也。才禀于气，气有清浊，禀其清者为贤，禀其浊者为愚。学而知之，则气无清浊，皆可至于善而复性之本，汤武身之是也。孔子所言下愚不移者，则自暴自弃之人也。"又曰："论性不论气，不备；论气不论性，不明，二之则不是。"张子曰："形而后有气质之性，善反之则天地之性存焉。故气质之性，君子有弗性者焉。"愚按：程子此说才字，与孟子本文小异。盖孟子专指其发于性者言之，故以为才无不善；程子兼指其禀于气者言之，则人之才固有昏明强弱之不同矣，张子所谓气质之性是也。二说虽殊，各有所当，然以事理考之，程子为密。盖气质所禀虽有不善，而不害性之本善；性虽本善，而不可以无省察矫揉之功，学者所当深玩也。①

朱子面对的问题是：为什么孟子前面说"恻隐之心，仁之端也"，而这里却直接说"恻隐之心，仁也"？朱子的解释是，本

① 《四书集注》，第 328—329 页。

来恻隐之心是用，仁是体，体和用是有分别的。但这里孟子“直因用以著其本体”，即孟子要直接在发用上来显示其本体的流行，所以这里不用端绪的说法，而说恻隐之心就是仁。此下朱子引用了二程、张载论性的重要语录，作为解释的背景，并指出孟子的“才”是善的，而二程说的“才”是有不善的，因为孟子的“才”是天地之性的表现，二程的“才”是气质之性的表现。他强调，气质的禀受虽然有不善，但不会改变性的本善；而性虽然本善，但如果不加改善气质的工夫，性就无法实现出来。

五　尽心：极其心之全体而无不尽

现在来看《孟子集注》阐发的工夫论主张：

> **孟子曰："舜之居深山之中，与木石居，与鹿豕游，其所以异于深山之野人者几希。及其闻一善言，见一善行，若决江河，沛然莫之能御也。"**行，去声。居深山，谓耕历山时也。盖圣人之心，至虚至明，浑然之中，万理毕具。一有感触，则其应甚速，而无所不通，非孟子造道之深，不能形容至此也。[①]

朱子在此章的解释中着重提出了心的看法，他认为圣人之心，有几个特点：一是虚明，指心的能力；二是万理皆具，强调心

① 《四书集注》，第353页。

不是空的；三是应感而通，对外感的反应很快。

其实，在朱子看来，这三点不仅是圣人之心，也是所有人心的本来状态：

> **孟子曰："尽其心者，知其性也。知其性，则知天矣。**心者，人之神明，所以具众理而应万事者也。性则心之所具之理，而天又理之所从以出者也。人有是心，莫非全体，然不穷理，则有所蔽而无以尽乎此心之量。故能极其心之全体而无不尽者，必其能穷夫理而无不知者也。既知其理，则其所从出，亦不外是矣。以《大学》之序言之，知性则物格之谓，尽心则知至之谓也。**存其心，养其性，所以事天也。**存，谓操而不舍；养，谓顺而不害。事，则奉承而不违也。**夭寿不二，修身以俟之，所以立命也。"**夭寿，命之短长也。贰，疑也。不二者，知天之至，修身以俟死，则事天以终身也。立命，谓全其天之所付，不以人为害之。程子曰："心也、性也、天也，一理也。自理而言谓之天，自禀受而言谓之性，自存诸人而言谓之心。"张子曰："由太虚，有天之名；由气化，有道之名；合虚与气，有性之名；合性与知觉，有心之名。"愚谓尽心知性而知天，所以造其理也；存心养性以事天，所以履其事也。不知其理，固不能履其事；然徒造其理而不履其事，则亦无以有诸己矣。[①]

孟子只讲尽心，没有对心下定义。朱子在这里对心的解说代表

① 《四书集注》，第349页。

了朱子对心的看法，首先心者人之神明，是说心指人的感觉思维活动能力；其次强调心不是空洞的知觉，心中具备众理，心中所具的理就是性；最后指出心的功能是应接事物。朱子认为每个人的心本来都是虚灵神明，都具备众理，都能应万事，这叫莫非全体。但人心为物欲所蔽，心的神明及其具理而应事的能力无法全体发挥出来，所以要“尽心”。朱子把“尽心”解释为极其心之全体，就是把心本来具有的全部能力都彻底发挥出来。要克服去除心所受的偏蔽，先要穷理，达到对事物之理无所不知，这就是“知性”的境界。对事事物物的理都能知晓，也就对理之所从出的根源“天”有清楚的了解了，这就是“知天”的境界。

由于孟子以“尽心知性”和“存心养性”相对，所以朱子把它们看成二元互补的工夫，一方面是致知，一方面是践行，前者是格物以知，后者是存养以行，前者是知其理，后者是行其事，朱子以理事、知行二元互济的角度对孟子知、存对举进行了诠释。

这种解释的方法也见于对“明”“察”的分析：

> **舜明于庶物，察于人伦，由仁义行，非行仁义也**。物，事物也。明，则有以识其理也。人伦，说见前篇。察，则有以尽其理之详也。物理固非度外，而人伦尤切于身，故其知之有详略之异。在舜则皆生而知之也。由仁义行，非行仁义，则仁义已根于心，而所行皆从此出。非以仁义为美，而后勉强行之，所谓安而行之也。此则圣人之事，不

待存之，而无不存矣。尹氏曰：“存之者，君子也；存者，圣人也。君子所存，存天理也。由仁义行。存者能之。”[①]

明是识其理，察是尽其理，朱子主张格物穷理。但朱子也指出，理有物理，有人理，物理固然需要去穷，而穷人伦之理更切合自己的身心修养。这都说明，虽然朱子重视格物致知，但在人理和物理两方面，还是有明显的侧重的。在仁义之行方面，朱子借《中庸》来区分“由仁义行”和“行仁义”二者，“由仁义行”的“由”表示内心本有仁义，“行仁义”则把仁义作为外在规范，朱子以《中庸》的“生知安行”解释“由仁义行”，用《中庸》的“勉强二行”解释“行仁义”，本无不可，不过朱子把“由仁义行”说成圣人之事，引尹氏语，以行仁义为君子事，明显表达出朱子对生知说的警惕和对“存之”工夫的注重。

如本文开始所说，《孟子集注》不忽视训诂音读，这是朱熹的自觉，他曾说：“本之《注疏》以通其训诂，参之《释文》以正其音读，然后会之于诸老先生之说以发其精微。一句之义系之本句之下，一章之指列之本章之左，又以平生所闻于师友而得于心思者，间附见一二条焉。”[②] 这其实也是《孟子集注》的基本做法。可知朱子论孟注释著作的方法是一贯的。所以《语类》中也记载了不少朱子自己的表白：“某所集注《论语》，至于训诂皆仔细者，盖要人字字与某着意看。”[③] 他在《论语精

① 《四书集注》，第 294 页。

② 《论语训蒙口义序》，载于《晦庵先生朱文公文集》卷七十五，第 2752 页。

③ 《朱子语类》卷十一，第 191 页。

义》序中也说道："汉魏诸儒，正音读、通训诂、考制度、辨名物，其功博矣。学者苟不先涉其说，则亦何以用力于此？"[①] 这都说明朱子批判地吸取了汉唐经学的有益之处，并融入他自己的解经著作。

但朱子虽然兼顾训诂等，仍是以义理解经为主，而他的义理解释既在思想上继承了二程，又与二程在解释方法上有别，他曾说："程先生经解，理在解语内。某集注论语，只是发明其辞，使人玩味经文，理皆在经文内。"[②] 这是说，二程所阐发的义理是对的，但他们解经时阐发的义理往往脱离经文的本文；而朱子自己也注重义理，但他的《四书集注》在主观上力图使读者切就经文来理解经文的义理，引导读者就经文而理解其义理，是即经求理，不是离经说理。其实，朱子的解经在很多地方也是发挥或加进了经文中没有说明的义理，这从我们在本文所述的朱子以其哲学解释文本的例子可明显看出。这是一切义理派解经学共有的必然趋归。但朱子不忽视训诂音读名物，注重经文自身的脉络，确实使得朱子的"四书"著作能够经受得起汉学的批评，而又同时彰显出义理派的优长。

总之，朱子的《孟子集注》，在大力提高《孟子》书权威的同时，通过对于《孟子》书的注释，全面阐发了仁心说、天理说、性善说、浩然之气说、尽心说等儒学思想，使儒家思想在新的历史和文化条件下，得到了显著的发展。

---

① 《语孟集义序》，载于《晦庵先生朱文公文集》卷七十五，第2766页。

② 《朱子语类》卷十九，第438页。

第十章　朱子《家礼》真伪考议

《家礼》一书，分通礼、冠礼、婚礼、丧礼、祭礼五卷，传为宋朱子所撰。但自元应氏作《家礼辨》以来，此书究竟是否为朱子所作，已是聚讼纷纭。近年学者（如钱穆、上山春平），皆以此问题已得解决，实则未然。今将各家之说略为梳理，且更为考核，以见其实。

一　宋人论《家礼》

1. 朱子死后，门人李方子作《朱子年谱》，于“乾道六年庚寅”下有“家礼成”一条，并说：

> 乾道五年九月，先生丁母祝令人忧。居丧尽礼，参酌古今，因成丧葬祭礼。又推之于冠昏，共为一编，命曰

《家礼》。[①]

李氏年谱原本已不可得见，此数语见于《家礼附录》，白田王氏谓此即李氏年谱本语。依此说，朱子居母丧时作成丧祭礼，后来又作成冠婚之礼，最后合丧、祭、冠、婚为一编，定名为《家礼》。这是明确肯定朱子曾著《家礼》。

2. 朱子门人黄榦言：

> 先生既成《家礼》，为一行童窃以逃。先生易箦，其书始出，今行于世。然其间有与先生晚岁之论不合者，故未尝为学者道也。[②]

据黄榦此说，朱子著成《家礼》于中年，后为人窃走。朱子晚年在《家礼》方面的观点又有改变和发展，所以从未对学生谈及《家礼》一书。而《家礼》的刊行是在朱子死后。

3. 朱门高弟陈淳说：

> 嘉定辛未岁过温陵，先生季子敬之倅郡，出示《家礼》一编，云此往年僧寺所亡本也。有士人录得，会先生葬日携来。因得之。[③]

① 王懋竑：《朱子年谱》，四库全书本，第22a页。
② 朱熹：《家礼附录》，四库全书本，第1a页。
③ 同上。

这是说，嘉定辛未（1211年）即朱子死后十一年，陈淳在泉州遇到朱子第三子朱在（字敬之）。据朱在说，在庆元六年朱熹下葬之日，有人将往年失窃的《家礼》复本携来。照此录看，《家礼》的遗失在朱门好像是一件尽人皆知的事情。陈淳自己则是在朱子死后十一年才见到此书。

4.《性理大全》中的《家礼小注》曰：

> 北溪陈氏曰："廖子晦广州所刊本降神在参神之前，不若临漳传本降神在参神之后为得之。"[①]

北溪即陈淳号，廖子晦名德明，亦朱门高弟。据此，朱子死后不久，廖德明、陈淳都曾分别在广州和临漳刊行《家礼》一书，但二本略异。疑闽广二本皆本于朱在所得本。

5.朱子女婿（亦朱门高弟）黄榦在《朱子行状》中说：

> 所辑《家礼》，世多用之，然其后亦多损益，未暇更定。[②]

黄榦又在《书晦庵先生家礼后》说：

> 先儒取其施于家者，著为一家之书，为斯世虑至切也。晦庵朱先生以其本末详略犹有可疑，斟酌损益，更为《家礼》。务从本实以惠后学……迨其晚年讨论家、乡、侯、

① 胡广等：《性理大全书》卷二十一，四库全书本，第20b页。

② 黄榦：《勉斋集》卷三十六，四库全书本，第47a页。

> 国、王朝之礼，以复三代之坠典，未及脱稿而先生殁矣，此百世之遗恨也。则是书已就，而切于人伦日用之常，学者其可不尽心与。①

黄榦所跋乃赵师恕嘉定丙子（1216 年）余杭刊本。这里的“先儒”指司马温公及其所著《书仪》。黄榦说，司马氏的《书仪》用意甚好，但朱子以为详略取舍不尽恰当，所以以《书仪》为基础，加以增删修正，写成朱子自己的《家礼》。由于朱子晚年所作《仪礼经传通解》没有完成，所以这部已经完成的《家礼》就显得更为需要。

6. 李性传亦私淑朱子之学，嘉熙二年（1238 年）他在饶州刊行的《朱子语续录》后序中亦云：“先生家礼成于乾道庚寅。”

陈淳遇朱在在嘉定四年（1211 年），赵师恕刊印《家礼》而黄榦为跋在嘉定九年，黄榦作《朱子行状》在嘉定十四年，李性传《朱子续录后序》在嘉熙二年。赵师恕刊本《家礼》后又为朱门弟子杨复附注，淳祐五年（1245 年）周复刊行杨注本（五卷，附录一卷，今存影宋本）。由此可见，朱子死后十到四十年间，《家礼》从发现到附注刊行，在朱门未曾引起怀疑和争论。正是根据上述材料，后人洪去芜本《朱子年谱》在庚寅年下称：

> 先生居丧尽礼，既葬日居墓侧，朔望则归奠几筵，自始死至祥禅，参酌古今，咸尽其变，因成丧祭礼。又推之

① 《勉斋集》卷二十二，第 8a—8b 页。

> 于冠昏，共为一编，命曰家礼。既成未尝为学者道，易箦之后其书始出人家。其间有与先生晚岁之论不合者，黄榦直卿云：《家礼》世多用之，然其后亦多损益，未暇更定，览者详择焉。[①]

不过，照此中所说，丧祭礼成于祥禫之后，则朱子母既卒于乾道五年己丑（1169年）秋，丧祭礼必不能成于庚寅（1170年）。而冠昏之礼又成于丧祭礼已成后之数年，则作《年谱》者缘何以"家礼成"一条系于庚寅？

二 元明人论《家礼》

《家礼》一书嘉定后流布，朱门高弟与朱在皆加首肯，本似无可疑，世人亦未有以为疑。至元至正间武林应氏作《家礼辨》，首提出《家礼》非朱子所作：

> 文公先生于绍熙甲寅八月《跋三家礼范》云："某尝欲因司马公之书，参考诸家之说，裁订损益，举纲张目，以附其后，顾以衰病不能及已。"勉斋先生《家礼后序》云："文公以先儒之书本末详略犹有可疑，斟酌损益，更为《家礼》，迨其晚年讨论家乡侯国王朝之礼，未及脱稿而先生没，此百世之遗恨也。"今且以其书之出不同置之，如以年月考之，宋光宗绍熙甲寅文公已于《三家礼范》自言"顾以衰病

① 王懋竑：《朱子年谱·考异》卷一，四库全书本，第22a页。

> 不能及”，岂于孝宗乾道己丑已有此书？况勉斋先生亦云未及脱稿而文公没，则是书非文公所编，不待辨而明矣。[①]

应氏的问题是，既然《年谱》谓朱子四十一岁时即已写成《家礼》（乾道庚寅），何以朱子在六十五岁时（绍熙甲寅）不但不曾提及，反而却说“顾以衰病不能及”呢？今之所传《家礼》一书，正是因司马光之《书仪》，加以损益，去繁存简，使便施用，何以朱子却说因病不及作呢？既然黄榦已说明“未及脱稿”，那么现传这部有完整序文的《家礼》一定不是朱子所作了。

《三家礼范》本是张栻淳熙初在广西结集了司马光、张载、程颐关于家礼的著作加以刊行的。朱子守长沙时邵渊再刻此书，请序于朱子。朱子跋之曰：

> 呜呼！礼废久矣。士大夫幼而未尝习于身，是以长而无以行于家。长而无以行于家，是以进而无以议于朝廷，施于郡县，退而无以教于闾里、传之子孙，而莫或知其职之不修也。长沙郡博士邵君渊，得吾亡友敬夫所次《三家礼范》之书而刻之学宫，盖欲吾党之士相与深考而力行之，以厚彝伦而新陋俗，其意美矣。然程张之言犹颇未具，独司马氏为成书，而读者见其节文度数之详，有若未易究者，往往未见习行而已有望风退怯之意。又或见其堂室之广，给使之多，仪物之盛，而窃自病其力之不足。是以其书虽

① 《朱子年谱·考异》卷一，第22b页。

> 布，而传者徒为箧笥之藏，未有能举而行之者也。殊不知礼书之文虽多，而身亲试之，或不过于顷刻。其物虽博，而亦有所谓不若礼不足而敬有余者。今乃以安于骄佚，而逆惮其难，以小不备之故，而反就于大不备，岂不误哉！故熹尝欲因司马氏之书，参考诸家之说，裁订增损，举纲张目，以附其后，使览之者得提其要以及其详，而不惮其难，行之者虽贫且贱，亦得以具其大节、略其繁文，而不失其本意也。顾以病衰，不能及已。今感邵君之意，辄复书以识焉。呜呼，后之君子其尚有以成吾之志也夫。[①]

明代邱浚反对应氏之说，其《家礼仪节》正确地指出了应的一个错误，即黄榦所谓“未及脱稿”是指晚年所编《仪礼经传通解》中的家乡侯国王朝之礼，而明明指《家礼》为“是书已就”。至于《跋三家礼范》所说的“顾以衰病，不能及已”，邱氏也给了一个解释，即不是说不曾写过《家礼》，只是因为《家礼》成于中年，朱子晚年思想更加成熟，所以并不认为早年的《家礼》已真正完成了“裁订损益，举纲张目”“略其繁文，而不失其本意”的任务，而重新撰写已因病不及了。

三　清儒及近人辨《家礼》

至清初，王白田（王懋竑，字子中，号白田）又提出这一

① 朱熹：《跋三家礼范》，载于《晦庵先生朱文公文集》卷八十三，第2987—2988页。

问题。白田王氏一生考订朱子书文行事，用力极深，所撰《朱子年谱》及其《考异》，世所称许。其论《家礼》非朱子之书亦极辩：

> 按《年谱》及《家礼附录》，则《家礼》为朱子之书无疑。考之《文集》《语录》，则有《祭礼》《祭说》而无云《家礼》者。所云被人窃去亡之者，亦《祭礼》而非《家礼》也。唯《与蔡季通书》有“已取《家礼》四卷并附疏者一卷纳一哥”之语，此丁巳后书，所云《家礼》乃《经传通解》中之《家礼》，亦非今之《家礼》也。《年谱》《家礼》成于庚寅正居母丧时，而《序》绝不及居忧一语。所谓因丧祭而推于冠婚，《序》中亦无此意。勉斋《行状》及《家礼后序》但言其后多损益、未暇更定，既不言其居丧时所辑，亦不言其亡而复得，是皆有所不可晓者。姑类集诸录及《文集》《语录》诸说于此，以俟后之人考而订焉。[①]

白田更作《家礼考》一文，明白肯定《家礼》非朱子之书。其文云：

> 《家礼》非朱子之书也。《家礼》载于《行状》，其《序》载于《文集》，其成书之岁月载于《年谱》，其书亡而复得之由载于《家礼附录》，自宋以来，遵而用之，其为朱子之书，几无可疑者。乃今反复考之，而知决非朱子之书

① 《朱子年谱·考异》卷一，第22a—22b页。

> 也。李公晦叙年谱《家礼》成于庚寅居祝孺人丧时，《文集》序不纪年月，而《序》中绝不及居丧事。《家礼附录》陈安卿述朱敬之语，以为此往年僧寺所亡本……其录得携来不言其何人，亦不言其得之何所也。黄勉斋作《行状》，但云“所辑《家礼》，世所遵用，其后多有损益，未及更定”，既不言成于居母丧时，亦不言其亡而复得；其《书家礼后》亦然。敬之朱子季子，公晦、勉斋、安卿皆朱子高第弟子，而其言参错不可考据如此。
>
> 按《文集·朱子答汪尚书书》《与张敬夫书、吕伯恭书》，其论《祭仪》《祭说》往复甚详。汪、吕书在壬辰癸巳，张书不详其年，计亦其前后也。壬辰癸巳距庚寅仅二三年，《家礼》既有成书，何为绝不之及，而仅以《祭仪》《祭说》为言耶？陈安卿录云“向作《祭仪》《祭说》甚简，而易晓，今已亡之矣”，则是所亡者乃《祭仪》《祭说》而非《家礼》也明矣。[①]

王白田认为，如果《家礼》是在母丧时所作，为何在《家礼序》和黄榦《行状》中都没有说到这一点？如果如《年谱》所说，因丧祭之仪又推之于冠婚，何以《家礼序》中没有说起？如果确如陈淳、黄榦所说《家礼》是失而复得，何以黄榦作为朱门最重要的传人在《家礼后序》中没有提及？王白田特别提出，在全部朱子《文集》《语录》中没有一个地方提到朱子曾作过名为《家礼》的著作，成为对比的是，朱子多次提到著过《祭仪》

① 王懋竑：《白田杂著》卷二，四库全书本，第1a—2a页。

和《祭说》曾经亡失。基于如上理由，王白田以为朱子曾经被窃去的并不是《家礼》，而是《祭仪》，《家礼》并不是朱子所作。《四库提要》完全采取了白田的这一说法。

就朱子是否著过《家礼》这一根本点说，白田的这些论难在逻辑上并非十分有力。如果根据各种证据表明朱子四十一岁（庚寅）时并未著成《家礼》一书，那也只是否定了《家礼》成于庚寅的可能，并不能排除《家礼》在以后才完成的可能性。事实上，《年谱》也说，四十一岁居母丧时先成丧祭礼，服除之后年岁间，又推之于冠婚。所谓“又推之于冠婚”本来也不即是说庚寅年即推之冠婚，“又”即后来之意。《年谱》将《家礼》成一年系于庚寅年下，亦出于无奈，因为《家礼序》没有年月，既然《家礼》中的《祭仪》的写作可以追溯到居丧时，所以也就只得系在庚寅了。其实，庚寅朱子确乎没有写过《家礼》，这一点王白田是正确的。但白田发现的旧谱的这一年代差误，并不能从根本上推翻朱子曾在后来其他时候写成《家礼》的可能性。至于《家礼序》何以没有提到居丧或由丧祭推之冠婚的写作过程，也并不是十分重要的，因为没有任何东西能要求作者序文中必须提及此事。甚至于，即使序文是伪作的，也并不能就排除本文是朱子所作的可能性。比较重要的倒是，《家礼》一书朱子一生从未提起，朱子平生著作甚多，其他著作，《文集》或《语类》皆有论及，独《家礼》一书不见提起，这确实十分奇怪。

对此，清朝另一位学者夏炘提出，不能因为朱子没有提到过《家礼》的名称就否定此书，如果朱子谈到过与《家礼》内容相同的著述，则可以经过考订而确认之。他说：

> 《家礼》一书，朱子所编辑，以为草创之所未定则可，以为他人之所伪托则不可。黄勉斋、杨信斋、李果斋、陈安卿、黄子耕诸公皆朱子升堂入室之高第弟子也，敬之先生亦能传朱子之家学者也，甫易箦而此书即出，六先生不以为疑，直至元至正间武林应氏作《家礼辨》，以为非朱子之书……明邱琼山斥之……以《家礼序》决非朱子不能作……王白田复拾应氏之唾余……吾未之敢信也……叶味道录云问丧祭之礼今之士固难行，而冠婚自行可乎？曰：亦自可行，某今所定者，前一截依温公，后一截依伊川。杨信斋《家礼附注》引朱子曰：某定婚礼，亲迎用温公，入门以后则从伊川。是二条者，虽不明言《家礼》，然所定者必有一书。今《家礼》婚礼亲迎用《书仪》，入门以后用伊川说，与叶杨所记者合，然则所定者即指今所传之《家礼》无疑矣。《文集·答汪尚书书》云：尝因程子之说，草具祭寝之仪，将以行于私家，而遭年遭丧，未及尽试。《答张钦夫书》云：《祭礼》修定处甚多，大抵多本程氏而参以诸家。《与蔡季通书》云：《祭礼》只是于温公《书仪》内少增损之。叶味道录云：某之《祭礼》不成书，只是将司马公书减却几处。陈安卿录云：某尝修《祭礼》，只就温公仪中间行礼处分作五六段，甚简易晓，后被人窃去，亡之矣。以上诸条，虽不明言《家礼》，然曰草具，曰修定，曰尝修，非朱子《祭礼》明有一书乎。……然则曰草具、曰

修定、曰尝修者，非指今所传之《家礼》乎？[1]

夏炘所引《语录》婚礼两条是否可以证明《家礼》，容后讨论，其引答汪、张、蔡书及叶、陈所录关于祭礼的材料以证《家礼》，严格说来，也是不妥的。因为朱子与数人书皆论乾道中所成之《祭礼》一书，未及《家礼》，虽然后来的《家礼》一书中包括有《祭礼》的部分，但不能用朱子论《祭礼》的材料证明《家礼》。

近人钱穆于《朱子新学案》中亦提及此书真伪问题，钱氏指出："朱子卒及其葬……又值党禁方严，谓有人焉，据其跋文，伪造《家礼》，又伪作序文，及朱子之卒而献之其家，有是人，有是理乎！"[2] 这个诘问也是很有力的。朱子晚年遭庆元党禁，列为伪学之魁，落职罢祠，常人避之犹不及。朱子死后当政尚禁止门人因葬事聚会，设想在这个时候有人热衷于伪作朱子之书，且在下葬之日携到朱子家中，是极不合情理的。

四　《祭礼》小考

以上已将昔贤关于《家礼》的辩论略为叙述，总上所论，须解决以下问题：乾道庚寅朱子是否著成《家礼》？如果没有，庚寅后朱子于乾末淳初是否著成《家礼》？朱子是否著过《祭礼》，其与今传《家礼》关系如何？《家礼》序是否朱子所作，

---

① 夏炘：《述朱质疑》卷七，清咸丰二年影紫山房刻本，第 11a—12b 页。

② 钱穆：《朱子新学案》四，九州出版社，2011 年，第 178 页。

《家礼》本文是否朱子所作？此节专论《祭礼》。

朱子确有《祭礼》一书，且完成于丧母之前，《朱子答林择之书》云：

> 某所请竟未报，元履传闻有添差台学之除……《祭仪》稿本纳呈，未可示人。[①]

此书作于己丑春夏间，朱子丧母则在己丑秋，此时《祭仪》已有稿本。实际上在此之前，朱子也曾寄给张栻，故朱子《答林择之二》云：

> 敬夫文有书理会《祭仪》，以墓祭节祠为不可。然二先生皆言墓祭不害义理，又节物所尚，古人未有，故止于时祭。今人时节随俗燕饮……方欲相与反复，庶归至当。但旧仪亦甚草草，近再修削，颇可观。一岁只七祭为正祭，自元日以下皆用告朔之礼以荐节物于隆杀之际，似胜旧仪，便遽未及写去。[②]

此书首云："熹奉养粗安旧学不敢废，得扩之朝夕议论。"[③] 朱子丧母在己丑秋，此云奉养，必在其前。又云扩之朝夕讲论，林扩之从游乃在乾道戊子（1168 年），故此书在朱子丧母前一

① 《晦庵先生朱文公文集》（别集）卷六，第 3815 页。

② 《晦庵先生朱文公文集》卷四十三，第 1451—1452 页。

③ 同上书，第 1451 页。

年戊子。据此书“旧仪”之说，《祭仪》成稿似已有年。朱子尝言：

> 某自十四岁而孤，十六而免丧。是时祭祀，只依家中旧礼。礼文虽未备，却甚整齐。先妣执祭事甚虔。及某年十七八，方考订得诸家礼，礼又稍备。[①]

以此参之，旧仪者即朱子十七八时所订祭礼，至是颇加刊削，起于张栻之不满此仪。张栻致朱子书：“示以所定《祭礼》……时祭之外，冬至祭始祖，立春祭先祖，季秋祭祢，义则精矣。元日履端之祭亦当然也，而所谓岁祭节祠者亦有可议者。”[②] 朱子因答其书云：

> 祭说辨订精审，尤荷警发。然此二事初亦致疑，但见二先生皆有随俗墓祭不害义理之说，故不敢轻废。至于节祠则又有说，盖今之俗节，古所无有，故古人虽不祭而情亦自安。今人既以此为重，至于是日必具殽羞相宴乐，而其节物亦各有宜，故世俗之情至于是日不能不思其祖考，而复以其物享之……至于元日履端之祭，礼亦无文，今亦只用此例。又初定仪时，祭用分至，则冬至二祭相仍，亦近烦渎，今改用卜日之制，尤见听命于神不敢自专之意。其它如此修定处甚多，大抵多本程氏而参以诸家，故特取

① 《朱子语类》卷九十，第2316页。
② 《南轩集》卷二十，第2b—3b页。

> 二先生说，今所承用者为《祭说》一篇，而《祭仪》《祝文》又各为一篇，比之昨本稍复精密。[①]

朱子之意，今人各种俗节如端午等，古之所无，故古礼无此文。但今人过节，必有思祖之情，故当随俗有祭。后来朱子对门人亦说："向南轩废俗节之祭，某问：'于端午能不食粽乎？重阳能不饮茱萸酒乎？不祭而自享，于汝安乎？'"[②]

由上与张栻书可见，朱子确有《祭仪》（或称《祭礼》）一书，其书今分为三篇：《祭说》《祭礼》《祝文》，在丧母前已成规模，故《年谱》言居丧始作，非也。但朱子后来又屡修改，也是事实。

朱子丧母后二年，乾道壬辰（1172 年）吕祖谦丧父，亦欲考订祭礼，尝问于朱、张。张栻回书云："祭仪向来元晦寄本颇详，亦有几事疑，后再改来，往往已正，今录去。但墓祭一段鄙意终不安，寻常到山间，只是顿颡哭洒扫而已，时祭只用二分二至，有此不同耳。"[③] 而朱子复吕书云：

> 《祭礼》略已成书，欲俟之一两年徐于其间察所未至，今又遭此期丧，势须卒哭后乃可权宜行。礼考其实而修之，续奉寄求订正也。[④]

---

① 《晦庵先生朱文公文集》卷三十，第 951—952 页。

② 《朱子语类》卷九十，第 2321 页。

③ 《南轩集》卷二十五，第 3a 页。

④ 《晦庵先生朱文公文集》卷三十三，第 1033 页。

此二书在壬辰，这说明，朱子本来认为此书理论上已经完成，但须在实践中察其未至以修订之，但因己丑秋丧母，未能即施行之。

朱子寄《祭礼》给吕祖谦，见于其另一书："《祭礼》已写纳汪丈处，托以转寄……然其间有节次修改处，俟旦夕别录呈，求订正也。"[①] 这是因为壬辰、癸巳（1173 年）间汪应辰问祭礼于朱子，朱子癸巳年有《答汪尚书论家庙书》：

> 熹又尝因程氏之说，草具祭寝之仪，将以行于私家，而连年遭丧，未及尽试。[②]

此书原注癸巳，朱子四十四岁，此书与前引答吕书意同，都是说本来计划在家中试行所订祭礼，但连年有母、叔母、舅氏之丧，不及施行。

朱子又有《答蔡季通》一书：

> 题辞协律恨未得闻，且愧其词义之不称也。祭礼只是于温公仪内少增损之，正欲商订，须俟开春稍暇乃可为也。程氏冬至、立春二祭，昔尝为之，或者颇以僭上为疑，亦不为无理，亦并俟详议也。[③]

---

① 《晦庵先生朱文公文集》卷三十三，第 1041 页。

② 同上书，卷三十，第 938—939 页。

③ 同上书，卷四十四，第 1471—1478 页。

此书所作之年不详，按：答张敬夫、汪尚书皆云《祭仪》多本于程氏，此书谓于温公书仪内增损之，略不同。疑《祭仪》中的《祭说》多取二程之说，而《祭礼》之节文则以《书仪》为基础加以增删。

吕祖谦晚年作成《家范》一书，亦是订定家礼，其中多次引用“朱氏祭仪”，可见朱子确有《祭仪》一书。吕祖谦卒于淳熙八年，时朱子五十二岁，于此推断，至少在朱子五十二岁时，还没有著成一部名为《家礼》的书，否则吕祖谦的《家范》一定会援用。根据朱熹、张栻、吕祖谦乾淳之间的往来情况，如果在这一时期朱子确曾写成《家礼》，不论是否后来为人窃去，一定会寄张、吕共同研讨，何况吕祖谦订定《家范》，张栻在广西结集《三家礼范》，三人皆对家礼如此重视呢。

在《语类》中也有不少地方提到《祭仪》：

> 问：“尝收得先生一本《祭仪》，时祭皆是卜日。今闻却用二至、二分祭，如何？”曰：“卜日无定，虑有不虔。温公亦云，只用分、至亦可。”问：“如此，则冬至祭始祖，立春祭先祖，季秋祭祢，此三祭如何？”曰：“觉得此个礼数太远，似有僭上之意。”又问：“祢祭如何？”曰：“此却不妨。”
>
> 某之《祭礼》不成书，只是将司马公者减却几处。
>
> 温公仪人所惮行者，只为闲辞多，长篇浩瀚，令人难读。其实行礼处无多。某尝修《祭礼》，只就中间行礼处分作五六段，甚简易晓，后被人窃去，亡之矣。李文问：

"《祭仪》更有修改否?"曰:"大概只是温公仪,无修改处。"①

向作祭仪祭说甚简而易晓,今已亡之矣。②

坚持《家礼》为朱子所作的人常引以上数条为据,但是,从本节考察来看,这几段材料都只说是《祭礼》一书,而不是作为《家礼》中一部分的《祭礼》。尤其是陈淳所录"温公仪人所惮行者",已说到温公《家礼》,若朱子自己已有《家礼》,应当提起,但朱子却只提到曾作《祭仪》。当然,也不能以此即断定朱子不曾作《家礼》,但至少这几条只能进一步证实朱子确有《祭仪》一书,而此书确被人窃去而亡失。

根据以上考察,可知《祭仪》稿本在朱子早年即成,而改订于乾道戊子、己丑间。实际行于家者则屡有改变。没有材料可以证明朱子在五十岁以前已著成《家礼》。

五 几条新证

夏炘在反驳王白田时曾提出两条语录作为新证,这两条语录是:

问:"丧、祭之礼,今之士固难行,而冠、婚自行,可乎?"曰:"亦自可行。某今所定者,前一截依温公,后一

① 《朱子语类》卷九十,第2313页。

② 纪昀、陆锡熊、孙士毅:《家礼》提要,载《家礼》,四库全书本,第2b页。

截依伊川。"[1]

某定婚礼，亲迎用温公，入门以后则从伊川。[2]

夏炘说："是二条者，虽不明言《家礼》，然所定者必有一书，今家礼婚礼亲迎用书仪，入门以后用伊川说，与叶杨所记者合，然则所定者，即指今所传之《家礼》无疑矣。"[3] 但夏氏此说过于武断，因为仅就"某今所定""某定婚礼"这两句话来说，也都可以是指朱子家中所行之礼，不必指为一书，所以这里不仅"不明言《家礼》"，亦未明言"所定"为一书。杨复所引一条，不见于《语类》，此条语录见于杨与立《朱子语略》卷八，页九十一（嘉庆程氏刻本）。但首句为"某向定婚礼"。《语类》有一条近似"迎妇以前，温公底是；妇入门以后，程仪是"[4]，但仅此亦不足以为证。因为作伪者必然要根据朱子思想为依据，除非在具体节文而不仅仅是基本思想上找出《家礼》与朱子自述相合之处。

钱穆亦曾引出一条新证。朱子《答吕伯恭》：

熹近读《易》，觉有味，又欲修吕氏《乡约》《乡仪》，及约冠婚丧祭之仪，削去书过行罚之类，为贫富可通行者，苦多出入，不能就，又恨地远，无由质正，然旦夕草定，

① 《朱子语类》卷八十九，第 2271 页。
② 朱熹：《家礼》附录，四库全书本，第 6a 页。
③ 《述朱质疑》卷七，第 11b—12a 页。
④ 《朱子语类》卷八十九，第 2273 页。

亦当寄呈。①

此书作于淳熙乙未（1175 年）冬，时朱子四十六岁，表面上看，“及约冠婚丧祭之仪”，正与《年谱》“又推之冠婚”，“共成一编”相合，上山春平亦以此为说（参见上山春平《朱子家礼与仪礼经传通解》，《东方学报》第五十四册）。但是，此处所说“及约冠婚丧祭之仪”是指约简吕氏《乡约》《乡仪》中的冠婚丧祭之仪，下接所说“削去书过行罚”也是针对乡约而发，故修、约、削，都是指吕氏《乡约》及《乡仪》，是说要修改吕氏《乡约》《乡仪》，减去《乡仪》中冠婚丧祭的仪节，去掉《乡约》中书过行罚的条文，以使成为贫富皆可以行的地方规约。

淳熙乙未春夏间，朱子曾刊行《乡约》和《乡仪》，当时曾寄给正在广西的张栻，张栻曾复书朱子：

> 陆子寿兄弟如何？肯相听否？……昨寄所编《祭仪》及《吕氏乡约》来，甚有益于风教。但约细思之，若在乡里，愿入约者是只得纳之，难于拣择……兼所谓罚者可行否，更须详论。②

此书在乙未夏，时张栻帅广西一路，推行礼教，颁布《三家礼范》（但阙冠礼），以化民成俗，朱子寄《祭礼》及《乡约》，是否应张栻之请，亦不得知。但朱子《祭礼》张栻早已得本，不

① 《晦庵先生朱文公文集》卷三十三，第 1051 页。

② 《南轩集》卷二十二，第 12b 页。

知此处所说是指改订之《祭仪》还是淳熙元年（1174年）所编《古今家祭礼》。要知此时朱子尚无《家礼》一书，否则必亦寄呈南轩。

《朱子文集》有《增损吕氏乡约》一文，当亦作于淳熙乙未、丙申（1176年）间。《增损吕氏乡约》于原《乡约》第一节“德业相劝”增损无多，第二节之“过失相规”中则于书过一事略缓之。而改动最大者为第三节“礼俗相交”。朱子将乡仪中造请拜揖等增入之，又增入乡仪之吊哭入庆等。但乡仪中原有的吉仪（祭）、嘉仪（冠婚）及凶仪中的居丧皆未载入，这就是朱子所说的“欲修吕氏《乡约》《乡仪》，及约冠婚丧祭之仪，则去书过行罚之类”，朱子之意欲将《乡约》《乡仪》合并为一，减去冠婚丧祭部分，只存通礼。所以答吕伯恭此书亦不能证明朱子当时正在或已经撰写《家礼》一书。

那么，是否找不到任何进一步的材料可以帮助证实《家礼》的真实性呢？这也不然，兹就《家礼》一书与朱子平时所论思想略加比较，试提出几条有助于证实《家礼》之真实性的材料。

今《家礼》之婚礼中，议婚、纳采、纳币、亲迎及最后婿见妇之父母五节皆依温公《书仪》，而简化之。妇见舅姑一节兼用温公、伊川之意。庙见《书仪》本无此节，《家礼》立此一节，盖有取于伊川婚礼（《二程文集》卷十一）。但《家礼》三日即见于祠堂，与伊川亦不同。朱子曾云：“迎妇以前，温公底是；妇入门以后，程仪是。温公仪，亲迎只拜妻之父两拜，便受妇以行，却是；程仪遍见妻之党，则不是。温公仪入门便庙见，不是；程仪未庙见却是。大概只此两条。”[1] 今《家礼》之婚礼与朱子此说合，亲迎部分与朱子晚年所订《赵婿亲迎礼大略》亦相合。但程仪妇入门后三月始庙见，虽为古礼，朱子嫌其太长，故改为第三日见于祠堂，这一点《语类》有很多解释。

伊川《祭礼》，冬至祭始祖，立春祭先祖，季秋祭祢。今《家礼》亦继承此意，朱子曾说他的祭仪“多本程氏而参以诸家”，“因程氏之说草具祭寝之仪”，从《家礼》中的祭礼部分来看与朱子所说的这个原则是相合的。朱子与南轩辨祭仪时，南轩着意反对节祠、墓祭二条。考今《家礼》，祭礼中有墓祭，节祠则入于通礼之中，亦与朱子坚持墓祭节祠相合。唯朱子与林择之书、《张南轩书》皆曾提及《祭仪》本有“元日履端之祭”，而为今之《家礼》所无，此是否因后来订定时删去，亦不得而知。

近检吕祖谦晚年所定《家范》，其中祭礼部分提到张栻和朱熹的《祭仪》，兹将吕伯恭《家范》之祭礼中论及朱子《祭仪》的三处录之如下：

> 陈设
>
> 设香案于庙中，置香炉香合于其上，束茅于香案前地上。设酒架于东阶上，别以桌子设酒注一、酒盏盘一、匙一、盘一、匙巾一于其东，对设一桌于西阶上，以置祝版，设火炉、汤瓶、香匙、火匙于阶上。（小注：以上朱氏《祭仪》）

① 《朱子语类》卷八十九，第2273页。

祭馔

果六品，醢酱蔬共六品，馒头、米食、鱼肉、羹饭共六品。（小注：以朱氏《祭仪》参定）[①]

朱子《祭仪》一书今已不得见，但查之今《家礼》之《祭礼》，与吕氏所引相合。《家礼》载：

前一日设位陈器

……设香案于堂中，置香炉香合于其上，东茅聚沙于香案前，（文据《四库全书》本，此句中“东茅”当为“束茅”之误。）及逐位前地上。设酒架于东阶上，别置桌子于其东，设酒注一、酹酒盏一、盘一、受胙盘一、匙一、巾一、茶合茶筅茶盏托盐碟醋瓶于其上。火炉、汤瓶、香匙、火筋于西阶上，别置桌子于其西，设祝版于其上，设盥盆帨巾各二，于阼阶下之东，其西者有台架，又设陈馔大床于其东。（《家礼·祭礼》）

省牲涤器具馔

……每位果六品，菜蔬及脯醢各三品，肉、鱼、馒头、糕各一盘，羹、饭各一碗。[②]

根据吕祖谦《家范》引述朱氏《祭仪》的材料，我们可以断定，

① 吕祖谦：《祭礼》四，载于《东莱别集》卷四，民国十三年永康胡民梦选楼刻本，第2a—2b页。

② 朱熹：《祭礼》，载于《家礼》卷五，宋刻本，第2a—3a页。

今《家礼》中之《祭礼》确实为朱子所作。《家礼》中之《祭礼》文字颇详，不可能抄自吕氏《家范》。《家礼》之《祭礼》当即由朱子早年著成的《祭仪》修订而来，这可以说是《年谱》所谓"因成祭礼，又推之于冠婚"的佐证。吕祖谦乾道末丁忧时曾向张栻索要朱子《祭仪》稿本。吕氏死于淳熙八年辛丑(1181 年)，其《家范》之书究竟成于何时，已无可考，可以肯定的是，吕氏著《家范》时朱子尚无《家礼》之书，否则吕氏不会称朱子书为"朱氏祭仪"，且在婚丧等礼中亦必引述之。

考订今《家礼》一书中之《祭礼》部分确为朱子所作，虽然还不就是百分之百地证实了《家礼》全书为朱子所作，但在证实《家礼》为朱子之书方面进了一大步。因为《祭礼》可以说是《家礼》中最重要的部分。在证实了《家礼》中之《祭礼》部分为朱子所作的基础上，我们才有根据确信《语类》中"某今所定冠婚之礼""某向定婚礼"是指曾有《家礼》一书，而不只是行于私家之礼数。事实上，如果黄榦和朱在不是朱子生前确实知道朱子曾著过《家礼》一书，是绝不可能仅凭某人在葬日携来的书本就轻易相信的。黄榦是朱子女婿，又是朱子的学术继承人，朱在是当时唯一活着的儿子，对于朱子这样一位在当时为"泰山乔岳"的人物，他们是绝不会轻率地相信一部没有来历的著作，并把它作为朱子遗著加以刊行的。所以，以黄榦、朱在及朱门其他高弟对《家礼》直信不疑的态度而言，本足以使我们相信《家礼》为朱子所作，而吕氏《家范》保留的朱子《祭仪》的材料使我更加确信这一点。至于王白田提出的何以朱子平生文字从未提及此事的诘难，的确是一个不易解释的问题。我现在的解释是，张南轩、吕东莱生时，朱子有所编著，必送二人参订，二人有所著亦呈朱子商订。张、吕分别死于朱子五十一、五十二岁时，《家礼》的完成当在二人死后，此时朱子已无可以讨论的亲密朋友，故此后未曾与人论起，这不是不可以解释的。（按：《晦庵先生朱文公文集》卷三十三《答吕伯恭第四十七书》［第 1057 页］中云："礼书亦苦多事，未能就绪，书成当不俟脱稿首以寄呈，求是正也。"其书在淳熙丙申［1176 年］，但考前后诸书，皆不明"礼书"何指，故难以为据。）

原载《北京大学学报》（哲学社会科学版）1989 年第 3 期

第十一章　朱子《语录类要》及其佚文

一　概说

《晦庵先生语录类要》是朱子死后不久出现的一种朱子语录选编，辑者叶士龙，字云叟，括仓（今浙江丽水）人，南宋后期学者。叶士龙曾从朱子弟子黄榦（号勉斋）问学，做过考亭书院的堂长，可谓朱子的再传弟子，故《宋元学案》将其列为“勉斋门人”。

关于《朱子语录》的搜罗编辑，在其早期阶段，可分为两系。一系为“语录”，不分类，以各门人所录排列成帙，这一系的书当时简称为“录”。如嘉定八年（1215 年）李道传在池州刻行的《朱子语录》，收集廖德明等 33 家所录，当时称为“池录”。另一系为“语类”，把各门人所录混合，分类编排，这一系的书简称为“类”。如黄士毅以池录为底本，又增加38家所录，然后分成门类编排，嘉定十二年（1219年）在四川眉州刊行，当时称为“蜀类”。

朱子卒于庆元六年（1200年）。其语录编集的情况是：由李道传于嘉定八年即朱子死后15年在池州刊行了第一部系统收集的《朱子语录》，黄榦为之序，简称《池录》；嘉熙二年（1238年）李性传在所编刊于饶州的《朱子语续录》，简称《饶录》；淳祐九年（1249年）蔡抗于饶州所刊的《朱子语后录》，简称《饶后录》；以及咸淳元年（1265年）吴坚在建州刊行的《朱子语别录》，简称《建录》。以上是“语录”系的编辑。嘉定十二年（1219年）黄士毅所编而刊于眉州的《朱子语类》，魏了翁为之序，简称《蜀类》；淳祐十二年（1252年）王佖在徽州所刊的《朱子语续类》，简称《徽续类》。这是“语类”系的编辑。到了咸淳六年（1270年），黎靖德对上述“四录二类”进行综合考订，遗者收之，误者正之，考其同异，去其重复，沿用了《蜀类》的分类，编成更加完备的语类系本子，即《朱子语类大全》。此书通行至今，一般也称为《朱子语类》。[①] 以上所叙，皆参照《朱子语类》卷首各序，读者可自行查考。

《晦庵先生语录类要》（以下简称《语录类要》）是在黎靖德编行《朱子语类》之前的一种朱子语录刊本。[②] 本文所依据的，是北京大学图书馆藏的十八卷本明初覆刻元大德詹氏本

---

① 可参看拙文：《关于程朱理气关系两条资料的考证》，《中国哲学史研究》1983年第2期。

② 在四录二类之外，朱子语录的刊本还有一些，如《语录类要》王遂序中提及的《朱子语略》等，亦可参看注〔1〕文。

《晦庵先生语录类要》。此书卷首有嘉熙戊戌（1238 年）朱安序，和淳祐甲辰（1244 年）王遂序，书末为元大德壬寅（1302 年）詹天祥后序。故知是书最初刊于嘉熙戊戌，与李性传《饶录》同时，属于较早的朱子语录刊本。此书原名《语录格言》，后改为《语录类要》。

此书体例与《蜀类》和后来的黎靖德编的《朱子语类》相似，也是类编，但与《朱子语类》的分类门目完全不同。其次，《朱子语类》的每条之下都注明记录者姓氏，而《语录类要》则未在每条语录下注明记录者的姓氏。但本书卷首总录了记录者姓名，而其中有九人的姓名不见于《朱子语类》的“朱子语录姓氏”。仅就此点可推知，此书当包含有若干《朱子语类》未收的语录。此书原为十九卷，后去除了论兵的第十九卷，故世传本皆为十八卷本。全书计收朱子语录一千五百余条，经查核后，检出《语类》中所未收的条目数十条，可供研究者参考。

二　序目

此书卷首有朱安序，文曰：

昔我文公讲道于沧州之上，四方朋友幅辏焉。所学者非一人，所讲者非一事，见有浅深之不同，故答之之语，皆因其材而开晓之，无非发明斯道之旨趣而启其求之于身也。读是书者，能以昔人之所疑，便为今日之所问，能以先生之所答，便为今日之所教，存之于心，体之于身，验之于事，则不待面命耳提而能自得之矣。吾友叶君云叟，读文公之语录，而取其会于心者编为一书，名曰《格言》，是为有以心得之矣。既又虑其法博而览者之未易能也，又为之目，各以类相从，故不待心思智虑而了然目睫之间。今又将录收以广其传，其为人谋者至矣。惟读者毋以为易览易知，而能实用其力焉，则是书其庶几矣。

嘉熙戊戌仲秋新安朱安谨识。

朱安既为新安朱氏，似有可能是朱子族人，照朱安此说，《语录类要》原名《格言》，《格言》的最初编辑，并未类分，后来为了方便，才加分类。大概最初的编本并未刊行，至嘉熙始刻行，以广其传。

朱安序下次王遂的《朱子语录格言》序，序称：

《语录格言》十九卷，文公遗书而龙泉叶君云叟所集也。叶君家龙泉，后徙考亭，则文公已卒，从三山黄公勉斋以学。初李公贯之集朱门弟子所记，刊于池阳，是时学禁方开，抄录未备。李公蜀人，未尝登文公之门，疑其裒集有所未尽，则以质之勉斋。而鹤山魏公别以黄子洪所录为定，号《语类》。建安杨与立以所见所闻则为《语略》。或以其人，或以其事，或以其书，凡文公之至言闳论，所为开端发钥，思过半矣。然勉斋与赵致道不能不满于《语录》一书，则以其从游有早晚，闻道有先后，记录有详略，甚欲更定之。而鹤山之病者尝与辅汉卿、度周卿言，以为

> 长好速由径之心，滋入耳出口之弊，有如文公所与张宣公议论者。然则为是书也，其能无此患乎？以遂观之，云叟之从勉斋日久，凡文公言行，知之详者莫如勉斋，则其记录之也，亦必无张朱之所窃议。事各有所谓，意各有所主，朱张造道已有本末，惟欲其用力愈深则发言愈密。今文公之书所以垂教来世者，譬犹登泰山而涉羊肠，泛巨海而舟潇湘，不此之由，将焉从哉？故为勉斋者不嫌于略，为云叟者不厌乎详，及其得之也，高山大川无不在吾目睫矣。独其第十九卷，以及兵事，故不得备。卫灵公问阵，夫子曰："军旅之事，未之学也。"谯天授学于曩氏，因梦八阵图悟井田法，而郭先生非之。云叟之不取者，盖有为也。孔子曰："必也，临事而惧，好谋而成者也。"孟子曰："天下之人牧，未有不嗜杀人者也。"有则"民皆引领而望之"。兵不可以易言也，不得已，"居则曰，不吾知也，如或知尔，则何以哉"？愿以此足格言之阙。
>
> 淳祐甲辰春下濊尊易王遂书。

此序文以字或号称人，李贯之即李道传，黄子洪即黄士毅，鹤山即魏了翁，辅汉卿、度周卿即辅广、度正，张宣公即张栻。序文提到，黄榦与魏了翁分别为李道传的《池录》和黄士毅的《蜀类》作序，但黄榦对语录记录的失真很为担忧，而魏了翁引用朱子不满于张栻编辑二程论仁语录的故事，也表示对语录流行的疑虑。但王遂认为，叶士龙是黄榦的学生，所以他选录的朱子语录一定比较可靠而没有黄、魏担心的毛病，他特别指出，语录的学习对初学者还是有重要意义的。王遂所序的淳祐本为十九卷，可知更早的朱安所序的嘉熙本也是十九卷本。

此书又有元人詹天祥后序，其文云：

> 右《文公语录类要》十八卷，故考亭书院堂长淡轩叶氏手编之书也。堂长讳士龙，字云叟，弱冠由括苍来考亭，从勉斋游，因家焉。学成行尊，台郡迎致讲说，为诸生领袖。勉斋殁，堂长实状其行，皆亲切必传。其所著书，有《论语详说》二十篇行于世，又文集若干卷藏于塾。
>
> 是编取文公语录，撮要分类，以幸学者。初题曰《语录格言》，凡十有九卷，见者如获重宝，且刊行矣。殿讲徐公几绝爱其简切，且门类尤便寻绎，更为题曰《语录类要》，内独省去第十九卷，盖不欲使学者骤言兵也。近年书市本兵毁不复存，天祥家藏殿讲手校本，蠹坏将不可考，乃重校刻之。呜呼，文公平日格言大训具在成书，至于门人一时问答之语，前后记者五十余家，其浅深疏密或不同，勉斋在当时已不能不以为病，堂长此编岂易易能哉？非明不足以有别，非精不足以有索也。昔尚书后村刘公克庄尝言，初勉斋名重一时，门人高第甚众，既殁，笃守师说不畔者，惟陈漳州、赵荆门，士人中惟叶云叟一二人，视此编犹信。
>
> 大德壬寅二月朔后学武夷詹天祥君履书。

詹氏所藏本为十八卷本，据他说，此书是在徐几的建议下改名为《语录类要》，并删去原第十九卷。徐几的学术活动在南宋末年。[①] 詹天祥特别说明，他所用的底本，不是书市刻本，而是其家藏的徐几手校本。他对徐几和此书的关系的说法，并不见于上面三个序，可能来源于徐几手校本的题辞。[②]

按照以上的说法，叶士龙所编的《格言》的资料来源，首先应当来自黄榦之门。黄榦为《池录》作序，他必然藏有《池录》，黄榦卒于1221年，其他各录当不及见。但叶氏不仅可能看到1219年刊行的《蜀类》，而且还抄录了一些“四录二类”未收入的语录，所以此书的语录记录者有五十余人，其中有九人不见于《朱子语类》的语录姓氏。

此书刊行稍晚于《蜀类》，但其分类与《蜀类》不同，下面是《语录类要》的目录：

卷一　太极　命

卷二　心　性　心性情　气

卷三　总论四端　仁

卷四　义　仁义　礼智　敬义　敬

卷五　诚　忠恕　道　忠信

卷六　阴阳造化　五行气运　律历　天文地理

卷七　鬼神

卷八　古今人物

---

① 《宋元学案》之西山真氏学案，称徐几：“自朱、真后，理学之传，先生称得其妙。景定间，臣僚交荐，与何北山基同以布衣召，诏补迪功郎，添差建宁府教授，兼建安书院山长。有经义行世。”（《宋元学案》卷八十一，第2714页）

② 大概徐几对此书有题辞而无序跋，若其有序跋，则没有理由不收入詹刻本了。

卷九　君道　礼制

卷十　祭祀　昏礼　丧葬　官制

卷十一　古今事类

卷十二　政术

卷十三　科举　刑法　处变　仪刑　警戒　出处

卷十四　学术

卷十五　持养　为学工夫

卷十六　论经传子史古今文集

卷十七　读书法

卷十八　议论　疑难　字义训　论异端之学　杂说

黎靖德语类用的是黄士毅语类的分类。黎氏说，“子洪所定门目颇精详”，他也说明他的编本是“因子洪门目以续类附焉”。[①] 照黄士毅的理解，《朱子语类》的“门目”，从大类上说，可看成理气、鬼神、性理、论学、四书与易、五经及先儒、古今人物，共七大类。[②] 其中以宇宙论、心性论、为学论、经典论为其主体部分。如果对照《朱子语类》可知，《语录类要》的分类略杂，但它置“太极”于首卷，与《语类》相同；心性论在二、三卷，地位也很突出；四、五两卷为德目名义。就这三类而言，和《语类》的次序还是基本一致的。这表明当时朱子学派的理学对其体系核心部分的结构逻辑的理解基本一致。

① 《朱子语类》卷目，第 25 页。

② 《朱子语类·朱子语类门目》。

三　佚文

此书所收入的语录，有一些不见于黎氏的《朱子语类》，我们姑且称为佚文，[①] 下面是检核出的佚文：

1. 孟子说养气，本说得粗。(卷二　气)

2. 敬者圣学之要。未知则敬以知之，既知则敬以守之。若不敬，则其心颠倒昏瞀而不自知，岂知有所至哉！(卷四　敬)

3. 文公常言："修己以敬须是如此，若这处差，则便颠倒错乱。"《诗》称成汤"圣敬日跻"，圣人之所以为圣人，皆自这处进去。吾辈若于此处着功夫，亦直是有功。(卷四　敬)

4. "其体则谓之易，其理则谓之道，其用则谓之神。"以人言之，其体则谓之心，其理则谓之性，其用则谓之情。体非体用之体。

5. 以一心贯万事，忠一本，恕万殊。(卷五　忠恕)

6. 忠近诚，恕近仁，一贯以圣人言。(卷五　忠恕)[②]

7. 日之行日退一度，月之行日退十二度。(卷六

---

① 其实这些所谓佚文不一定黎氏没看到而未收，也许是黎氏在"考其同异"的时候有意不收的。这种可能也不能排除，因为黎氏自己说："蜀类与池饶录文异者，从其文义之长。"(《朱子语类·卷目考订》，第 27 页。)可见他从"从其文义之长"的角度，在收录时是有选择的。

② 《语类》卷二十七里仁下参乎章有"忠近诚，恕近仁"，然无"一贯以圣人言"。

律历）

8. 丹阳属漳，故吴地。今之丹阳却非古之丹阳。（卷六　天文地理）

9. 逆河是开渠通海以泄河之溢，秋冬则涸，春夏则泄。（卷六　天文地理）

10. 日影有《周礼疏》与《诗疏》。（卷六　天文地理）

11. 问井田阡陌，曰："商君废井田，开阡陌，今人皆谓废古井田，开今阡陌，非也。阡陌乃是井田中许多沟浍道路，而商君坏去之耳。"蔡泽传云"废坏井田，决裂阡陌"，此其证也。（卷九　礼制）

12. 问："'郊祀后稷以配天，崇祀文王于明堂以祀上帝'，天即帝，帝即天，却分祭，何也？"曰："为坛而祭故谓之帝。"①

13. 问："横渠观驴鸣如何？"文公曰："不知他底死着许多气力鸣作什么。"良久云："也只是天理流行，不能自已。"（卷十一　古今事类）

14. 辛亥岁文公在临漳，正月十三日下学，坐定，职事讲书毕，曰："郡守以承流宣化为职，不以簿书财计狱讼为事。某自到此，未知人物贤否，风俗厚薄，今已九月矣。知得学校底蕴，遂欲留意学校，采访乡评物论。"②（卷十二　政术）

15. 文公因问诸生庚甲，既而叹曰："岁月易得，后生

① 此条可参《语类》卷八十二所录，与此条所论不同。

② 此条未完，然下同于《语类》卷一百零六淳录，故省去。

不觉老了。”（卷十三　警戒）

16. 问：“孟子不见诸侯，召之则不往见之，何也？”曰：“且如孟子将朝王，王使人来曰：‘寡人如就见者也，有寒疾，不可以风，朝将视朝。’孟子本待要去见他，才见来唤召，便称疾不肯往。盖孟子以宾师自处，不可召之也，故曰‘古者不未臣不见’，又曰‘欲有谋焉则就之’，又曰‘迫斯可以见矣’，皆此意也。”（卷十三　出处）

17. 吕伯恭自言少时多使性气，才且使令者不如意便躁怒。后读《论语》至“躬自厚而薄责于人”，遂更不复如此。（卷十四　学术）

18. 敬以直内，义以方外，这个常在目前，此乃治公之要法。如博文约视礼，却说得宽。且说人生天地间，里面便具许多物事，少间发出来便是义。然人之资禀不同，圣人又教人去读书。不读书时，所谓敬便走在别路去，义亦不是。故须是博文。既博文若不践履，便读得博也不过资口耳，于身何益？故又须约礼。敬义文礼直从心里下功夫出，至此备矣。其次则须晓得义利之辩。个坑十人跌了九个，平时口头说得天花乱坠，才到这里便委屈遮护，心口不相应，都不济事。又其次，则勉焉孜孜，毙而后已。莫说日暮途远便休了，尽得这六条方得做一个人。又曰：“第五关极是难过，人须有个超然底意思，要超然于事物之表。且天命流行，富贵贫贱，生死寿夭，自有一定不易道理，看你将来受得那个。如《论语》一书，圣人只管于这一边向人说，如称颜回庶几于道，却只是‘屡空’，是见得他能忍得贫。子贡‘不受命’，只管积财，但能‘亿则屡中’耳。又如‘耻恶衣恶食’戚[①]语，从这细微处便为他磨去了。今人须立个小小界限，如自家有屋粗可住，生计不至空乏，便自足了。外此岂吾之所当念?”又曰：“千万照管这处，打不过那上面内四件，便是尽得也只是闲说。”（卷十五　持养）

19. 胡文定“一尊菩萨”乃戏言，此语不庄。语见《胡氏传家录》。（卷十六　论经传子史古今文集）

20.《汉书》诏单于无谒，无谒字不可晓。（卷十七　读书法）

21.《尚书》弗吊字当作去声（小注：召公不说处）（卷十八　字义训）

22.《皇极经世》以元经会，以会经运，以运经世。（卷十八　字义训）

23. 诚是有此理，中是状物之理，一是不杂。（卷十八　字义训）[②]

24. 程易传曰：“乾者天之性情。”文公曰：“乾，健也。健之体为性，健之用为情。‘利贞者，性情也’，是对元亨言之。性情犹情，性是说本体。”（卷十八　字义训）[③]

① “戚”字疑有误。

② 《语类》卷三十雍也篇哀公问弟子章一条，大意略同而语不同。

③ 《语类》卷六十八易四乾上有一条大意略同。

四　附记

1981年冬，在我研究生毕业留校不久，邓艾民先生找我谈话，他当时正在担任中华书局的《朱子语类》的审阅。他让我到图书馆去查查《朱子语类》善本的情况，特别要我注意《朱子语类》之外的其他朱子语录的编本。

后来我了解他的意思，他是想在新标点本的《朱子语类》中附加一些以前未收的语录。我调查了一遍，向他汇报，他对《语录类要》（下简称《类要》）很有兴趣。因为《类要》的记录者姓名有九家不见于《语类》，故此书之中可能会有一些《语类》未收的材料。于是他就要我去核查《类要》。

这件工作颇为费时费力，《朱子语类》140卷，《语录类要》18卷，如果把《类要》的每一卷都与《语类》对核一遍，也要对18遍，也就是说，至少要把140卷的《朱子语类》翻检18遍。那时还没有标点本，都是用图书馆的函套线装本查对，140卷的《朱子语类》摞起来快有人高，工作量相当大。我在北大图书馆查了好几个月，最后检出五十余条。我先把这些条目抄出，交由邓先生送中华书局的同志大概看看，是否可用；得到确定回复后，我才用繁体字将三篇序文和检出的语录细心抄写标点出来，在1982年底交了稿。从结果来看，《类要》中未收入《语类》的材料不多，在哲学上也并不太重要。

人脑不是电脑，这么大量的工作，没有遗漏是不可能的。但是我当时疲惫之极，已经没有力量再细加查勘了。交稿之后，我心里并不踏实，因为我受张岱年先生学术要“谨严”的影响，很为担心：万一出版之后，日本学者再去复查，查出其中有已经在《语类》里收录的条目，那就被动了。所以，一年之后，我最终决定把稿子从中华书局撤了回来。后来在我写博士论文期间，果然发现《类要》所收而《语类》未收的材料中，有些根本就出于《朱子文集》，并不是语录的佚文。①

另外要提及的是，《类要》的王遂序提到的《朱子语略》，当时北大图书馆和北图都未著录，所以未能看到该书。不过后来，在 1989 年的时候，我在北大图书馆看到了《语略》，大概北大本来有此书（也许是胡适的藏书），但一直未编目，直到 20 世纪 80 年代末才编目借阅。

在电脑和网络技术急速发展的今天，《朱子语类》的电子文本已经容易查用，于是我将旧稿寻出，利用《朱子语类》电子本加以检索，去除了原稿中若干已经收入《语类》的条目，余下二十四条，供学者参考。其中也可能仍有查检未精之处，望专家不吝指正。

1986 年《朱子语类》标点本出版的时候，邓艾民先生已去世两年，未能亲眼见到经他审阅的《朱子语类》的出版。我想这对他应当是一件很可惜的事情。现我将此小文交付发表，亦以作为对他逝世二十年的纪念。

1982 年冬写就概说及佚文部分，
2005 年夏改定并作附记

---

① 新印本《朱子全书》卷二十六之语录抄存，检核未精，其中颇多《语类》已收录者。

第十二章　朱学杂考

一　观书诗考

"半亩方塘一鉴开，天光云影共徘徊。问渠那得清如许，为有源头活水来。"朱子此诗历来为人称颂。但因没有题解，又用比喻，所以人们往往作各种理解和发挥。对此诗原意，虽然也有过各种猜测、各种说法，然而我的看法是，这首诗实际上是朱子哲学思想的一次演变的产物。

此诗见载《晦庵先生朱文公文集》（下简称《文集》）卷二，题为"观书有感二首"。其中另一首为："昨夜江边春水生，蒙冲巨舰一毛轻。向来枉费推移力，此日中流自在行。"[1] 显而易见，两诗同为一意，表达诗人长期苦思不解，一旦豁然贯通，

① 《晦庵先生朱文公文集》卷二，第161页。

极其畅快的心情。“向来枉费推移力”，说明这个豁然贯通，不是解决了一般读书中的某个具体困难，而是一个长期思考的问题。

《文集》《答许顺之书》十一：“秋来老人粗健，心间无事，得一意体验，比之旧日渐觉明快，方有下工夫处。日前真是一目引众盲耳。其说在石丈书中，更不缕缕……更有一绝云：半亩方塘一鉴开，天光云影共徘徊。问渠那得清如许，为有源头活水来。试举似石丈如何？湖南之行，劝止者多。然其说不一，独吾友之言为当然，亦有未尽处。后来刘帅遣到人时已热，遂辍行。”[①] 这里，石丈当指石子重，刘帅指刘共父，二人皆朱熹友。此书为考此诗提供了线索。

此答许书首云“秋间范伯崇来相聚数十日”。又，《答何叔京书》二（下所引书均见《文集》）亦云“近得范伯崇过此，讲论逾月，甚觉有益”。但此二书均不明时日。考朱子答何书二、三、四，均有论《孟子集解》处，当为一年之内连续往还问答。其中第四云“钦夫、伯崇前此往还”（钦夫即张栻），则此时朱子已结交张栻。根据朱子《跋胡五峰诗》，朱子识张栻乃隆兴二年（1164 年）之事，如此，则答许书应在此之后。答许书论及湖湘之行，而朱子访张栻于潭州乃乾道三年（1167 年）事，则此又必在乾道三年之前。据此，此答许书必在 1164—1167 年之间。该书又有刘帅遣到人云云，根据朱子为刘共父所作《行状》，朱子访潭州前刘共父帅守湖湘乃乾道元年至二年事。刘共父到任时已是乾道元年五月。第一年主要是镇压农民

① 《晦庵先生朱文公文集》卷三十九，第 1280 页。

起义，学术往还当为第二年事。据此，可以断定《答许顺之书》在乾道二年（1166年）。

又考朱子《答张钦夫》三十五云："从前是做多少安排没顿著处，今觉得如水到船浮、解维正柂而沿洄上下，惟意所适矣，岂不易哉……近范伯崇来自邵武，相与讲此甚详……孟子诸说，始者犹有龃龉处，欲一二条陈以请，今复观之，恍然不知所以为疑矣。"[①] 此书之意，正所谓"向来枉费推移力，此日中流自在行""问渠那得清如许，为有源头活水来"。"孟子诸说"当指《孟子集解》；又云范伯崇来，可见此书与答许书意义全同。

此答张书收入《文集》卷三十二，此卷大抵往来问目弁答，年代错乱不清。卷三十一收书一至三十一，以序考之，均按年编。两卷相较，答张书三十五乃与第三、第四书意义相同、互相衔接。而第三、第四两书可考在乾道二年，此又可证明与答许书皆在一时（乾道二年）。

那么朱子所豁然觉悟的是什么问题？与许书中虽云"其说在石丈书中"，然今存《答石子重书》所无。根据《与张钦夫》三十五中所说，是关于《中庸》"已发未发"的问题。又据《与张钦夫》第三、第四、第三十四等，所谓"已发未发"，的确是困扰了朱子多年的问题。这几封信内容太长，不便引据。朱子于乾道八年（1172年）所作《中和旧说序》云："余蚤从延平李先生学，受《中庸》之书，求喜怒哀乐未发之旨。未达而先生没。余窃自悼其不敏若穷人之无归，闻张钦夫得衡山胡氏学，则往从而问焉。钦夫告余以所闻，余亦未之省也。退而沉思，

① 《晦庵先生朱文公文集》卷三十二，第999页。

殆忘寝食。一日喟然叹曰，人自婴儿以至老死，虽语默动静之不同，然其大体莫非已发，特其未发者为未尝发耳。自此不复有疑。”[①] 这一日喟然而叹，便是上面讲的这次觉悟。

“已发未发”，指《中庸》“喜怒哀乐未发谓之中，发而皆中节谓之和”，所以又可称中和说。宋儒对心性修养极为重视。从二程起，对这句话从心性修养的角度进行各种解释发挥，成为“道学”的一个重要内容，从朱子所说可见，李侗传授他的程门之学，其要即此已发未发，“乃龟山门下相传指诀”。要把朱子这个已发未发思想讲清楚，真是“说来话长”。然而从今天研究的角度看，意义虽大，却超出了这篇小文的范围。这里只需说明，朱子早年对前辈所讲各种已发未发说都不理解，至乾道二年，自以为悟出一个道理，甚至与程颐某些说法相违也在所不顾。所谓观书有感，即指此时朱子用他顿悟的观点，重看《中庸》《孟子》，觉得一通百通、无往不利从而产生的不无得意之感。但是朱子这次恍然之悟，过了几年又被他自己推翻了。所谓中和旧说，便指这一次的觉悟，而在乾道己丑（1169 年）之后复被否定，这第二次演变就是后来理学家所注重的“己丑之悟”。己丑之后，朱子的思想就不再变化，成为“晚年定论”，由此可得结论：观书有感诗，反映了朱子乾道二年中和思想的第一次演变。

原载《中国哲学》第七辑，生活·读书·新知三联书店，1982 年

① 《晦庵先生朱文公文集》卷七十五，第 2768 页。

二　朱子庆元末与祠考

《宋史·宁宗本纪》载，庆元二年（1196 年）十二月“监察御史沈继祖劾朱熹，诏落熹秘阁修撰，罢官观，窜处士蔡元定于道州”[①]。沈继祖受韩侂胄所使，奏劾朱子，要求“将朱熹褫职罢祠”“将储用（时建阳令）镌官”，并把蔡元定“送别州编管”（《道命录》卷七）。据《道命录》沈继祖劾疏附载：“敕旨十二月二十六日三省同奉圣旨，储用特降两官，蔡元定道州编管，余依。”[②] 这个“余依”即包括依沈奏将朱子落职罢祠。

按朱子庆元落职罢祠一事，《宋史·本传》《庆元党禁》《四朝闻见录》《道命录》及黄勉斋《行状》，王白田《年谱》皆无异议，其事甚确。唯《续资治通鉴》《宁宗庆元三年》第 3 条称：“春正月……诏朱熹仍依前官，与祠。”[③] 宋代官制分职、官、差遣（及宫观），根据习惯，官员受到落“职”罢“祠”的处分时，他的“官”一般仍然保留着。但一般可不专下旨令，说明保留原来的阶官。而按照《续通鉴》的说法，在下旨落朱子秘阁修撰、罢提举南京鸿庆宫祠不到一月，又曾明旨保留朱子的原官（朝奉大夫），而且再次“与祠”，这个说法不见于前引述各书。

《文集》八十五有《落职罢宫祠谢表》，有云：“臣熹言，臣

① 《宋史》卷三十七，第 722 页。

② 李心传辑：《道命录》卷七上，清乾隆三十七年至道光三年刻本，第 21 页。

③ 毕沅：《续资治通鉴》卷一百五十四，嘉庆六年冯氏刊本。

前任秘阁修撰提举南京鸿庆宫，今年五月十三日已该蒲罢。至二十七日伏准尚书省庆元二年十二月札子文节，臣寮论臣罪恶，乞赐睿断，褫职罢祠。奉圣旨依，臣已于当日谢恩。”[①] 落职罢祠之旨下于庆元二年十二月二十六日，朱子得札子当在庆元三年（1197 年）正月二十七日，即日上表谢恩。

《文集》另载《落秘阁修撰依前官谢表》，中言：“臣熹言，臣昨于庆元三年正月二十七日准尚书省札子节文，臣寮奏臣罪恶，乞与褫职罢祠，奉圣旨依，札臣照会，臣即于当日望阙谢恩，解罢职名，仍奉表称谢去讫，今于□月□日复准都进奏院递到□月□日诰命一道，付臣落秘阁修撰依前官者、弹文上彻，已幸免于严诛，诏墨下颁，复宠加于明训。阅时既久，只命惟新……不虞恩贷乃误保全，第令少避于清班，尚许仍居于散秩。愸玺书之来下，恍岁律之还周。”[②] 少避清班指落去职名，尚居散秩指保留阶官，照此谢表看，朱子确实在被落职罢祠之后，又曾得旨依前官，然而朱子此谢表中未尝一及与祠事，《文集》亦未有再谢祠命之表，据此可知，《续通鉴》所言有旨依前官者，实有其事；与祠之命，则初无是也。

据谢依前官表，“阅时既久”，表明朱子得依前官之命乃在落职罢祠后颇久，非有如《续通鉴》所说在一月之间也，又其表云：“愸玺书之来下，恍岁律之还周。”表明得依前官之旨在落职罢祠之后一年左右，故《年谱》“三年丁巳六十八岁春正月拜命谢表”后附载“落秘阁修撰依前官谢表（小注：戊午春）”，可

---

① 《晦庵先生朱文公文集》卷八十五，第 3055 页。

② 同上书，第 3056 页。

知白田王氏亦已注意此点，然因何于朱子落职罢祠后一年始有依前官之命，白田王氏何以不在《年谱》正文记此事，则尚未明。

总之，朱子落职罢祠之后，曾得保留原官的诰命，使他仍得以享受一份俸禄，又使他后来能以致仕退闲，至于与祠之说，实无所据。

原载《孔子研究》1986年第4期

三　“理生气”考

《性理大全》引朱子说：“太极生阴阳，理生气也。阴阳既生，则太极在其中，理复在气之内也。”[①] 这是一条对研究朱子思想很重要的材料，可是它的原始出处一直不详。

此条材料还见于《周子全书》卷一《太极图说》中“太极动而生阳”句下《集说》。《集说》取朱子及其他宋儒有关太极阴阳的语录，按类分集于各章之下，作为朱子《太极图说解》的补充。但《集说》所取的诸儒之说都未注明其原来的出处，如上引朱子的语录，既不见于百四十卷《朱子语类》、百二十卷《文集》，也不见于《四书集注》等各类著作。

近偶翻阅（明）吕楠所作《宋四子抄释》，见其中《朱子抄释》卷二亦载此条语录，《朱子抄释序》说：

> 予在江南日，徽中士从予游者，请刻《朱子抄释》，予

① 胡广：《性理大全书》卷一，明嘉靖二十二年刻本，第4b页。

> 诺之，未有以应也。比守太学，徽士戴冠辈十余人复以是请，予乃取朱子门人杨与立所编《语略》者，遗其重复，取其切近，抄出一帙，条释其下，以便初学览阅。[①]

《周子抄释》《二程子抄释》和《张子抄释》作在嘉靖五年（1527年），吕楠当时谪判解州。十年后吕楠为国子祭酒，因戴冠等人所请，又作《朱子抄释》。但因“朱子之文动千万言”，选抄很不容易，于是就取朱子的弟子杨与立所编《朱子语略》一书加以删选，编成了《朱子抄释》。由此可知，“理生气也”一条是朱子的语录，原当出自《朱子语略》一书。

《朱子语略》一书，《宋史·艺文志》《明史·经籍志》皆有著录，而四库未收。《增订四库简目标注》云：此书有道光十四年刻本。由此可知《朱子语略》在宋明清都有刊本。但此书不见于今国内各馆藏书目，恐怕已经散失了。

黎靖德为何未将此条收入《朱子语类》，也没有在序中提到《朱子语略》一书呢？这要简单说一下《朱子语录》的收集。《朱子语录》的收集，一般认为，由李道传于嘉定八年（1215年）即朱子死后十五年在池州刊行了第一部系统收集的《朱子语录》，简称池录。然后依次为：嘉定十二年（1219年）黄士毅所编刊于眉州的《朱子语类》，简称蜀类；嘉熙二年（1238年）李性传所编刊于饶州的《朱子语续录》，简称饶录；淳祐九年（1249年）蔡抗于饶州所刊的《朱子语后录》，简称饶后录；淳祐十二年（1252年）王佖在徽州所刊《朱子语续类》，简称

① 吕楠：《宋四子抄释》，清光绪二十二年长沙刻本，第1a页。

徽续类；以及咸淳元年（1265 年）吴坚在建安刊行的《朱子语别录》，简称建录。到了咸淳六年（1270 年），黎靖德对上述“四录二类”进行综合考订，遗者收之，误者正之，考其同异，去其重复，编成更加完善的本子，即今通行的《朱子语类大全》，一般也称之为《朱子语类》（参见《朱子语类》卷首各序）。

《朱子语略》编成甚早，与蜀类同时。“至嘉定庚辰辛巳间（1220—1221 年）建安杨与立始约为《语略》行于东南，而眉棱史公说廉叔时亦得莆田黄土毅子洪《语类》增于池本 38 家者刊之于蜀”（《徽州刊朝鲜古写本吕午序》）。另外，还有叶士龙所编刊于嘉熙二年（1238 年）的《朱子语录类要》（现存明初复刻元刊本），这两个本子都是较早流行而为“四录二类”及黎编《语类》所未提及的朱子语录编本。《朱子语略》中存有个别今《朱子语类》未收的语录已如前述，而《语录类要》中有九家记录者其名不见于《朱子语类》的《语录姓氏》。这说明黎靖德编订《朱子语类》时对这些朱子语录编本未能给以重视。

不过，不能就此断言黎靖德没有见过这两部语录，因为看起来黎靖德之所以对这两部语录有所忽视应当说也是不无原因的。“四录二类”与《朱子语略》《语录类要》编集的目的不同，前者是广求博访以图集朱子语录之全，后者则是取其精粹以为警己诲人之用。因此求集大全的黎靖德对这类语录未曾给以必要注意和认真检勘，也属自然。不过这说明《朱子语类大全》也并不全。

原载《中国哲学史研究》1983 年第 2 期

四　《易序》真伪考

通行本《二程全书》中《程氏易传》里存《易序》一篇，其中说：

> 所以易有太极，是生两仪、太极者，道也；两仪者，阴阳也；阴阳一道也，太极无极也。①

这个说法明显地是脱胎于周敦颐《太极图说》中“五行一阴阳也，阴阳一太极也，太极本无极也”。根据此序，似乎应当说二程不仅完全接受了而且公开宣传过他们的老师周敦颐的无极太极思想。

但是这一结论与现今所知的宋儒的说法是矛盾的。众所周知，朱子学术活动开始的时候，二程的学说已在思想界发生巨大影响，朱子一开始就是以直接继承二程自命的。在接受二程思想的同时，朱子又大力推尊周敦颐及其《太极图说》，并提出周敦颐的其他思想以及二程的学说都是与《太极图说》一脉贯通的。朱子的这个说法在当时受到不少怀疑和反对。在接近晚年的时候，陆九渊为此还与他有过一次著名的无极太极之辩。陆九渊在反驳朱子的时候指出：“《太极图说》以‘无极’二字冠首，而《通书》终篇未尝一及‘无极’字。二程言论文字至

① 《二程集》，第690页。

多，亦未尝一及‘无极’字”[①]，这是人们熟知的。朱子亦未对此条提出异议。也就是说，朱、陆双方都承认：二程没有讲过无极。

朱子自己也承认，二程不仅没有讲过无极，也没有讲过太极。他说：“二程不言太极者，用刘绚记程言，清虚一大，恐人别处走。”[②] 朱子解释说，二程之所以不讲无极太极，与二程不赞成张载讲“清虚一大”一样，是为了防止他们的学生忽视践履而流于玄远。南宋其他一些学者也持类似的看法。如张栻说：“或曰：太极图，周先生手授二程先生者也。今二程先生之所讲论答问之见于遗书（此泛指二程留传下的思想材料）者，大略可睹，独未及此图，何耶？……栻应之曰：二程先生虽不及此图，然其说固多本之矣。”[③] 很显然，《易序》与南宋诸儒的说法是相冲突的。

朱子还认为：“（《太极图说》）周子盖不得已而作也。观其手授之意，盖以为惟程子为能受之，至程子而不言，则疑其未有能受之者尔。”[④] 这是说，二程不讲无极太极是因为在他们的门人弟子中无人可以授传，后来明儒曹端、薛瑄都持这样的看法，认为二程因无人可传或恐人走入异端而终身不言无极太极（见《周子全书》所引）。

朱熹承认二程不言无极太极，他也意识到这一点影响到他

① 陆九渊：《陆九渊集》卷二，中华书局，1980 年，第 24 页。
② 《朱子语类》卷九十三，第 2358 页。
③ 张栻：《太极图说解义钩沈》，中华书局，2015 年，第 1610 页。
④ 《全宋文》第二百五十一册，第 173 页。

抬高《太极图说》在道统的地位这种作法的合法性。因此，他曾努力对二程学出濂溪并受《太极图》之传作出证明。他说："盖先生（指周敦颐）之学，其妙具于太极一图。《通书》之指皆发此图之蕴，而程先生兄弟语及性命之际亦未尝不因其说。观《通书》之诚、动静、理性命等章及程氏之书李仲通铭、程邵公志、颜子好学论等篇，则可见矣。"[①] 这个观点他说过多次，而反复举出的论据却只有一铭一志一论。

程颢《李寺丞墓志铭》中说道"二气交运兮，五行顺施"，《程邵公墓志》中说"五气交运"和"得其气之精一"，这些与《太极图说》中"五气顺布""二气交感"和"二五之精"的说法有相同之处，程颐《颜子所好何学论》说："天地储精，得五行之秀者为人""形既生矣，外物触其形而动于中矣""中正而诚则圣矣"，[②] 与《太极图说》中"惟人也得其秀而最灵，形既生矣，神发知矣""圣人定之以中正仁义而主静"的思想的确有密切联系。

但是，问题在于朱熹在例举二程与《太极图说》的关系时从来没有提到过《易序》及其思想，而《易序》的"阴阳一道也，太极无极也"本更能帮助朱熹说明这一关系。这说明朱熹所知道的二程的思想材料中根本没有《易序》。当然，就一般的逻辑而论，朱熹没有看到过《易序》并不能直接证明二程没有作过《易序》，但是必须注意到这个事实，即朱熹是二程著作最

① 朱熹：《太极图通书总序》，载于周敦颐撰《周元公集》，四库全书本，第41b—42a页。

② 《二程集》文集卷八，第577页。

为用力的收集者和整理者。他编次了《遗书》《外书》《近思录》，参与讨论《文集》的校定，作《伊川先生年谱》等。如果说连朱熹都不知道程伊川曾作过这样一篇《易序》，其可靠性就可想而知了。

程颐为《周易》古经作传，其书名为《易传》。朱熹在《伊川先生年谱》中说“元符二年正月《易传》成而序之”[①]，这是指《易传序》。《易传序》中提出了“体用一源，显微无间”这一为程门誉为解《易》“天机”的思想，《易传序》为《易传》之序，这是题中应有之义，为什么又会有一篇《易序》呢？这一问题海外学者也注意到了，陈荣捷先生指出，既然程颐不是在刊行《周易》，他为什么要为《周易》作序？[②] 因此，朱熹见到的《易传》中本没有《易序》。

综上所说，朱熹时代《易传》本无《易序》，朱熹从未提到过《易序》，朱熹所知道的二程也没有《易序》的思想。以下再从二程著作的流传来作进一步考察。

今所存《易传》当推《古逸丛书》中的元至正积德书堂本为最早，其书避宋讳，当为翻宋本，其中只有《易传序》而无《易序》，这应当是《易传》宋本本无《易序》的一个明证。

其次，宋人董楷辑《周易传义附录》（今存元刊本），其首卷收《易传序》，下次《程子易纲领》《朱子易纲领》，亦无《易序》之文。董序说：“楷尝读程子，朱子文集语录，其间有成书所未备者，辄随所得附于各章之末，岁月既久，集录

① 《二程集》遗书附录，第345页。

② 陈荣捷：《论朱熹与程颐之不同》，载英文《中国哲学杂志》，1978年5月。

益多。"[1] 如果《易序》为程颐作，当收为单篇，或入易纲领，或附于章末。今其书不见《易序》，因此当非程颐所作。

实际上《二程全书》并不是一直包括含有《易序》的《易传》在内。清同治涂刻《二程全书》的《重校凡例》说："《遗书》《外书》《经说》《文集》，在宋时版行，号《程氏四书》。明弘治间沁水李瀚序行本，统编为六十五卷，不免稍失旧观。石门吕氏取前四书并《易传》、《粹言》刊行，题曰《二程全书》，析之则各分卷数，合之则裒成巨帙，乃今日坊肆通行之本也。"[2] 其实在弘治本前就已有《二程全书》了。弘治本李瀚序说："天顺间国子监丞洛阳阎君子与求得《四书》，及临川谭元之所搜辑遗文、遗事合为一书，大师南阳李文达公题曰《二程全书》，而为之序。"[3] 以此可知，天顺年间已有《二程全书》，至李瀚重刊之，非至石门吕氏方有《二程全书》之名也。只不过当时的《二程全书》并无《易传》和《粹言》。

弘治本和通行本《二程全书》都在《文集》末附有《遗文》，其中亦收《易序》。其实，《文集》宋时版行并无《易序》。今《遗文》后有谭善心跋语说："右程子遗文遗事一卷，善心所搜辑，可缮写。"谭善心为元代人，其跋作在至治三年（1323年），由此可知至治以前《文集》本无《易序》，谭善心校刻《文集》时才把它作为《遗文》收入《文集》。明弘治本《二程全书》不收《易传》《粹言》，其《文集》一依谭刻，在《易序》

① 董楷：《周易传义附录》原序，四库全书本，第 2a 页。

② 见《二程集》，第 1 页。

③ 莫伯骥：《五十万卷楼群书跋文》下，中华书局，2019 年，第 795 页。

题下注“见性理群书”，这当为谭氏所注，也就是说《易序》是谭善心据《性理群书》所补。而今通行本《二程全书》将《易序》题下“见性理群书”改作“见易传文”，又将《易序》收进《易传》，且置于《易传序》之前，这就造成一种假象，似乎《易序》本来就是《易传》的一部分，把《易序》来源于《性理群书》这一事实掩盖了。

《易传》和《文集》本无《易序》，这是可以肯定的了。据谭善心跋及《易序》题下小注，《易序》最初进入二程著作当由谭氏据《性理群书》补入的。清人重编《二程全书》时将《易序》列入《易传》，这个作法毫无根据，而且造成混乱。今查《性理群书句解前集》（北京图书馆藏元刻本）卷五载序文五篇，依次为：《春秋传序》（下注曰：“伊川先生”），《易传序》（下注曰：“伊川先生”），《易序》，《礼序》，《诗集传序》（下注曰：“文公先生”）。《性理群书》为宋熊节所辑，谭氏据以将《易序》《礼序》补入《伊川文集》，但熊氏在二序之下并未注明为伊川所作，因此，就《易序》而论，联系考察二程著作在宋时的流传及宋儒特别是朱熹的看法，以《易序》为伊川所作是不足据的。

《易序》出自《性理群书》，其为宋人所作没有疑问，但没有根据断定其为程颐所作，与《程氏易传》更没有关系。我认为在二程的思想中还没有提出理气先后的问题，也还没有形成《易序》中所表现的理（太极）一元论的体系，两宋理学的展开，从二程到朱子，有一个历史的和逻辑的发展过程。

原载《中国哲学史研究》1983年第2期

五　台湾影印宋本《晦庵先生文集》考

1988年春天，我在哥伦比亚大学讲学，一日在东亚图书馆寻书，见有宋本《晦庵先生文集》一部，乃台北故宫博物院1982年影印，在内地未曾见过。其书前集十一卷，后集十八卷，是现存唯一的一部在朱子生时刊刻的朱子文集，弥足珍贵。兹将此书内容及版本年代略为介绍，并略论其史料价值，以为朱子学研究者参考。

该书之尾有台北故宫博物院昌彼得先生跋文，对该书版本颇有考订。据昌先生所考，因此帙前后集皆无序跋，故不知何人编刻；但前后两集书刻字体略异，可知是非同时付雕。前集中遇玄、弦、泓、殷、敬、警、贞、慎字缺末笔，而于光宗讳惇、敦无一避者。后集则除避玄、朗、殷、恒、贞、敬诸字外，于敦字避讳独谨。以此可知前集当刻于宋孝宗时，而后集则刊于宋光宗即位以后。又前集中所录，以太极西铭二解为最晚，据朱子跋文，二书皆戊申（淳熙十五年，1188年）二月始出；次年二月孝宗内禅，光宗即位，由此知前集当刻于戊申二月至己酉（淳熙十六年）二月之间。后集所录以《大学章句序》最晚，其序作于己酉二月，时光宗已即位。但后集未收己酉三月所作《中庸章句序》，由此知后集当刻于淳熙十六年二、三月之间。昌彼得先生乃版本专家，其所考甚确，又谓此书为闽版书刻字体，当亦可信。

关于此书之收藏，昌跋有云："此帙为常熟毛氏汲古阁所旧藏，钤有‘毛晋’、‘汲古主人’二印，不悉何时进入大内，藏置昭仁殿，钤有‘乾隆御览之宝’、‘五福五代堂宝’、‘八征耄念之宝’、‘太上皇帝之宝’、‘天禄琳琅’诸玺，见于天禄琳琅书目后卷卷七著录。民国十一年八月十七日溥仪假赏溥杰之名，令其售诸于市而流于外，见载溥杰书画目，抗战期间，山阴沈仲涛先生购得于沪上，密藏把玩数十年，当其垂暮之岁，以其珍藏善本悉数捐赠本院，使此天壤间仅存孤本，得以珠还合浦。”由此推之，台北故宫博物院得之沈藏，亦近年之事也。

此书之内容，前集卷一、卷二为诗，卷三赋铭词歌等杂之，卷四解义，卷五表札，卷六书答，卷七、卷八记文，卷九题跋及序，卷十墓志，卷十一祭文。后集卷一、卷二为序文，卷二至卷九皆题为辩论，实亦书答之文。卷十、卷十一问答，十二易赞，十三辩论，十四记，十五、十六行状，十七碑铭，十八墓志，全书编辑虽大体以文体类分，然颇无章法，其分前后集之意亦不可晓，昌氏云“似属就所搜得而随时付刻者”。又朱子平生未曾一及此书之刻，故非朱子手定，当无可疑。

此书刻行于淳熙戊申、己酉间，后十年朱子始卒，现传《朱子大全集》乃朱子卒后其子朱在等人编定，而此帙早出，故与后来浙闽全集文字有所异同，昌彼得云：

> 此帙所载而为全集未收者计有：前集卷三复斋铭一篇，及忆秦娥、五禽言等词三阕。卷四西铭解义、太极图解义，按全集卷八十二仅载题解义后，而未载其文。卷十何叔京墓埋铭一篇，按全集仅录其墓志。后集卷九答李叔文书之

第三札，按传本载答李叔文书四篇，仅两篇与此帙同。卷十一答王子合言仁诸说五章，答王子合问诗诸说四章，按全集录答王子合凡十八札，而未收此两篇。卷十二河图洛书及八卦次序等五图。又卷十潘恭叔问心性说之问，亦为传本所删去，至于文字与传本异同之处尤多，或此帙有删节，或传本有删节，此类以后集书答之文为多，实无烦缕举。

余初见昌跋，亦喜得朱子佚文之多，然略事翻检，见昌跋所列举为全集未载者，实全集多已载著，特题目有小异耳，今兹列于下：

前集卷三复斋铭，在全集八十五作复卦赞。

同卷忆秦娥二首，在全集卷五为雪梅二阕奉敬夫。

同卷五禽言，在全集卷八为五禽言和王仲衡尚书。

前集卷十何叔京墓埋铭，在全集九十四作何知县圹记。

后集卷九答李叔文第三，在全集见于卷五十二“知白鹿亦尝一到”札。

后集卷十一答王子合言仁五章，在全集亦皆有之，一、二章为答何叔京十六，注云“一云与王子合”；三、四、五章为答何叔京第十七书，皆见全书卷四十。

同卷答王子合问诗四章，在全集乃为卷四十答何叔京第十九书。

西铭、太极二解为所著成书，河图、洛书、八卦次序等图原在《周易本义》篇首，全集不载亦有其理，至于答潘恭叔问心性说一书，亦见于全集，唯少潘恭叔问语，然此亦所谓“或此帙有删节，或传本有删节”者。故以上所举者皆非佚文，昌氏非朱学专家，其误未足为怪。

然此书文字既与全集有所异同，故在史料运用上亦有其价值，如今本全集所录朱子答人书，于首尾之年月日及礼节语悉皆删除，亦有不便。而此集或有所存，正可以参考。如全集三十六答陈同甫第六书“夏中朱同人归……”，在此集则多“九月十五日某顿首再拜同甫上舍老兄，夏中朱同人归……”十数字，以此可知朱子答同甫此书作于淳熙甲辰（1184 年）九月十五日。此集中另一答陈同甫书尾有“二月十四日熹顿首再拜上状”十数字，亦为全集所阙。又全集四十九答王子合第一书首云“前月末送伯恭至鹅湖”，而此集所录答王子合此书首云：“熹顿首再拜子合教授奉议贤友，久不闻问，方此向往，奉告欣审，比日尊履多福，熹杜门如昨，夏初伯恭见访，因同入城，见候吏报丈夫府判经由，意可一见，已而闻不入域，甚以为恨。不知乃留居旧第也，前月末送伯恭至鹅湖”，此于考察吕伯恭乙未（1175 年）访朱子一事亦有小补。诸如此类，不烦详举，于此集之利用价值，可见一斑。

此集之中所录之文与全集本异之最多者为《易赞》之明筮，全集八十五所载《易赞》第三为明筮，其首段为：

倚数之元，参天两地。衍而极之，五十乃备。是曰大衍，虚一无为。其为用者，四十九蓍。信手平分，置右于几。取右一蓍，挂左小指。乃以右手，揲左之策。四四之余，归之于扐，初扐左手，无名指间，右策左揲，将指是安，再扐之奇，通挂之算。不五则九，是谓一变，置此挂扐，再用存策。分挂揲归，复准前式。

而《晦庵先生文集》后集卷十二载明筮则云：

揲蓍之法，四十九茎。合而为一，以意取平。分置两手，左取一蓍。挂小指间，四数所持。最末之余，或四或奇。归于挂间，右亦如是。两手所余，通挂之算。不五则九，是谓一变。挂余之外，复合为一。中分不挂，四数如式。

疑此集所载为《易赞》初成之文，而全集所录为后来修定，故不同如此。

又往日读朱子、陈亮往来书，每见同甫书来必伴之以果品、苏笺之物，然未见朱子有所还谢，是不合理，心窃疑之。今此集所录朱子与同甫书，朱子所还赠钟乳、紫菜、藤枕等物，悉皆载著，则向日之疑即皆释去矣。

《晦庵先生文集》为宋刻孤本，今台北故宫博物院影印之，以广其传，诚为朱子学研究者幸事，国内大图书馆如北图、上图及北大图书馆，皆应购入，以便学者利用。

原载《朱子学刊》1989年第1辑

第十三章　《朱子新学案》述评

1971年，钱穆先生出版了他的新著《朱子新学案》。全书共五册，“分篇逾五十”，“超百万言”。其篇幅之巨、取材之富，为国内朱子研究著作中所仅见。该书“自创始以溃于成，前后凡六年”，写作和付印曾得到美国哈佛燕京社的资助，出版后受到了海内外学术界的关注。目前，在大陆尚难见到这部著作，为了推进学术研究与交流，这里就这部书的内容作一些简单介绍和评述，以供学术界参考。

《宋元学案》本有《晦翁学案》，分为上下，叙述朱子的思想学说。钱先生把他的书称作新学案，表明他的著作与旧学案有同有异。著者在卷首的《朱子学提纲》中说：“学案旧例，仅是散摘诸条，略加评案，易使读者如看格言集”，而“本书多分篇章，各成条贯，使人每读一条，易于了解其在一家思想全体系中之地位与意义。分而读之，固可各见其有然。合而思之，乃可尽见其所以然”，“固不轻为教训，亦非专务辨诘”。[①] 旧式学案从各代思想家文集、语录中采集材料，略加编排，间或作些简要评语，从整体上说重在分源别派，就其对每家所述而言，主要是一种思想资料简编。新学案意旨亦主要在类集朱子言论而不是专述朱子思想，如《例言》中说：“本书专就朱子原书叙述朱子，而于《文集》、《语类》称引最详。期于读者诵此书后，苟非专意研治朱学，即可不再翻阅《文集》、《语类》之全部。”[②] 该书摘自文集、语类者达三千余条之多，从这个角度看，可以说它仍然是一种学案式著作。但新学案把朱子思想按数十条目分门别类，又以著者的观点构成一个体系，这就与旧学案不同。同时，此书卷首《朱子学提纲》概括了著者对朱子的研究和看法，长达二百余页，足以独立成书。全书在每一条目中也都结合整个体系加以评述，又多有对朱子思想行事的专门考证。这些从深度和广度上都远远超过了旧学案的所谓评案。因此，这部著作既是朱子思想资料的详细编汇，又是著者的专门研究。

根据著者自己所说，全书主要部分是思想和学术两部分。思想之部分为理气和心性两部分。理气部分包括朱子论理气、论无极太极、论阴阳、论鬼神等十二篇。心性部分分为朱子论性、论心与理、论心与性情、论人心道心、论已发未发、论格物等二十四篇。学术之部分分经、史、文学三部分。经学中又分有朱子之易学、诗学、书学、春秋学、礼学、四书学。此外

① 参见钱穆：《朱子新学案》一，九州出版社，2011 年，第 250—251 页。九州版为学界最新版本，也是最新的校本。

② 同上书，第 2 页。

又有朱子之校勘学、辨伪学、考据学、格物游艺之学等。

但实际上前两部分在篇幅上只占五分之二，其余部分叙述“介乎思想学术两部之间者”。这是因为前两部虽体现了朱熹的主要思想，而著者的研究成果却主要表现在两部之外。这些包括朱子评述濂溪、横渠、二程诸篇，以及朱陆异同三篇，辟禅学两篇等。全书共五十八篇。可见全书的分篇与语类的卷目分类在大体上相类似。但此书分类更加详晰，所取材料甚为周全，如欲查寻朱子某一方面的思想言论，按类循篇，当下可得，颇为方便。因此从资料的角度看，本书的确是朱子研究的一部比较理想的资料用书。下面就此书的内容特点、研究方法作一些简单的介绍。

一　朱子与“心学”

著者不赞成历来理学心学之分，认为朱子之学也是一种心学，这是此书一个比较引人注目的观点，但对宋明理学究竟应做如何分野，著者并未正面提出自己的看法。提出以朱学为心学这一主张，它的主要目的并不是讨论宋明哲学的分宗，也并不是认为朱熹与陆九渊同属心学、否认朱陆之间的差别和分歧，而是认为不应当用理学与心学对立这种方式来概括朱陆之间的分歧。在著者看来，理在朱子思想体系中并不总是最重要的。著者认为，朱子论宇宙界理的重要性更过于气，但论人生界则心的重要性却过于性。也就是说在宇宙界理强气弱，在人生界气强理弱。论宇宙界只是论人生界的来源，要成圣成贤，必须以人合天，重在工夫。而工夫全在心上用。著者又认为，后人把理学叫作性理之学，但就朱学本身而言，一切对性与理的认识和工夫都依赖于心，对心具有格外的重视，因此性理之学也就是心学。从这个认识出发，著者认为朱子对心的研究和阐发远在陆九渊之上，所以心学不是陆氏的专有，对心的研究只有在朱子的体系中才达到完满的程度，在这个意义上说“纵谓朱子之学彻头彻尾乃是一项圆密宏大之心学亦无不可”[①]。由此可见，以朱学为心学乍看起来似乎非朱是陆，其实恰恰相反，毋宁说著者之意在彻底剥夺陆学的本钱，其立场是彻底尊朱的。虽然此书并未对陆学提出过多指摘，对朱陆之争也有一些持平之论，但从这一点可以了解此书的基本立场。不过除去这些不论，著者指出朱熹对心的特点、作用、活动过程，心与理，与性情，与知觉的相互关系做了广泛深入的研究，较之陆学对心的研究更为细致具体，这些论断是符合朱子思想实际的。

二 朱子与象山

朱陆异同是历来朱子研究中的大题目。在这方面，此书给人的深刻印象是它的全面性。第三册有《朱子与二陆交游始末》《朱子象山学术异同》《朱陆异同散记》三篇。所引材料采自朱陆两家以及同时或后来学者的文集、语录等，可以说详尽无遗。又加以年代考订，按历史叙述，使人易于了解朱陆关系的历史全貌。其中《朱子与二陆交游始末》，自乾道癸巳（1173 年）、

① 《朱子新学案》二，第 89 页。

淳熙甲午（1174 年）朱子与吕东莱兄弟书简往复至绍熙壬子（1192 年）象山卒于荆门，对朱陆交往关系的全过程作了全面的考察，这对研究朱陆很有参考价值。

著者指出，朱陆在南康之后，“各有情绪激荡”，以致“摩擦日深”，最后在太极之辩中完全决裂，经历了一个过程。从朱子方面来说，是为陆氏门人傅子渊等所激；从陆九渊方面来说，则为朱子所作曹立之墓表所启。著者认为朱陆之间的分歧发展为一场大的争端，其中有一些个别事件及个人情感起了作用，这些论述与历史事实基本相符。著者又指出“朱子生平于象山，言其过必称其善……而象山于朱子，则惟有弹击，绝无转语”①，朱子每有去短集长之意，而象山则自信太过。这些也符合于朱陆两人的个性特点。

对朱陆往来的全部过程此书叙述详尽，但总的说，著者的着眼点还大都停留在现象的描述，因而就得出了这样的结论：“终使两贤相随卷入一漩涡中，而不能拔出，此诚学术史上一大堪惋惜之事。”② 其实朱陆之争势所难免，个别因素只能影响争辩的方式和程度。两家当时成为一大争端，以致后来发展到明代王学，成为宋明学术史上的重要纷争，说明了以朱陆为代表的这种对立的出现不是偶然的。此外，因作者站在尊朱一面，故对朱陆之争多有责于陆氏。平心而论，南轩、东莱死后，朱子有群雌孤雄之意，故欲尽排异学。朱陆之争所起，和朱子曹立之墓表，与陆氏《论奏篇》一书对陆学之讥有明显关系。朱

① 《朱子新学案》三，第 383 页。

② 同上书，第 371 页。

陆争端酿成，朱子自己有不可推诿的责任。

关于朱陆分歧所在，著者提出，朱陆二学都渊源于二程，都是“当时道学中人物”。二程以直接孔孟为己任，对同时儒者多取排斥态度。二陆自负直承孟子，鄙视儒林，实际上继承了二程的道统意识。朱熹则于二程之外并尊濂溪、横渠，旁通康节、涑水，并上溯至熙宁以前诸贤，兼理经、史学于一身，不拘二程的门户之见。因此“南宋理学界，无不导源二程，朱子则扩之使大，象山则别之使精”[①]。故“纵谓陆学乃更近程门，至少当是更近明道，而朱子反见隔阔，亦无不可”（同上）。著者以为这是两家分歧的由来。

在理论上，著者认为，后人以朱学为“惟务为泛览博观”而不知心的重要，并由此分陆为心学、朱为理学，极不妥当。著者针对这种说法，提出朱子对心学有更深的研究，因此与其说陆学是心学不如说朱学是心学。朱陆“两人异见，亦正在心学上”。著者指出，陆九渊认为自家之心即圣人之心，所谓“斯人千古不磨心”，而朱子则认为必学圣人之道而后可知圣人之心。二程分别德性之知与闻见之知，明显具有重内轻外的倾向。二陆继承了二程的重内倾向，朱子则与此相反主张内外相合，这是两家的主要分歧。

不过，著者对朱陆只于心学上相异的观点并不彻底。论朱陆太极之辩一节中说：“象山又言：‘东海有圣人出，此心同，此理同。南海西海北海有圣人出，此心同，此理同。’可见此理仅同在或同出于圣人之心。若使四海之内无圣人，甚至于无人，

① 《朱子新学案》三，第456页。

则亦将不见此四海之内有理，有此同一之理。而朱子之说则大不然。”[①]“在朱子，认为整宇宙莫非一气，理寓于气，故整宇宙亦莫非一理。人心则是一虚明灵觉之体，可以格物穷理，使内外合一”，“在理字看法上实有大分歧，此始为两家学术异同一主要关键所在也”[②]。由此看来，朱陆心学上的分歧又根源于两人对理认识的不同，这实际上是著者对自己前面观点的某种否定，而此一分析应当说更符合朱陆分歧的实质。

在《朱子象山学术异同》篇，围绕王阳明《朱子晚年定论》所引的材料，著者通过对朱子大量思想材料的考订，正确指出了王阳明的谬误。著者指出，朱子素主尊德性、道问学两兼之说，敬义夹持，涵养进学，不堕一边。这个思想，朱子从中年到晚年始终一贯。因此在朱学中包含有陆学所谓尊德性的部分，朱陆本身有相同之点。这样，著者批判了明清王学“凡遇朱子言论可与象山相通者皆指朱子之自悔已学而改以相从”的荒唐作法。同时指出，鹅湖之前朱子于心学已有深刻体究，成为体系。因此，如果不察其体系，考其讲论年代，把这些都归为晚年从陆之悔，必将陷于自欺欺人。朱子指陆学为禅一生未变，明清学者所谓朱陆始异终同之说完全出于门户或臆想。这些结论都是实事求是的。

① 《朱子新学案》三，第424页。

② 同上书，第424、430页。

三 朱子与二程

注意程朱异同也是本书主要的指导思想之一。《例言》说："学者困于门户之见，治理学则必言程朱、陆王。朱子于二程，固所崇重，亦非株守。程朱之间亦有相异。"[①]

主张性即理，历来被认为程朱间主要相同之点。著者则指出："伊川言性理，偏重在人生界，朱子言性理，则直从宇宙界来，此乃两人之所异。"[②] 著者认为，伊川与朱子都讲性即理，但有不同：伊川讲性即理主要是阐发孟子性善义。在伊川思想中，性理"非从宇宙界落下"。而在朱子学说中，天地间公共之理落入人之形气中才形成所谓性，"宇宙界人生界一贯直下"。

不过，全书给人的印象是，著者认为程朱相异之处主要是经学思想上的，而不是理学本身。据著者统计，"语类载朱子于二程遗说诤议驳正，就其事题，约略计之，当近两百之多"[③]，而这些大都是表现有关程朱解经的不同意见。为此，著者在第四册作《朱子与二程解经相异篇》，分上中下，其篇幅在全书各篇中为最长，足见著者对此的重视。

著者指出，二程轻视经学，离开经文讲"义理"，朱子对此深为不满。朱子认为"说经当只求经文本义"，"于文义训诂名物考据皆不当忽"，应当在此基础上发挥义理。这个分歧在易学

---

① 《朱子新学案》一，第 2 页。

② 同上书，第 44 页。

③ 《朱子新学案》四，第 319 页。

上表现最为明显。《伊川易传》不讲象数，朱子则以《易经》为卜筮之书，重视象数，力求经文本义。这一点是众所周知的。此书的贡献是，在《朱子与二程解经相异》篇对程朱在《论语》《孟子》解释的差别上作了详细的考察，力图由此暴露出程朱的不同。对程朱分歧的每一条都证之以《集注》《或问》《文集》和《语类》。特别是从语类中考察论孟集注成书前后朱子对二程某些观点所持态度的改变。著者经过考察证实，论孟集注初成时朱子多采用程说，后经不断改订，多放弃程学或兼采他人之说以补程说的不足。如《论语》的《子罕篇》“知者不惑”章、《雍也篇》“居敬而行简”章、《孟子》的“生之谓性”章、“性善不善”章，等等。《论孟集注》成书后朱熹在许多问题上的观点都有改变，现在看到的《论孟集注》与初成时有较大差距。这些考察是具有参考价值的。

著者对程朱解经异同所举出的事例很丰富。然而，除了经学立场不同之外，这些不同还反映了程朱之间思想上哪些主要差别，却使读者仍未明要领。如果程朱之间的差别仅仅是对经书的字解释或句读上的不同，那么这种差别似乎尚难推翻钱先生称为门户之见的以程朱为理学一派的观点。而且，这样来研究程朱异同，使人觉得未免有支离之偏。

四　早年朱子

此书一个最突出的特点是著者对朱子思想演变和发展的重视。朱子自十九岁进士，七十一岁死去，学术活动时期长达五十余年。他的思想从整体到部分，都随时间发展而有所变化。要透彻地把握朱子思想，必须研究他的思想发展过程。这就要求对朱子的语录、书信、著作进行细致周密的年代考察。这个工作是历来朱子研究的薄弱环节。本书的优点在于，它能够在每一篇中都尽可能地体现著者对这一问题的重视，特别是对于朱子前后观点变化较大的思想按历史的发展给以详细说明。这就便于了解朱子言论中许多互相抵牾的由来。纵观全书，对朱子重要的语录、书信都有所考订、指明年代，其间虽未能无误，然由此可见著者用力之深。钱先生研究思想史的指导思想虽然以唯心论为主，但能于具体问题上实事求是、苦心用力，在其高年实属不易。唯其如此，使此书作为资料用书，具有很高的价值。

明清学者研究朱学，最重朱陆异同。明代起出现了朱陆始异终同的说法，王阳明做晚年定论后，这个问题成为朱学和王学争论的一个内容，但由此也促进了对朱子一生思想主流演变的研究。围绕着朱子思想演变，从朱陆异同衍生出的主要问题有三个：一是朱子早年是否曾专意佛、老，在什么时间；二是朱子乾道己丑（1169 年）中和之悟的由来；三即朱子是否在晚年悟己学之非而一归陆九渊。归结起来就是朱子早、中、晚年三个时期的思想演变。

对这些问题，著者都提出了自己的新见解。朱陆异同已如前述。中和旧说，清人都认为是朱子乾道丙戌所悟，著者则认为是朱子乾道丁亥（1167 年）于潭州访张南轩所得，认定代表中和旧说的所谓“人自有生”四封书信（“人自有生”乃第一封书信开首之语）为戊子（1168 年）所作，意在推翻清人王白田等极力所证的丙戌（1166 年）之悟的说法。这个问题在后面还将说到。这里仅举《朱子从游延平始末》一篇对朱子早年思想的研究以说明著者的研究成就。

《朱子文集》保存的朱子早年的文章都是同安以后的作品。其中的书信最早的也始于同安卸任前后，时间更晚一些。《朱子语类》保存的都是中、晚年的思想材料。此书的贡献在于，著者通过大量引证朱子赴任同安前后的诗句来研究朱子早年的思想发展，从而弥补了历来缺少朱子早年思想研究的不足。著者首先引证了朱子二十三岁（壬申，1152 年）所作《宿武夷观妙堂二首》，其中第一首末句是“尘缘誓当屏”，第二首末句是“顿将尘虑忘”。以下又引壬申诸诗，其中几首说“端居独无事，聊披释氏书”，“暂释尘累牵，超然与道俱”；又说“释志趣幽禅”“盥手阅仙经”“所慕在玄虚”“终朝观道书”；还说“抗志绝尘氛，何不栖空山”。类似内容的诗有数十首。这些诗句有力地证明朱子二十四岁（癸酉，1153 年）初见李侗前在佛、老影响下产生的脱尘逃世思想。朱子于癸酉初见李侗后即赴任同安。著者引“何因不归去，坐使百忧侵”等诗说明朱子初见李侗来同安后的不宁心情，并指出朱子甲戌（1154 年）、乙亥（1155 年）作诗骤减，表明他开始接受李侗的劝告，奋力读圣人之书，逐渐归向儒学。最后以乙亥所作《经史阁上梁告先圣文》确定朱子此时已一意归向儒学。特别是著者举出丙子（1156 年）年所作《教思堂作示诸同志》一诗“咏归同与点，坐忘庶希颜，尘累日以销，何必栖空山”与壬申《月夜述怀》诗“抗志绝尘氛，何不栖空山”两相比较，从而得出“甲戌乙亥两年实为其主要转捩点”“乙亥乃是朱子一意归向儒学更为确定之年”的结论。这些论证与朱子自己所谓出入佛、老十余年及见延平后至同安反复思之始知不欺的说法完全相合，具有令人信服的力量。著者又于《朱子从游延平始末》后附《朱子自述早年语》数十条，使人对朱子进士之前的家庭熏染、幼年志向，一目了然。著者的这些工作是很有价值的。

略嫌不足的是著者对朱子进士之前、进士之后及赴任同安之后几个阶段的思想未能很好地结合起来。按照本书的叙述，可以认为朱子进士之后，至同安之前，曾专意于二氏之学。而按朱子自述早年语，其进士之前，对论、孟、学、庸、易经、周礼，自幼用力，究心推研。因此，如果说他只是一度杂糅佛、老，偏离儒家，则比较自然。倘若说进士以后他放弃儒学，一心专意佛、老，而与李侗一见便又尽弃异学，这便使人觉得几个阶段截然隔开而缺乏联系。另外，从总的方面说，著者对朱子思想演变的研究是相当深入的，但对朱子思想的主要部分理气论则未能给以详细考察。此书似过于重视细节，而对主干反有所忽略。

五 朱子论中和

此书另一特色是全面叙述朱子的学术成就。著者认为，朱子不仅是一个理学家，也是一位有多方面成就的学者。除理学外，朱子的最大成就是经学上的。他把理学、经学结合在一起，克服了二程忽视经学的偏向，注意避免理学与传统儒学经典的脱节，从而建立起与汉唐大异其趣的新经学。他以大胆的批判眼光和卓越的见识，在经学史上开了生面。作者又指出，朱子在书学上“指出伏孔两家今古文之同异”，“开出后来明清学者断定尚书古文之伪之一案”；在易学上“主张易为卜筮之书”；在诗学上“尽破毛郑以来依据小序穿凿之说”。这三者“同为经学上之三大卓见”。此外，朱子精擅文学，造诣至深。他的《诗集传》《韩文考异》《楚辞集注》都是文学研究的不朽作品。在史学上，他重论治道，会通经史，明理达变，切合世情，非一般治史者可比。著者还指出，《四书集注》在后来八百年中成为必读书，地位跃出“五经”之上，不应仅以科举功令来解释。朱子对“四书”的毕生研究是有成就的。所有上述观点都表现出著者这样的意图，即把朱子与一般所谓空谈心性、尊经贱史、轻薄艺文的理学家区别开来，从而全面地、整体地来看待朱子。这个立场是可取的，也是实事求是的。

一部著作很难尽善尽美。《朱子新学案》也如此。著者说：“惟读《文集》《语类》，有一点最当注意者，即为《文集》各篇《语类》各条之年代先后。”[①] 此书的成就主要是考证学方面的，这与著者在这方面的努力分不开。即便如此，也还是有一些可以讨论的地方，兹就几条与前人常加讨论有关者列举如下：

明清学者论朱子早年思想演变多对答薛士龙“粗知有志于学，而求之不得其术，驰心空妙之域者二十余年”一书发生争论。著者指“二”字为衍文，此说承自夏炘，且不去论。王白

---

① 《朱子新学案》一，第 247 页。

田《朱子年谱》以此书为在乾道壬辰（1172 年，朱子四十三岁），而陈清澜、夏炘皆言薛士龙卒于辛卯（1171 年，朱子四十二岁），故壬辰不得有书。著者也主陈、夏之说，但夏说乃据《东莱集》薛常州墓志铭，而铭文中明云乾道七年（辛卯）十二月薛始至淮西，次年反命以还，后方有湖州、常州之除。现《金华丛书》中所收此铭言薛卒在乾道七年，然此“七”字乃“九”字之误。《永嘉丛书》《浪语集》附此铭乃云乾道九年（癸巳，1173 年）。薛士龙卒于乾道九年癸巳，朱子、吕祖谦癸巳往复诸书及陈止斋所作行状皆可证明，据朱子与吕祖谦第十七书，答薛士龙书当在壬辰、癸巳之间。陈、夏之误，著者似有所未察。

朱子于乾道己丑（四十岁）思想曾发生一次变化。《中庸》说“喜怒哀乐未发谓之中，发而皆中节谓之和”，北宋以来成为道学的一个重要论题。按朱子所说，体认已发未发，“乃龟山门下相传指诀”，因此朱子从学延平后主要注意力即集中在关于中和的思想。己丑之悟就是关于中和思想的转变。己丑之前朱子以心为已发、性为未发，至己丑才发现自己的错误。朱子把己丑之前的认识称作中和旧说，并做《中和旧说序》等以志之，这些都是很清楚的。问题是中和旧说是什么时期产生的思想，具体地说，代表中和旧说的答张钦夫四封书信是何时所作。清人对此颇重视。王懋竑《朱子年谱》、夏炘《述朱质疑》都认为作于乾道丙戌（朱子三十七岁）。钱书提出反对，认为心为已发的思想是朱子乾道丁亥（三十八岁）访问张栻所得，四书皆作在戊子（三十九岁），这就不仅关系到朱学本身，也关系到湖湘之学与朱学的关系。著者在《朱子论已发未发》中对此辩论甚多。著者对王、夏之说有所怀疑并非没有根据。但著者提出的证据尚不足推倒旧说。首先，张栻主先察识后涵养，在理论上固然可以与心为已发相容，但张栻在丁亥前并无心为已发的思想。其次，朱子答何叔京“天性人心已发未发浑然一致”一书与“人自有生”四书思想完全一致，都是认为无论语默动静，心的作用从未止息，因此人心任何时候都是已发，作为心之本体的人性才是未发，而已发未发浑然一体，“无分段时节先后之可言”。这一点清儒论之甚详。而著者以答何书为在丙戌，却以“人自有生”四书为戊子后来所悟，这便令人未能无疑。最后，著者所持最有力的证据是朱子答石子重第五书。其中说“去秋走长沙”，故此书在戊子无疑。此书又说“大化之中自有安宅，此立语固然有病，然当时之意却是要见自家主宰处”。大化之中自有安宅，是“人自有生”第三书中之语，故著者以此断定四书皆在戊子。但著者忽略了此书尚言“熹忽有编摩之命”。按《年谱》丁亥十二月二十日朱子自潭州还至家中，是月除编修官。此书既有“忽有”之说，则在方闻除命不久。故此书虽在戊子，必在正月为近。其归家未至一月，故知与长沙往还四书皆不可能为戊子所作。这个问题当辨处尚多，这里仅指出王白田年谱未可轻疑，著者于此处所审亦欠精详。

朱陆太极之辩为朱陆交往异同一大事件。起因于朱子与陆九渊之兄陆九韶辩太极《西铭》，后来陆九渊接过去继续争论，酿成冲突。钱书交游篇说陆象山戊申（1188 年，朱子五十九岁）与朱子辩太极是把十年前朱子与其兄梭山辩论一事旧案翻起，这里也有明显的错误。朱子答陆子美（名九韶，号梭山）第二书说道："近又曾作一小卜筮书，亦以附矣。"著者指明"小卜筮书"为《易学启蒙》，这是正确的。《易学启蒙》一书成于淳熙丙午（1186 年，朱子五十七岁），著者却以此书为在鹅湖翌年丙申（1176 年）、丁酉（1177 年）间（朱子四十七八岁），其间相差近十年。

《朱子文集》《语类》二三百卷，卷帙堪称浩繁，因此学者难免有遗漏之处。著者于此用力不为不深，如所考绍兴二十六年（1156 年）秋朱子泉州候批一事为王谱所遗等。王氏作《朱子年谱》用力二十余年，四易其稿，尚有遗误，前面所举几条，也是为了说明考察朱子书文行事非一人一时所能成，并非对钱书有所辩诘。

最后，应当指出，著者的一些观点值得研究。钱书对唯物主义思想家的态度似欠公允。以横渠为心学，恐难成立。又对罗整庵心性论交口称赞，而对其理气论则不以为意。对王浚川理气思想更是贬斥。对戴东原、颜习斋等对朱学的批判也都采取一概否定的态度。这些地方表明著者对唯物主义的偏见尚待去除。

《朱子新学案》的工作是富有成效的。朱子的思想体系诚如著者所说，"范围广大，涵义精深"。因此，对朱子的研究要做到"揽其全而得其真"不是一件容易的事。纵观全书，对这部著作我们或许可以做这样一个评价：揽其全或有之，而得其真恐未能也。

原载《中国哲学》第九辑，1982 年

附：

此亦一述朱　彼亦一述朱

——关于《朱子新学案》

1981年秋天，应编辑《中国哲学》的先生们之命，我曾为国学大师钱穆先生晚年的鸿篇力作《朱子新学案》写了一篇评介的文章（见《中国哲学》第九辑）。当时，国内学界对于此书几无所闻，撰写书评时所用书，亦是从日本友人吾妻重二氏借来。后来作博士论文时，友人已东归，曾多方寻此书，竟不果。1988年夏初我自美国回京，见有四川巴蜀书社横排简体字《朱子新学案》（全三册），且价格低廉，不胜欣喜，立即购得一部，夙愿乃得偿焉。

我在《中国哲学》上写的述评，主要是介绍此书的基本结构、主要观点以及考证的成绩，同时也提出了我对若干问题的商榷性考辨。后来钱先生在香港看到我的文章，尚觉满意，作为晚学，我当然因此受到了不少的鼓励。由于已经有了《中国哲学》那篇述评，我就不必重复已经说过的话，这里只是对此书的价值及朱子学研究史上的地位作一些补充说明。

朱子哲学是12世纪以来东亚影响最大的哲学体系，在中国从宋元明清的朱学到现代的新理学，朱子学传统源远流长。邻邦朝鲜、日本也都有自己的朱子学派。20世纪亚洲学者开始用新的哲学方法建构东亚哲学史，但总体上说，第二次世界大战以前重点是通史的建设，战后在断代和专人方面的研究开始深入，取得了不少成绩。回顾“二战”以来朱子学研究的历史时，有一个重要的现象值得注意。1947 年兰州大学教授李相显出版了一部上下册的《朱子哲学》，其书除叙述朱子哲学体系外，于朱子的文集、语录颇加考订之功，思想叙述亦力求依照历史的顺序，惜乎李先生故世太早，此书外间极少有知之者。（陈荣捷先生亦是 1984 年才到北图复制得一份。）1968 年日本学者友枝龙太郎出版了《朱子思想的形成》，着重考察朱子中年思想的发展和形成。不用说，这个课题的完成必须以思想材料年代的鉴定为基础。1970 年钱穆先生五大册一百多万字的《朱子新学案》历经六年撰成问世。此书的特点也是在叙述朱子思想同时，对文集等加以考证，以期指出朱子思想前后演变之线索，甚至牟宗三先生在 20 世纪 60 年代中期著成的《心体与性体》，以阐释义理为主，也在朱子的部分特别注重理解朱子中年思想的改变。1978 年我在北大作关于朱子哲学的研究生论文，为了解决朱子思想材料的矛盾，一开始便是从考证朱子论学书信的年代入手。但当时对海外朱子研究一无所知，即李相显的著作还是在答辩前夕因朱伯崑先生的提醒才借来。1981 年我借得为《朱子新学案》写评介文章时，我自己的《朱子书信年考》已在前一年成稿，这是我可以站在同等的学术层次来评介钱先生著作的基本条件。这一段历史的回顾表明，随着朱子学研究的深入，通过考察朱子早中晚年思想的发展来揭示其演变过程，由此开拓朱学研究的深度与广度，并理解其体系中各种矛盾，乃是学术发展的一个必然趋势。中日学者先后不期而至循此方向努力的“暗合”，是研究深入及此种趋势的明显的表现。事实上清朝学者作《朱子年谱》时已特别重视朱子中年思想的变化，已开创了历史地研究的先例；而庞大的朱子哲学中的种种矛盾，使得深入研究的学者必然要考虑这些矛盾究竟是真正的矛盾还是因思想演变造成的结果。

《朱子新学案》主要分为三部分，第一部分为“思想之部”，以哲学为主。第三部分是“学术之部”，叙述朱子关于经学、史学、文学的思想，即传统所谓“学术”的内容，作为这两部分之间的第二部分是“介于思想与学术之间”者，主要是朱子学研究中一些特殊的课题，如朱子各个方面思想的发展及特殊侧面等。《朱子新学案》特别注意详细摘引《朱子文集》《朱子语类》《四书或问》，希望为非专门治朱子学的人提供比较完整、全面的资料编汇。在当前朱子思想资料难以刊印的情况下，该书的使用价值更为突出，因为这不仅为非专治中国哲学思想的人提供了一个了解朱子思想资料的方便，即使是从事中国哲学思想史研究的学者，在图书资料借阅不便的情况下，这部书也当必备。我以为，《朱子新学案》是现有的一个最好最全的思想资料编汇，这是因为，从选汇朱子思想资料的方面说，钱先生的优势是其他任何个人难以相比的。现代人作学问免不了“专业化”的局限，而像钱先生等老一辈学者多兼通文史哲，于传统所谓“学术”的范围有相当周全的把握，现代专业化的学者只有通过集体合作来弥补个体专业化的不足。以我自己而论，虽然是朱子哲学研究的专业从业者，在对朱子哲学的某些了解方面也未尝没有较钱著深入的地方，假若由我作一部朱子哲学资料选，未必不及钱先生，但我无论如何没有能力在论朱子史学、经学、文学诸方面发表可以自信称得上意见的意见。由于在这方面，在对古代文化经典、中国古代历史、宋明清理学发展源流脉络方面的了解以及由此形成的学识和眼力上，钱先生皆可谓拔出众人之上，所以若总汇朱子思想之选，除钱先生之外，更无一人可以当此，此亦可谓天假钱先生之手而成此书也。

《朱子新学案》可以作为资料编汇来用，这也是钱先生著此书的原意之一，但此书又是钱先生多年研究的成果，所以其意义又远不止于资料的编汇。《朱子新学案》的一个特点是，有关朱子学的文献、历史、思想、行实等研究的诸种课题在本书都可以找到，尽管著者给予的答案未必不可以再加讨论，但这一点也是目前已有的任何一部朱子研究的著作所不能相比的。一个要研究朱子哲学的人，可以先通过此书入门，一方面接触朱子思想的基本材料，一方面了解历来关于朱子研究的课题，以建立基本的问题意识。钱先生所以能对此掌握如此之广，是基于他对中国近三百年学术发展的周详了解，如朱陆之争在清代演变为考据之争，在清代学术中，把朱子学研究中的各种历史性课题充分地暴露出来，并取得了可观的成绩，钱先生曾撰过《中国近三百年学术史》，这是一般朱子学研究者所不能及的地方。我自己当年对朱子的研究入手处虽未及读《朱子新学案》，却实曾受惠于《中国近三百年学术史》。近年来，我的研究也仍常需借助《朱子新学案》。如我去年写了一篇考证《朱子家礼》的文章，其论证的详略及所用材料虽与钱先生略异，但其初始写作的动机之一也是受钱先生《朱子新学案》所用某些材料的刺激，而后才深入考察写成的。又如当代解释学引入后，也刺激了中国哲学的研究者整理考察中国固有的经典解释学思想。

在这一点上宋代的理学作为解经的宋学流派，特别是其中最著名的解经大师朱子的解经思想更是首先应当被研究的，于是《朱子新学案》中关于朱子解经思想的几部分就成了首先便于利用的材料。

黄宗羲在《明儒学案》中曾说，正德以前的时代理学不过是“此亦一述朱、彼亦一述朱耳”。这个话本出自宋人陈同甫（亮）答朱子书，我引此话为题目，是反其意而用之。盖钱先生本来强调“本书惟主就朱子述朱子，实事求是，力避枝蔓”，所以此书实可谓“亦一述朱耳”。不过其价值又正在一“述”字上，此述即“记叙”之意，即所重不在思想义理的阐释，而在“专就朱子原书叙述朱子”，“期于读者诵此书后，苟非专意研治朱学，即可不再翻阅《文集》、《语类》之全部”。[①] 也就是说，此书若以阐释发挥述之，则此书只在专家内有其价值；而唯其以“记叙”为主述之，且又有“揽其全”之长，正足以为一切中国文化的研究者以为史料之用。故“此一述朱”之价值并非其他“彼亦述朱”者可以相比的。

关于新印本的不同，我想指出一点，即此书在台印行时原分为五册，一、二册为思想之部，五册为学术之部，三、四册为介于思想学术之间之部，三大部分，条理分明，若印为三册，自当依此条理，以原一、二册为上，三、四册为中，五册为下，最为妥当。两新印本把原第二册思想之部的最后一章“朱子论格物”置于中册之首，又把原第五册学术之部的第一章“朱子之经学”亦入中册中为之尾，于是新印本之中册乃削第一部分

① 参见《朱子新学案》一，《例言》部分，第1—4页。

之尾为其首，而削第三部分之首为其尾，颇有不可晓处，这是我略不满于新印本的。当然，这丝毫不影响我们利用钱先生的研究及整理成果，也许算是“吹毛求疵”吧。

最后，我想提到，《朱子新学案》出版后，哈佛大学教授杜维明先生曾以“儒学传统的改建”为题写过一篇长篇评介（中译文载《孔子研究》1987 年第 1 期），他指出，对朱子的哲学或对朱子的生平历史，我们可以在其他专门著作中找到更明白的分析或更生动的描绘，但是对朱子的伟大体系的完整构图，我们只有在钱穆的著作中才能找到。这个评价是相当准确和妥当的。

原载《读书》1989 年第 9 期

第十四章　关于张载的气观和理观

《中国社会科学》1980 年第 4 期载丁伟志先生《张载理气观析疑》一文，对哲学史界目前对张载哲学是气一元论唯物主义的看法提出异议，认为张载既不是“气一元论”，也不是“严格意义上的唯物主义”，而是“踌躇于唯物主义自然观的门前”；在另一个侧面，认为二程“大体上建立起一套‘理一元论’哲学体系”，“对理气关系的研究远较张载深入、细致”。丁先生反对人为构造哲学史上两军对战的出发点我们是赞成的，但其所得结论却与事实相反。二程并没有建立起一个理一元论体系，而张载学说是气一元论倒是确乎不移的论断。[①]

---

① 参见丁伟志：《张载理气观析疑》，载于《中国社会科学》1980 年第 4 期，第 123—142 页。下文关于丁文的论述，皆见于此文，不再特别说明。

一　张载的气观

1. 气在张载哲学中不是对物质的科学概括，不是物质一般，丁文（以下简称《析疑》）提出这一点，是正确的。但是按照《析疑》的说法，“张载心目中的‘气’，乃是一种既构成万物，又能离开万物而独立存在的物质实体”，“所以张载的‘气’具有非物质的神秘性”，包含有矛盾。如果说气“具有非物质的神秘性”，“‘气’与万物的关系是神秘的、不可理解的”，气又怎么是“物质实体”呢？如果是这样，张载不但不是什么严格意义上的唯物主义，而且连不严格的唯物主义也不是了。张载的自然观到底是什么性质的呢？

张载的哲学气一元论属于朴素唯物主义哲学形态。张载提出气来，本非如《析疑》所说用来表示我们现在所说的“物质”，而是用来说明万物的构成，即世界的统一性。《析疑》以气不是物质一般来指责张载的唯物主义，是很难成立的。“物质”（或物质一般）是一个高度抽象的哲学概念。和唯物主义与唯心主义的斗争一样，其产生与演变经历了一个漫长的过程，反映了人类认识的发展和深入。它作为高度抽象的哲学范畴，是近代才明确的，特别是马克思主义哲学辩证唯物论，才给予它以科学的定义。唯物主义的思想路线是通过人类思维历史上的不同形态来表现的。历史上的唯物主义学说，无论其采取什么形态，都把世界看成本质上是物质的，要求从世界本身说明世界，从而直接或间接地反对各种超自然的精神主宰。如果用物质一般作为衡量历史上的唯物主义特别是朴素唯物主义的尺度，那么唯物主义在历史上便只好消失了。恩格斯在谈到原始的、自发的唯物主义时说过："它在自己的起始时期就十分自然地把自然现象的无限多样性的统一看做不言而喻的，并且在某种具有固定形体的东西中，在某种特殊的东西中去寻找这个统一，比如泰勒斯就在水里去寻找。"[①] 从自然观上看，古代朴素唯物主义的主要特点便是肯定世界的物质统一性。他们在某种具体物质中去寻找世界多样性的统一，说明这些哲学家在处理世界统一性与多样性的关系上还是直观朴素的。把世界看成某种具体的原初或基本物质变化组合的结果，一切事物又可以还原为这些原始或基本物质，在中外哲学史上是一个普遍的现象，古希腊、印度、中国都是如此。这是和古代社会生产发展水平和科学状况相适应的。张载在天文学上持宣夜说，认为人顶之上是无限的气，各种有形事物是气的凝聚形态，又可以散返为气的原始状态；整个世界，"凡象皆气"，"虚空即气"，"有无、隐显、神化、性命，通一无二"，世界既不统一于理，也不是统一于理与气。[②] 张载彻底地肯定世界的物质统一性，认为万物只有一个本原，这就是气，因此他的哲学自然观是气一元论的唯物主义。张载学说中与气相对的万物也不是物质的概括而是指气所凝聚的有形存在；而无论是否以各种有形状态表现，气本身便是占有无限空间的物，因此气绝不是脱离物质的神秘东

---

① 恩格斯：《自然辩证法》，中共中央马克思恩格斯列宁斯大林著作编译局编译，人民出版社，2015 年，第 30 页。

② 参见《张载集》，第 5 页。

西。张载的气一元论没有达到“物质一般”的物质概念，这和一切朴素唯物主义一样，反映了历史的局限，谈不上是什么“不治的痼疾”。

2. 张载哲学最主要的贡献是什么？《析疑》认为是“论证物质不灭”，是张载的“气不灭论”。《析疑》认为“认定气是不生不灭的，那就排斥了作为物质实体的气是某种非物质实体之产物的可能”，这是对的。明确气的不灭，是张载的一个贡献。但《析疑》把张载气论的贡献仅仅限定在对气的永恒无限性的肯定上，值得商榷。从二元论的观点看，可以既承认物质的永恒无限，同时也承认精神或观念物的永恒无限，逻辑上是相容的。（正如《析疑》自己所认定的，张载在承认气不灭的同时，并没有排斥与之并肩而行的理。）气不灭论甚至在《庄子》中就已经有了（如《知北游》，并不是相对主义，而是唯物主义），所以张载的主要贡献不止于此。同时，更准确地说，张载肯定的是气的时间上的永恒和空间上的无限。中国历史上气的理论，从唯物主义来说，其早期形态主要是“元气论”。所谓“元”气，便指气是整个世界的原始物质。汉唐的大部分唯物主义者，都是讲元气论的。张载的贡献就在于他第一次建立起完整的气一元论体系。同时，他第一次从本体论上用唯物主义反对佛老，坚持“虚”和“无”只是气的存在形式，气是世界统一的唯一基础，从而反对了任何虚能生气、有生于无的唯心主义观点。因此，比起他的前辈唯物主义者，不是“倒退”，而是前进。

3. 如果说对气的理解还只是一个唯物主义是否“严格”的问题，那么“神”和“气”的关系问题，按照《析疑》的一些看法，就是一个是否唯物主义的问题了。《析疑》说张载“证明‘神’是高出于万物，并可离开万物而独存”。说：“断定‘神’‘气’不可分，便等于否定了‘神’是第二性的。列宁在《唯物主义和经验批判主义》一书中，对于主张意识与物质不可分的论点，曾做过透辟的批驳，其间精义无疑是可以用之于分析张载的‘神’‘气’不可分之说。”这样看来，《析疑》之所以认为张载“步步陷入‘神不灭’的泥潭”，是把张载哲学中神与气的关系看作类似于物质和意识的关系，认为神应当是第二性的。很明显，如果“神”如《析疑》所理解的是精神或意识的东西，又是高出万物的，那么张载只能是唯心主义。

在概念含混、复杂的哲学家中，张载是比较突出的，而“神”就是最容易产生误解的一个范畴。（从《正蒙》看来，二程说张载“有苦心极力之象”，不完全是攻击，从一个方面反映了张载哲学体系还欠成熟。）这个问题涉及张载哲学气论的层次和结构，需要用较多的文字来讨论。

张载说：“太虚无形，气之本体，其聚其散，变化之客形尔；至静无感，性之渊源，有识有知，物交之客感尔。客感客形与无感无形，惟尽性者一之。”① 这是说“太虚”无形可见，它是气的“本体”。这里“本体”的意义不是通常西方哲学上所说的“本体”。它是说，一方面，“太虚”是一种气态物质，另一方面，又不同于习惯所说之气，是习惯所说之气的本然之体。“太虚”这种“气”，是气的最原始的状态，是气的最基本的存在形态。所以他说：“气之聚散于太虚，犹冰凝释于水，知太虚

① 《张载集·正蒙》，第7页。

即气，则无无。”[1] 因此，张载的理论，仔细分析起来，“太虚”即“气”又非气。水是冰的本体，太虚是气的本体，“太虚之气”聚而为气，水凝而为冰。冰水之说只是一种譬喻，从世界构成来说，如果说气组成万物，那么气又由太虚之气所组成，太虚与气是两个层次。因此张载说：“气之为物，散入无形，适得吾体；聚为有象，不失吾常。”[2] “散入无形，适得吾体”是说气散而为太虚之气，回到本然状态。聚成气而有象，本质上仍是太虚之气，没有改变，所以叫“不失吾常”。因此张载的学说是：太虚之气$\underset{\text{散}}{\overset{\text{聚}}{\rightleftharpoons}}$气$\underset{\text{散}}{\overset{\text{聚}}{\rightleftharpoons}}$万物。因为太虚与气都是以气态存在的，所以张载在讨论有形事物的聚散时，太虚与气也有时混用，不作严格区分。

“气本之虚则湛一无形，感而生则聚而有象”[3]，又说“太虚者，气之体”[4]。作为气的本体的太虚之气是湛一无形的，这种性质又称为清通无感。太虚之气是清通不可象的，它具有神妙不测的性能。张载有时直接把太虚之气称为“神”（与天德之神不同）。他说：“由太虚，有天之名”[5]，“地，物也；天，神也”[6]。又说：“成吾身者，天之神也”[7]，“散殊而可象为气，清

① 《张载集·正蒙》，第8页。
② 同上书，第7页。
③ 同上书，第10页。
④ 同上书，第66页。
⑤ 同上书，第9页。
⑥ 同上书，第11页。
⑦ 同上书，第25页。

通而不可象为神”[①]。这里的“神”就是太虚之气的别称。这样，就有了“万物形色，神之糟粕”[②] 的说法。这个说法实际与《淮南子》有关，“清阳者薄靡而为天，重浊者滞凝而为地”就是糟粕说的来源。如大家公认的，这个说法有其局限。

太虚之气与气的分别，在结构上是前者构造后者，在外在形式上，前者是清通不可象的，而后者是可象的。太虚之气与气的这种层次的区分，张岱年先生已说得比较明确：“太虚凝而为气，气聚而为物，物散而为气，气又散而为太虚。‘气之聚散于太虚，犹冰凝释于水。’太虚、气、万物、乃是同一实体的不同状态。”[③] 承认这种区分，表面上似乎有“虚气二元论”的嫌疑，其实问题很清楚，从张载个人的理解来说，太虚之气与气虽有不同，但本质上都是太虚之气，它并不影响张载哲学气一元论的本质。

由以上可见，不只是在一些地方“神是和太虚结合在一起”，而且“神”在许多地方就是太虚的别称。以所谓“神”高出万物，并可离开万物独立存在，或气外有神，神外有气，对张载提出的责难，实质上是重复前边在气物关系上的观点。因此，“神”在这里不是具有精神属性的东西，不存在“第二性”的问题，神就是指清通不可象的太虚之气。

《析疑》说：“二程曾用‘气外无神，神外无气’来概括张

---

① 《张载集》，第 7 页。

② 同上书，第 10 页。

③ 张岱年：《张横渠的哲学》，载于《哲学研究》1955 年第 1 期，第 113—133 页。

载的哲学，应该说大致上是概括了张载的意见。”此论颇怪，不知何据。二程从未用“气外无神，神外无气”来概括张载的意见。《二程粹言·心性篇》载“神气相极，周而无余。谓气外有神，神外有气，是两之也。清者为神，浊者何独非神乎?”[①] 如果说这里是二程在概括张载哲学，那么他们恰恰是用“气外有神，神外有气”而不是“气外无神，神外无气”来概括的。《遗书》卷十一明载“气外无神，神外无气。或者谓清者神，则浊者非神乎?”[②] 很明显，“气外无神，神外无气”正是二程自己用以和张载对立的主张。

在所谓神气不可分的问题上，《析疑》的理解似乎也很不准确。张载说：“神与性乃气所固有”[③]，在这样一些地方，神是表示气的运动和变化性能，即神妙不测的。神的这种意义在张载哲学中是很明显的。如果说气的性能和属性与气是可以分离的，那反倒是“神秘的、不可理解的了”。此外，张载说：“神，天德；化，天道。德，其体，道，其用，一于气而已。”[④] 《析疑》针对说：“既然把具有精神属性的德作为天之体，那么德或者神便也成为天之体，天或气自然也就是有知觉、有精神、有道德的。”这个推论更缺乏根据。这里“神”指神妙不测，“德”指性质，二者都不具有精神属性。“体”指内在的，“用”指外在表现的过程。全句是说神妙不测是气的内在性质，通过变化流行的天道（由气化有道之名）表现出来。把气看作是有道德

① 《二程集》粹言卷二，第1256页。
② 同上书，遗书卷十一，第121页。
③ 《张载集》，第323页。
④ 同上书，第15页。

属性的，恰是二程气论的最大问题，而为张载气论中所无。

二　张载的理观

1.《析疑》之所以认为张载不是气一元论，在很大程度上依赖于这样一个认识："他同时认为，有个'道'或'理'，同'气'并肩而行，并且具有上述'气'的两种属性（或者说两种功能），是初始的本体，又是这个本体的运行，存在于万物之前，又存在于万物之中。"用来支持这个论点的，是利用王夫之《张子正蒙注》对"太和所谓道"（语出《太和》）的解释。《张子正蒙注》不是一部专门训诂注释的著作，它更多地反映了王夫之的观点。虽然船山与横渠有继承关系，但从《张子正蒙注》看亦有所不同。而且对于本来就很明确的张载气论，用王夫之的注解作为根据，也是不合理的。"太和"指无形之气。张载认为，根据"形而上者谓之道"，所以凡无形者皆可称为道，也正是在这个问题上引起二程的突出反对。二程坚决反对张载以气为道，这说明二程没有误解张载的思想（详见下节）。因此，对"太和所谓道"，不能望文生义，它讲的并不是理，而是气。从这里推出一个作为初始本体的理是没有根据的。

2.《析疑》希望从人性论角度来考察张载的理，从方法上讲是可以的。两宋理学中如朱熹人性论中的理或天理与本体论中的理基本一致，甚至是一个东西。但是，恰恰在张载哲学中，天理主要是伦理学说中的范畴，这种天理的观念出自《礼记·乐记》。仔细研究张载的著作，本体论的理与人性论中所讲天理没有沟通的关系。历史上的哲学体系往往是不严密的，设想一个哲学体系完全一贯，没有任何矛盾，在多数情况下是与事实相违背的。就是黑格尔，也有矛盾。因此对于张载，不能削本体论之足以适人性论之履，用人性论的二元论去证明本体论是二元论。此外，张载在人性论及天人合一观上有唯心主义色彩固然不可否认，但把这些夸大到整个体系也是不恰当的。

3.《析疑》对张载是气一元论唯物主义责难的最主要的论点之一就是"没有正面论及理与气的关系、精神与物质的关系。离开对于精神与物质关系的唯物主义回答，自然是谈不上严格意义上的唯物主义"，张载"没有回答、也没有提出二者谁产生谁、谁从属谁的问题，但他明确认为二者都是永恒的、普通的，因而也就是永远并存的，这样，便使得张载的哲学没有成为严格意义上的唯物主义哲学，同样也没有成为严格意义上的唯心主义哲学"。(既然张载没有明确论述过理与气的关系，那么应当说张载还没有形成一个"理气观"。) 上述论点值得商榷。

第一，"理"并不是宋明哲学家用来概括或表达"精神"的，如同"气"不是用来概括"物质"一样。"理"在宋明哲学中在自然观方面的意义主要是指事物的必然规律。《析疑》说包括张载在内的两宋理学用理来概括精神，是完全误解。《析疑》责难张载说："这种'理'与未形的'气'之间，没有存在的先后之别，更没有产生与被产生的关系，因而只能是并存的。张载事实上承认'理''气'并存，也就证明他没有建立起'气一元论'的自然观。"这样看来，必须说气产生理、气在理之先才是"严格的唯物主义"。事实上，讲气生理和讲理生气都是不正确的。作为原始物质和元素的气与作为事物本质规律的理没有存在的先后，物质与其规律是不可分割的，没有谁产生谁的问题。在这一点上张载没有错误。

第二，精神和物质、思维和存在，是哲学基本问题。正如恩格斯所说，其根源可以追溯到蒙昧时代，但只是到近代，才被十分清楚地提了出来，才获得其完全意义。同时，涉及哲学基本问题的讨论可以通过不同的角度，采取不同的方式。理气之辩反映了在哲学基本问题上的对立和斗争，但理和气不等同精神和物质，正如柏拉图的共相和具体不等于精神和物质一样。历史上的唯物主义哲学，特别是“朴素”形态的，经常在讨论世界的统一性时，并不同时涉及精神或观念的东西，如古希腊米利都学派对世界本原的讨论。恩格斯还指出，自发的唯物主义“它没有能力弄清思维对物质的关系”，[①] 而恩格斯并没有因此指责他们不严格，只是在肯定他们的唯物主义同时，指出他们的自发特点。要求一定要把精神与物质成对讨论才是“严格”的“主义”，那就是要求在古代把哲学基本问题“十分清楚地提了出来”，要求自发朴素的唯物主义“彻底了解思维对物质的关系”，这显然不符合哲学史的辩证发展。“严格意义”这种说法本身就比较模糊，在哲学史特别是古代哲学史上寻找严格的这个或那个“主义”，是不可能的。作为人类认识标志的哲学与历史一样不断向前发展，“严格”之说只是基于一定时代的认识，过多少年之后再来看我们今天认为是严格的东西可能还有不严

① 恩格斯：《反杜林论》，中共中央马克思恩格斯列宁斯大林著作编译局编译，人民出版社，2015 年，第 147 页。

格的地方，但正确的理论思维路线却不会因此而消失。从孔夫子到王夫之，中国哲学基本没有超出古代形态，我们不能用现代的“严格”眼光要求古代的朴素唯物主义者。

第三，即使认为张载在气论上没有直接论述理与气的问题，也不能说张载哲学中没有讨论思维和存在的问题。《析疑》认为张载反对“以心法起灭天地”，不是反对唯心论，而是反对以心法起灭封建天理，这也是没有根据的。张载明明说释氏“以心法起灭天地”，怎么成了以心法起灭天理？所谓“释氏不知天命”指佛教不穷理，不懂得宇宙根本的道理。张载说：“释氏妄意天性而不知范围天用，反以六根之微因缘天地。明不能尽，则诬天地日月为幻妄”①，“释氏便不穷理，皆以为见病所致”②，“浮屠以山河大地为见病”③，反对以心法起灭天地，是张载明确的思想。张载认为释氏停留在直接经验，自己不能穷尽的，便认为是虚幻的不存在，从而把天地也说成是幻象，是人心的产物，这就像夏天的虫子没有见过冰便怀疑冰的存在一样。张载明确反对佛教主观唯心论的观点，在思维和存在问题上，坚持用唯物主义反对唯心主义，是不容抹杀的贡献。

三　关于张、程之辩

《析疑》认为二程和张载的斗争主要反映在“气灭”与“气

① 《张载集》，第 26 页。
② 同上书，第 321 页。
③ 同上书，第 8 页。

不灭”的分歧。在这里借机谈谈本人对张程气论分歧的一些看法。

二程讲气有生灭，是违背物质不灭的，也是不承认物质形态转化的。但这一点还不就构成唯心主义理一元论。因为二程并未讲理生气或理在气先。二程的观点也并非出于所谓理一元论的自觉意识，而主要是认为聚散之说有轮回之嫌，于佛老斗争不利，这一点后来朱子曾明确说出来。二程向张载直接表示异议的是“清虚一大”问题。在他们自己看来，这才是彼此间存在的最大问题。“清虚一大”是个什么问题？在这点上我们确实需要实事求是，尊重哲学史的历史实际，从而使哲学史研究成为真正的科学研究。

前面谈过张载气论的层次。全面地说，张载“太虚”——“气”的学说主要是为解决反对佛老唯心主义本体论的问题。他要用气来沟通有无、虚实。把无和虚都说成永恒之气的存在形态，从根本上反对二程。从张载的立场来看，作为本体论的一元论，世界的本原必须具有普遍性，必须超出有形体的世界。有形、无形，人之目力及与不及、见与不见，都应当由气构成。“太虚之气”的提出是为解决无形和不可见世界的构成，这是体系的需要。把气太虚化，是为了实现气的存在的普遍性。

既然太虚之气进入形而上世界，也就可以依《易传》的传统说法称之为“道”，因为《易传》原未对形上形下作确切解说。张载说：“凡不形以上者皆谓之道，惟是有无相接与形不形处知之为难。须知气从此首，盖为气能一有无。”[1] 又说“形而上是无形体者也，故形以上者谓之道也”[2]。所以二程指责他“以清虚一大为天道，则乃以器言而非道也”[3]。二程从抽象和具体的立场上理解《易传》，坚持应以规律、法则、道德这些抽象的东西为形而上之道，而凡属物质的东西总是形而下者。朱子后来继承了二程这个观点，认为“清虚一大”还是有象，还是形而下者。因此，二程虽然在清虚一大问题上向张载直接表示异议，但仅就这方面来说，争论是对“形而上者谓之道，形而下者谓之器”的理解。二程、朱子不赞成张载的用法。

二程还说：“立清虚一大为万物之源，恐未安，须兼清浊虚实乃可言神。道体物不遗，不应有方所。”[4] 张载太虚之气与气是两个层次。太虚之气清通不可象，有时亦称为神。二程认为，如果只把“清通不可象而为神”的太虚叫作道，这样道就有了空间局限，而道是不应有方所的。张载把太虚与气作了区分，所以二程才说他“气外有神，神外有气”并予以反对。朱子后来总结这一点说：“横渠说气‘清虚一大’，恰似道有有处，有无处。须是清浊、虚实，一二、大小皆行乎其间，乃是道也。其欲大之，乃反小之。”[5]

一般地说，张载与大程关系比较好些。“子厚谓：‘昔尝谓

---

① 张载：《横渠易说》卷三，四库全书本，第 29b 页。

② 同上书，第 29a 页。

③ 《二程集》，第 118 页。

④ 同上书，第 21 页。

⑤ 《朱子语类》卷九十九，第 2539 页。

伯淳优于正叔，今见之果然。”[①] 大程对张载也极称道“某接人多矣，不杂者三人：张子厚、邵尧夫、司马君实”[②]，又说“横渠言气，自是横渠作用”[③]。小程对张载的态度相对苛刻，但他也对张载说：“吾叔之见，至正而谨严，如‘虚无即气则虚无’之语，深探远赜，岂后世学者所尝虑及也？余所论，以大概气象言之，则有苦心极力之象，而无宽裕温厚之气，非明睿所照，而考索至此，故意屡偏而言多窒，小出入时有之。”[④] 由此可见，二程对张载虚空即气的理论都没有提出反对。

张、程没有在“虚空即气”的命题上直接冲突，这是历史的事实。把理论思维的分歧，一律描述成思想家的自觉斗争，其结果往往是庸俗化。但是如果像《析疑》那样，用“没有形成旗鼓相当、壁垒森严的唯心主义和唯物主义两支大军”这样的提法模糊两宋时期两条哲学路线的对立和斗争，更是值得考虑的。我们认为，对哲学史上唯物唯心斗争应作科学的理解，不应当仅仅理解为出于自觉意识的直接冲突。张载的气一元论，如同许多唯物主义体系一样，也要经过一定过程才为唯心主义所理解。张载的气一元论，经过罗钦顺、王廷相到王夫之，与从二程到朱子逐步发展起来的理学客观唯心主义及从陆九渊到王守仁逐步发展起来的理学主观唯心主义之间，存在着明显的哲学斗争。只就两宋而言，张载与程、朱所表现出来的两条思

① 《二程集》，第 115 页。

② 同上书，第 21 页。

③ 《张载集》，第 336 页。

④ 《二程集》，第 596 页。

维路线的对立，就是哲学史上唯物唯心斗争的表现，在一定意义上也就是对立的两支大军。至于是否“旗鼓相当、壁垒森严”，与“严格意义”一样，都是无须如此要求的。

原载《中国社会科学》1981年第1期

第十五章　南宋的心学与佛教

在宋明理学中，“心学”常被攻击为“阳儒阴释”，这当然是一种形式主义的偏见，因为，无论在终极关怀还是在价值取向上，心学作为儒家的一个学派，与佛教始终有根本的差别。然而，心学自觉或不自觉地受到佛教的影响，也是一个明显的事实，这特别表现在修养论、心性论和境界论几个方面。本文的讨论则限于南宋心学中的佛教影响。

南宋心学以陆氏之学为主干，象山谓其学因读孟子而自得之，时人及后人则以其学“遥出上蔡”“兼出信伯”“颇宗无垢”。为了叙述的简要和方便，以下拟以王信伯、陆象山、杨慈湖为代表对南宋心学的禅学影响加以讨论。

一　境界——无

北宋理学的最高境界为“孔颜乐处”。周濂溪教程明道兄弟

“寻仲尼颜子乐处、所乐何事”，程伊川曾以此考问其弟子鲜于侁：“颜子所乐者何事?”鲜于答：“乐道而已。”伊川说：“使颜子而乐道，不为颜子矣。”[①] 这是说，道不是乐的对象，把道当做乐的对象，就是把道学的精神境界等同于一般的审美活动。孔颜之乐是达到与道为一的境界后自然具有的精神和乐。

心学对于这种乐的解释则受到佛教的影响，或有意地吸收了佛教的思想。《震泽记善录》载王信伯与其弟子答问：“问：‘伊川先生答鲜于侁之问，曰若颜子而乐道则不足为颜子，如何?’曰：‘心上一毫不留，若有心乐道，即有著矣。’”[②] 王信伯显然是以佛家无著无心之说解释伊洛之学的孔颜乐处，这表明心学对佛家的境界进行了自觉的吸收。王信伯又说：“人心本无思虑，多是记忆既往与未来事。乃知事未尝累心，心自累于事耳。康节诗：‘既往尽归闲指点，未来都是别支吾’，故君子思不出其位。”[③] 这种以不思既往未来、无累于事来解释“君子思不出其位”，无疑也有佛教的影响。信伯把老子“损之又损以至于无”的“无”解释为去除一切意必固我，也都有意无意地表现出佛家“无我”之境的影响。

象山之学每以孟子语为话头，但其思想亦吸收佛教，他以“艮其背，不获其身”为“无我”，以“行其庭，不见其人”为“无物”,[④] 是染着佛家的色彩的。他还说：“利、害、毁、誉、

① 参见《二程集》，第 395 页。

② 《晦庵先生朱文公文集》卷七十，第 2569 页。

③ 《宋元学案》卷二十九，第 1050 页。

④ 《陆九渊集》卷三十四，第 419 页。

称、讥、苦、乐，能动摇人，释氏谓之八风。”① 主张：“凡事累自家一毫不得。每理会一事时，血脉骨髓都在自家手中。然我此中却似个闲闲散散全不理会事底人。”② 象山更强调：“内无所累，外无所累，自然自在，才有一些子意便沉重了。彻骨彻髓，见得超然，于一身自然轻清，自然灵。”③ 这种主张内外无累、自然自在、不“有”意的超然境界，显然有着佛家的影响。

象山主张不可有的意，在杨慈湖进一步发展为“不起意”说。慈湖以不起意为宗旨，认为人性皆善，恶的根源在于“意之起”，他以不起意解释象山的心即理说：“面奏：‘陛下自信此心即大道乎？’宁宗曰：‘然。’问：‘日用如何？’宁宗曰：‘止学定耳。’先生谓：‘定无用学，但不起意，自然静定，是非贤否自明。’他日，又言：‘陛下意念不起，已觉如太虚乎？’宁宗曰：‘是如此。’问：‘贤否是非历历照明否？’宁宗曰：‘朕已照破。’”④ 杨慈湖所谓不起意，不仅指勿使私意发生以保持本心流行，从而形成对是非曲直的直接明觉，而且指心境的静与定，也就是“寂然不动”。不起意并不是要人像枯槁木石一样全无知觉思虑，而是指深层心境的无思无为、寂然不动。慈湖的“毋念”不仅要人去恶向善，同时要人由动归定，以达到他始终向往的“无思无为也、寂然不动、感而遂通天下之故”的境界。慈湖的这些说法也是吸收了佛家“无念为宗”“心念不起”的思想。

---

① 《陆九渊集》卷三十五，第 435 页。

② 同上书，第 459 页。

③ 同上书，第 468 页。

④ 《宋元学案》卷七十四，第 2467 页。

二　本体——心

心学传统中的“本体”与“工夫”相对，指心体与性体。“圣人本天”指理学强调天、理、道这些客观性原理，心学则强调主观性原理，表现出“本心”的特质。陆象山主张：“宇宙便是吾心，吾心即是宇宙。东海有圣人出焉，此心同也……此理同也，南海北海有圣人出焉，此心同也，此理同也。千百世之上至千百世之下，有圣人出焉，此心此理，亦莫不同也。”① 象山此说承自信伯，王信伯曾说：“先圣后圣若合符节，非传圣人之道，传圣人之心也。非传圣人之心也，传己之心也。己之心无异圣人之心，广大无垠、万善皆备，欲传圣人之道，扩充此心焉耳。”② 象山之兄复斋有诗“古圣相传只此心”，象山和诗“斯人千古不磨心”，盖皆承信伯此说而来，明确地显示出心学从“本天”转为“本心”的立场。慈湖后来强调的“己”亦即“己之心”，他更说道：“孔子曰‘心之精神是谓圣’，即达摩谓从上诸神、惟以心传心、即心是佛。”③ 这把“本心”的立场更加佛教化了。

心学心性论的一个主要特征就是以心、性、天为一，突出心的地位。如王信伯说：“心即性、性即天、天即性、性即心，所以生天生地，化育万物。”④ 朱子批评为“释氏之余论”。象

---

① 《陆九渊集》卷三十六，第 483 页。

② 《晦庵先生朱文公文集》卷七十，第 2568 页。

③ 杨简：《慈湖遗书》卷十八，四库全书本，第 16 页。

④ 《晦庵先生朱文公文集》卷七十，第 2573 页。

山也说："情性心才，都只是一般物事。"[①] 象山之学特倡"本心"，认为能发明本心即是尽性，本心人人自有、"本无欠阙、不必他求"[②]，"学问之要，得其本心而已"[③]。这些说法和倾向与佛教所谓"不识本心、学法无益，若识自本心、见自本性，即名丈夫、天人师、佛"[④]，"若自悟者，不假外求"[⑤]，"一切具足、更无欠少。使用自在、何假向外求觅"[⑥] 至少在形式上是完全一致的。

象山之学不释经典、发明本心，要人收拾精神、自作主宰、不假文字，在这些方面与佛家"不立文字、直指人心""随处作主、立处皆真"[⑦] 等提法在理论上的同构也十分明显。

三　工夫——悟

古典儒学与道家中都没有顿与渐问题出现。顿悟、渐修一类问题在儒学内出现，肯定与佛教讨论的影响有关。在宋代理学中，朱子之学注重格物的逐渐积累，而象山之学则强调顿悟本心。顿与渐的紧张在南宋理学中日渐明显，王信伯曾说："到

---

① 《陆九渊集》卷三十五，第 444 页。

② 同上书，第 399 页。

③ 同上书，第 519 页。

④ 惠能编：《坛经》，载于高楠顺次郎编纂：《大正新修大藏经》第 48 册，大正一切经刊行会，1930 年，第 349 页。

⑤ 同上书，第 351 页。

⑥ 道原：《景德传灯录》卷六，载于《大正藏》第 5 册，第 246 页。

⑦ 颐藏主集：《古尊宿语录》卷五、卷三十三，明戒重校，中华书局，1994 年，第 775c、642a 页。

恍然神悟处，不是智力求底”，朱子批评说：“恍然神悟乃异学之语，儒学则惟有穷理之功，积习之久、触类贯通”。[1] 象山乃抨击朱子工夫为“支离事业”，认为“一是即皆是、一明即皆明”[2]，这与佛家“一了一切了、一悟一切悟”的讲法十分接近。

与佛家一样，顿悟亦每须指点门径，信伯弟子记：“某问如何是万物皆备于我，先生正容曰：‘万物皆备于我！’某言下有省。”[3] 象山弟子詹阜民亦记其师指点之方：“某方侍坐，先生遽起，某亦起，先生曰：‘还用安排否？’”[4] 心学大师的这些指点方式应当是借鉴佛教而来的。

得悟的重要途径为静坐，詹阜民录象山之教：“先生谓曰：‘学者能常闭目亦佳。’某因此无事则安坐瞑目，用力操存，夜以继日。如此者半月，一日下楼，忽觉此心已复澄莹。中立窃异之，遂见先生。先生目逆而视之曰：‘此理已显也。’”[5] 陈北溪说象山门人专做打坐，叶水心谓浙中陆学皆“澄坐内观”，都指出陆学重视以静坐为入悟工夫。

静坐求悟，慈湖称为“反观”，这种悟常常伴之以不同形式的神秘体验，显现出所谓“光景”，如象山门人觉其心体“澄莹”。陆学中杨慈湖“悟”境最多，他在富阳主簿时“尝反观，

---

① 《晦庵先生朱文公文集》卷七十，第 2569 页。

② 《陆九渊集》卷三十五，第 469 页。

③ 《晦庵先生朱文公文集》卷七十，第 2571 页。

④ 《陆九渊集》卷三十五，第 470 页。

⑤ 同上书，第 471 页。

觉天地万物通为一体”[①]，后与象山论本心，拱坐达旦以参，“瞳瞳欲晓，洒然如有物脱去”[②]。《己易》所说“吾性澄然清明而非物，吾性洞然无际而非量，天者，吾性中之象，地者，吾性中之形”[③] 也都与万物通为一体的神秘体验有关。故朱子每每批评陆学之悟是“收视反听以求识其体于恍惚之中”，“久久忽自有明快处”，把知觉的作用当成悟道。

四 小结

以上简要地提示出南宋心学受到佛教影响的若干表现。北宋时二程曾提出“圣人本天、释氏本心”，不仅规定了儒学与佛教的本体论上的不同立场，也区分了儒释的不同学问宗旨。南宋以后，理学则从“脱略文字”“直趋本根”“径易超觉”“厌弃讲习”的工夫论上批评心学为“禅”。这种批评可分为两类，一为极端的，如朱子说“今金溪学问真正是禅”[④]；一为温和的，如罗允恕所说“谓之禅，吾不敢也；谓流而非禅，吾不信也”[⑤]。事实上，这些看法很大程度上出于对异端的过分警惕以及宗派争端的需要，并不能真正反映出佛教对心学影响的性质。

如前所述，佛教对心学的影响具体表现在心性、作用、静坐、光景、顿悟、无心等不同方面，但心学接受的这些影响在

---

① 《宋元学案》卷七十四，第 2466 页。

② 同上。

③ 同上书，第 2468 页。

④ 《朱子语类》卷一百二十四，第 2973 页。

⑤ 罗钦顺：《困知记》附录，中华书局，2013 年，第 220 页。

性质上并不相同。简单说来，心学对佛教的吸收可区别为“形式的”和“实质的”两种情况。

在本体论上，心学从“本天”转为“本心”，以本心为本来自足、元无少欠、不假外求，主要是吸收了佛教本心说的范畴及命题形式作为思想资料，而在基本思想立场上仍然坚持儒家固有的性善论。在工夫论上，静坐作为对三教都具有普遍功效的修养方法，虽然并没有“佛教性”，但宋儒之重视静坐显然与佛教的重视和提倡有关，同时也是“本心”的心学工夫的必然趋向。心学顿悟的目的是发明朗现粹然至善的仁义本心，本心有其明确的伦理规定，神秘体验的悟境也不是佛教所要提倡的，尽管如此，崇顿尚悟的倾向与宋代禅宗不立文字、简易直截学风的影响是有关系的。而这种关系更多地表现了心学与佛教在修养风格、为学方式等形式特征方面的关联。因而，在“本体”与“工夫”方面，心学主要是“形式地”吸取了佛教的思想。但在境界上，心学对佛家无著无我之境作了“实质”的吸收。境界不像工夫那样只具有风格、方式的外在意义，而是对整个心学的人生境界、人格发展、内心体验产生重要影响。心学对佛家境界的这种吸收乃是整个理学发展的一个内在的主题。只是在南宋它的发展比较特异，直到明代中期阳明学中才获得了自己真正的意义。

心学与禅都强调本心、明心见性，但心学的本心是良心，禅宗的本心是无善无恶的清净心；心学与禅宗都讲顿悟，但心学悟的目的与内容与禅宗不同；心学吸收了禅宗的无我之境，但不是作为终极的境界，而是把它包容为儒学人生境界的一个方面。从这些方面说，心学当然不是禅。然而，无论从逻辑还是历史来看，如果没有唐宋禅宗的充分发展，如果不是禅宗提供了大量的有关“心”的理论和修养的思想资料与实践，如果不是禅宗造成的直指人心、反观内求的普遍气氛，如果不是禅宗深入人的内心生活和体验造成的对士大夫的吸引力，这样一种特定形态的心学就不会出现。在这个意义上，可以说，没有佛教就没有心学。

原载《世界宗教研究》1992 年第 2 期

“博雅英华·陈来著作集”后记

我的学术著作，以往生活·读书·新知三联书店曾帮我汇集为“陈来学术论著集”十二卷出版，我心存感谢，自不待言。目前三联版此集的版权即将到期，北京大学出版社有意以“博雅英华”的系列出版我的著作集的精装版，这使我既感意外，又十分高兴。

我曾在北京大学服务三十年，其间 2004 年开始，学校让我关心、过问出版社的工作，因此与北大出版社结下了难得的缘分。2009 年我转到清华大学后，与北大出版社仍继续合作，出版了《孔夫子与现代世界》《北京·国学·大学》《从思想世界到历史世界》等书；前两年《有无之境》和《诠释与重建》还在北大出版社出版了“博雅英华”系列的精装本，受到读者的欢迎。这次精装版著作集的出版，对我而言，体现了北大出版社对一位老朋友的情谊，这使我深感温暖。

这次北大出版社准备把《有无之境》和《诠释与重建》之外我的其他著作也都作为“博雅英华”系列出版。在北大出版社出版的著作集，与三联版相比，有一些变化：《古代宗教与伦理：儒家思想的根源》此次出版的是增订本，增多一章；《古代思想文化的世界：春秋时代的宗教、伦理与社会思想》附加了余敦康先生的评介。《中国近世思想研究》是以朱子学部分为基础，增入了近年来写的朱子论文，合为一集；《现代儒家哲学研究》是《现代中国哲学的追寻》增订新编本；《近世东亚儒学研究》则是《东亚儒学九论》的增订本。其他各书如《竹帛〈五行〉与简帛研究》《朱子哲学研究》《朱子书信编年考证》《有无之境：王阳明哲学的精神》《诠释与重建：王船山的哲学精神》《宋明理学》《宋元明哲学史教程》《传统与现代：人文主义的视界》则一仍其旧，不做改变。

衷心感谢张凤珠等出版社领导，感谢田炜等编辑朋友，使我有这个荣幸，把北京大学出版社出版的自己的著作集，献给读者。

陈来

2016 年 5 月 26 日